Léon Gautier

PORTRAITS
du
XIX Siècle

Nos adversaires
& nos amis

PORTRAITS DU XIXᵉ SIÈCLE

ALPHONSE KARR

LÉON GAUTIER

MEMBRE DE L'INSTITUT

PORTRAITS

DU

XIXᵉ SIÈCLE

NOS ADVERSAIRES ET NOS AMIS

PARIS

rue des Saints-Pères, 30

J. LEFORT, IMPRIMEUR, ÉDITEUR

A. TAFFIN-LEFORT, Successeur

rue Charles de Muyssart, 24

LILLE

A mes cinq filles

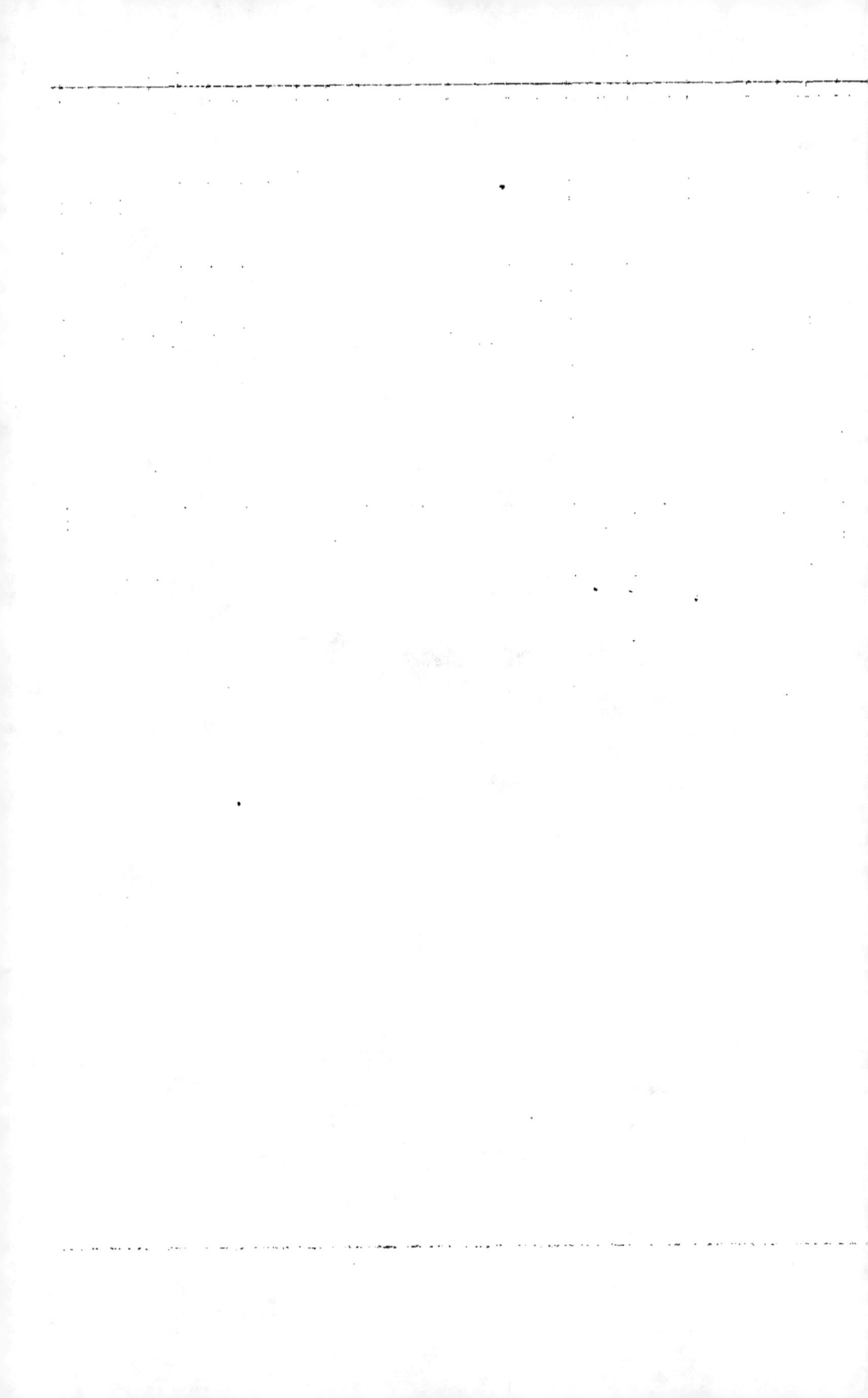

LA POÉSIE CONTEMPORAINE

Ce n'est pas sans une joie véritablement profonde que nous voyons se multiplier parmi nous les poètes et les poèmes. Non, nous ne savons pas être indifférent à un beau sonnet exprimant de nobles idées en vers nobles et purs. C'est une protestation contre les triomphes de l'opérette et le tapage des cafés-concerts. Les poètes me représentent ces légionnaires romains, qui, pendant quatre siècles, ont arrêté les Barbares aux frontières de l'Empire. Nos Barbares à nous, ce sont les Réalistes : il faut les éloigner de nos frontières, il faut qu'ils subissent de honteuses défaites, il faut que cette École périsse. Que tous les poètes forment une sainte alliance et se donnent la main : la Patrie est en danger.

Mais, hélas! après avoir lu bon nombre de ces poètes nouveaux, une tristesse immense nous a envahi, et nous nous sommes demandé s'il fallait préférer ces alliés à nos ennemis intimes, les Réalistes.

Jamais peut-être on n'a possédé autant que de nos jours la science rare et abstruse du rythme. S'agit-il de frapper une strophe, vingt, cent versificateurs y excellent. C'est admirable. Quels ciseleurs, juste ciel, et quels beaux fabricants de coupes antiques, de vases étrusques, de châsses gothiques, de ciselures Renaissance! Je me promène au milieu de ce musée, cherchant une idée à droite, à gauche, partout... ET

JE NE TROUVE PAS D'IDÉE. Non, pas une seule! Ces poètes posent en principe qu'il ne faut pas avoir de principes; que la poésie n'est de sa nature soumise à aucun *credo*; que la forme est tout; que l'art des vers doit être aussi plastique que la sculpture elle-même; que le poète enfin doit être musulman à Bagdad, bouddhiste dans l'île de Ceylan, fétichiste dans l'Afrique centrale, et MÊME catholique à Rome. L'important, c'est le pittoresque. On assimile la poésie à la peinture, sans rien lui accorder de plus, et l'on tourne le dos à la vieille doctrine chrétienne qui prétend que la poésie est faite pour l'unique service de Dieu, et que son but principal, c'est d'amener les âmes à la béatitude par le charme des grandes pensées revêtues de belles images. Ah! dans leurs ateliers, ils rient bien de ce vieux programme, ils se pavanent dans leur dédain, ils ont changé tout cela!

Donc, ils ont publié naguères un gros livre, intitulé : *le Parnasse contemporain*. La vérité me force à l'avouer : ce Recueil fourmille de beaux vers, et quelques pièces même en sont tout à fait remarquables. Mais c'est là surtout que se manifeste le mieux la tendance de la poésie contemporaine. Je dis que cette publication est presque un événement, et je veux le démontrer.

Ce livre, en effet, que nous n'avons lu ni sans plaisir ni sans indignation, n'est pas l'œuvre d'une seule intelligence : c'est une sorte de manifeste en action, signé par tous les membres d'un gouvernement provisoire. A leur tête, brille Théophile Gautier; puis, derrière lui, marchant d'un pas fiévreux et énergique, Sully Prudhomme qui est aussi un philosophe, Leconte de Lisle, Louis Ménard, José de Heredia, et vingt autres. Les uns sont des vétérans dont les vieux bras sont chargés de chevrons; les autres sont des débutants, presque des inconnus. Mais tous ont le même drapeau,

obéissent au même mot d'ordre, saluent le même général.
Cette image cependant n'est pas d'une justesse parfaite : car
le propre de tous ces poètes, c'est de n'avoir pas d'ennemis ;
c'est d'aimer toutes choses au même degré; c'est de ne pas
faire de distinction essentielle entre le vice et la vertu, entre
l'erreur et la vérité; c'est de ne se passionner que pour la
couleur. J'en connais, hélas! qui aiment les scènes de martyre, les chevalets, les bûchers, les flammes, non pas à cause
de ces augustes visages de nos saints où tout le ciel s'épanouit, mais parce que les flammes sont d'un beau rouge et
« font bien dans le paysage. » J'en connais d'autres que
l'amour dévergondé du pittoresque a conduits à embrasser
le paganisme grec et romain, oui, à se faire païens, littéralement païens, faisant leurs dévotions à Zeus et à Phebus-
Apollo. D'ailleurs, pas de haine, pas d'indignation contre quoi
que ce soit, mais une épouvantable indifférence. J'ai dit
« épouvantable » et ne m'en dédis pas. J'ajoute que cette
indifférence des poètes me paraît un danger réel, une des
formes du satanisme. Je préfère des ennemis francs, rudes,
ardents, à ces placides amis du clair-obscur et de la pers-
pective, et, en vérité, je ne sais ce que nous ferons de
cette seconde génération de rapins illustres. Nous en avions
assez d'une. J'aime mieux un énergumène se précipitant d'un
pas furieux contre l'Église qu'un peintre ou un poète braquant
gracieusement ses lunettes, tantôt sur la Vierge Immaculée,
et tantôt sur Junon, pour savoir où le pittoresque abonde le
plus. Quoi! dans le grand combat qui est engagé aujourd'hui
entre l'Ordre et la Révolution, entre le Bien et le Mal, vous
restez tranquilles, le sourire aux lèvres, et uniquement occupés
à assembler vos couleurs sur vos palettes plus ou moins brillantes! C'est bien de palette, c'est bien de couleur qu'il s'agit
aujourd'hui. Il faut défendre la Vérité et la défendre virile-

ment. Laissez là vos croquis, et mêlez-vous aux combattants !

Le Parnasse contemporain me paraît une leçon pour les catholiques eux-mêmes. Il faut que nos poètes prennent le contre-pied de cette poésie et qu'ils fassent AVANT TOUT servir leurs vers à la défense du principe chrétien. L'harmonie du vers, la beauté des images, le sentiment du pittoresque ne leur ont pas été donnés pour une autre cause. Nous avons besoin de poètes. Il y a quelques jours, nous condamnions sévèrement le pamphlet et ses petitesses ; mais nous ne condamnerons jamais la satire, la grande et vigoureuse satire, qui est une des formes de l'indignation, comme l'indignation est un des noms de la vertu. Le besoin d'une Némésis se fait absolument sentir, et nous restons les yeux fixés sur l'horizon, attendant je ne sais quel Gilbert impétueux, qui fasse résonner l'air des formidables sifflements de ses lanières vengeresses.

Ce satirique aura de la besogne : il aura presque toute l'Europe, le monde presque tout entier à marquer de son fer rouge. Il aura à venger l'isolement du Pape. Il aura à flageller, d'un bras légitimement indigné, les triomphes d'un Bismarck et les conquêtes du fusil à aiguille. La Prusse ne pourra pas vaincre cet honnête homme et sera vaincue par ses cris vertueux. Le poète aura à se passionner pour d'innombrables vaincus : pour les Irlandais en Angleterre ; pour les Polonais en Sibérie ; en Italie pour tant d'évêques proscrits et de moines exilés. D'ailleurs, il ne sera vaincu ni à Sadowa ni à Castelfidardo : car il est à l'abri de ces défaites, et tel est le privilège de l'intelligence au service de la vertu.

Et si le satirique jette son regard un peu plus bas, s'il veut s'attaquer aux mœurs de son temps, il n'a pas une tâche moins nécessaire ni moins vaste. Il entrera dans cet antre de la Bourse, et sa seule présence jettera la terreur parmi ce

peuple de créatures demi-adroites et demi-viles, de spécula-
teurs trop habiles, d'entremetteurs trop avides, de victimes
trop niaises et de triomphateurs trop effrontés. Et quand il
sortira de ce théâtre de sa victoire, il en trouvera vingt, il en
trouvera cent autres :

Salons des nobles faubourgs où l'on joue de petites comédies
sans pudeur, où l'on chante de petites chansons sans esprit,
où l'on descend jusqu'au spectacle des tableaux vivants et des
poses plastiques;

Théâtres éhontés où l'obscénité dispense d'avoir du talent
et du cœur; où l'on ne renonce à l'orgie bête et laide que
pour attaquer (ô courage!) les *vieux partis* à terre; où, n'ayant
pas l'esprit d'Aristophane, on tient à honneur d'avoir au moins
son effronterie contre Socrate;

Maisons jadis humbles et modestes, qu'habitaient nos pères
dans une simplicité charmante, sans ambition, sans envie,
sans luxe, et où grouillent aujourd'hui, pressés les uns contre
les autres, dépaysés au milieu de leurs faux marbres et de
leurs fausses dorures, des milliers d'ambitieux *associés* à des
milliers de coquettes; maisons d'où l'on sort le matin avec la
fièvre, où l'on revient avec la fièvre, où l'on dort avec la
fièvre; où les hommes n'estiment et n'adorent que l'argent,
où les femmes changent cinq fois de toilette tous les jours,
où l'on n'entend que le frôlement de la soie contre le velours,
où il n'y a que palissandre et or, où il n'y a pas de crucifix....

Il faut s'arrêter, car l'énumération serait longue, et le satirique chrétien aurait véritablement trop à faire. Il aurait à
flétrir cette éducation fatale que les pères imposent aujourd'hui
à leurs enfants « dont ils veulent être les camarades et non
les maîtres. » Il aurait à fustiger la mollesse d'une grande
partie de la jeunesse contemporaine qui n'a point de haines
vigoureuses contre le vice et aspire avant tout « à une *position*.»

Il aurait à dénoncer ces mariages où le charme de l'âme et celui du visage ne sont plus comptés pour rien, et où l'on ne connaît que l'ignoble attrait de la dot. Il aurait à proclamer que la poésie a un but élevé, qui n'est pas seulement de charmer l'oreille et de plaire à l'imagination, mais de conduire les âmes à Dieu. Il aurait à dire enfin que les auteurs du *Parnasse contemporain* ont gravement méconnu cette mission sublime, et qu'ils sont coupables d'avoir voulu ramener la poésie à cet abaissement que Malherbe lui avait fait subir, lorsqu'il prononçait ces paroles véritablement méprisables : « Un bon poète n'est pas plus utile qu'un bon joueur de quilles. »

Mais ce qu'il importe de ne pas oublier, ce qu'il convient avant tout de répéter tous les jours, ce que les Parnassiens ont également méconnu, c'est que, pour être chrétien, il faut vivre dans un *milieu* chrétien. *Dura lex, sed lex.*

Notre siècle est par excellence, du moins à première vue, le siècle où il n'y a plus de distances. La vapeur en quelques tours de roue, réunit les corps les plus éloignés ; le fil électrique, en quelques secondes, réunit les pensées les plus désunies, et ce double rapprochement a quelque chose d'admirable dont la Vérité tirera son profit. Mais, à l'heure qu'il est, tant de moyens d'union n'ont guère produit dans le monde moderne que la séparation et l'isolement. Il y a deux mondes à Paris qui vivent l'un à côté de l'autre et n'ont aucun rapport entre eux ; il y a deux peuples en France qui ne se connaissent que par ouï-dire : les chrétiens d'une part, et, de l'autre, les païens, qui, en littérature, portent le nom de bohêmes.

Or voici ce qui arrive : les poètes qui ne sont pas chrétiens, et qui veulent un beau jour parler chrétien, sont tout aussi embarrassés que s'ils étaient brusquement transportés en Chine et qu'il leur fallût parler chinois. Ils hésitent, ils bégayent, ils commettent cent erreurs singulières. On leur peut appliquer enfin cette charmante fable de l'Orient : « Un jour, on demanda à la terre glaise pourquoi elle exhalait un si doux parfum. — C'est que j'ai, répondit-elle, habité long-temps avec la rose. »

Nos poètes n'ont pas habité avec la Vérité, et n'en peuvent avoir le parfum.

VICTOR HUGO

VICTOR HUGO

LES MISÉRABLES (1)

I

Nous nous étions d'abord proposé de raconter ce grand drame, et de le raconter d'une façon dramatique. Nous aurions voulu faire passer de nouveau sous les yeux de nos lecteurs tous ces personnages dont nous avons ailleurs tracé les portraits : Valjean le galérien, Fantine, Marius, Cosette, Gavroche, et tant d'autres. Ces personnages sont vivants, quelques-uns même atteignent une stature héroïque; la scène d'ailleurs est toujours animée, et le drame palpite. Une étonnante jeunesse frémit dans toute cette œuvre, à laquelle nous n'avons pas marchandé la louange, quand notre conscience l'a permis. Quel écrivain de vingt ans a le sang plus jeune, plus bouillonnant que celui de M. Hugo? Quel écrivain, dans le camp de nos ennemis, a des aspirations plus vives et souvent plus généreuses? Quel œil, quelle intelligence se tournent plus fiévreusement vers l'avenir meilleur?

Néanmoins nous ne raconterons pas ce roman; nous n'infligerons pas à des chrétiens la lecture, même en raccourci, de ce mauvais livre qui contient plus d'une bonne page.

(1) Écrit en 1862.

Le livre est plus qu'à moitié mort, et on ne le ressuscitera pas. Si Victor Hugo avait bien entendu les intérêts de sa gloire, il se fût borné à ses deux premiers volumes. *Fantine* forme une œuvre d'une puissante unité, qui eût facilement conquis parmi nous une popularité redoutable; mais aucune popularité ne résistera jamais au poids de dix volumes. Le poète a perdu en profondeur ce qu'il a voulu gagner en superficie. *Fantine*, malgré tant de défauts, fût peut-être restée : *les Misérables* périront. Nous en rendons grâces à Dieu.

Laissons donc sommeiller tous ces personnages oubliés : nous ne serions plus compris, si nous recommencions cette vieille histoire. Essayons plutôt d'aller au fond des choses en demandant à Victor Hugo quelles sont les conclusions de son œuvre gigantesque. Il nous a répondu dans son livre; et ce sont ses théories que nous allons exposer et combattre.

Tout d'abord, la seule conclusion pratique de Victor Hugo, c'est l'émeute ou l'insurrection. Pas de lecteur populaire des *Misérables* qui ne cherche, après cette lecture, s'il lui reste un fusil et des cartouches pour renverser brutalement la vieille société. Ce livre est destiné à produire plus de barricades que d'idées; ce n'est guère, à vrai dire, qu'un cours de barricades en dix leçons. L'auteur, sans aucun doute, a eu de généreux désirs, et n'a pas voulu produire ce détestable effet; mais il est et sera produit.

A côté de ce résultat trop réel, il y a les conclusions théoriques, et nous pouvons les formuler en ces deux propositions, dont la clarté du moins ne laissera rien à désirer :

  « Il y a encore aujourd'hui trois fléaux qui rongent » notre misérable société, et ces trois fléaux sont le Vice, » l'Ignorance et le Paupérisme.

  » Le plus efficace effort pour les anéantir a été la » Révolution française. »

De l'Église, pas un mot. C'est ici la grande faute, la faute irrémissible de l'auteur des *Misérables*. Il n'a pas dit un mot de Celle qui, pendant plus de dix-huit cents ans, a, de ses nobles mains, travaillé toujours et partout, avec une divine efficacité, à la destruction de l'ignorance, du vice et de la misère. Le livre de Victor Hugo est une grande calomnie par réticence.

Il est donc nécessaire d'examiner ici et d'examiner avec soin s'il est vrai : premièrement, que l'Église n'ait rien entrepris contre les trois fléaux que Victor Hugo s'est proposé de détruire; s'il est vrai, en second lieu, que la Révolution française ait réellement contribué à hâter cette destruction salutaire. Nous allons nous livrer à ce très utile examen, en commandant le silence à notre indignation, pour ne laisser parler que la froide et équitable raison.

II

Nous commencerons par le Vice, que Victor Hugo appelle d'un nom plus crû.

Victor Hugo a renouvelé dans son livre le scandale d'un silence que nous avons jadis reproché à Michelet. Il y a disserté longuement sur le passé, le présent et l'avenir de la femme, sans prononcer une seule fois le nom de la Femme par excellence, sans prononcer le nom de la Vierge Marie. Cependant Victor Hugo est assez instruit pour savoir, et assez impartial pour reconnaître que la liberté et la dignité de la femme ne datent réellement dans le monde que de la Vierge Marie. Et nous le mettons, lui et tous les érudits de sa secte, au défi de nous produire une seule preuve historique contre la vérité de ce grand fait qui domine les annales du monde : « Jésus-Christ a régénéré la femme. »

Depuis que les nations ont aperçu cette unique figure de la Vierge Marie, enveloppée de lumière, sur les hauteurs célestes; depuis ce jour, en vérité, les nations ont connu ce que c'est que la femme. Toutes les femmes de l'univers ont à peine entrevu cette merveilleuse vision, qu'elles n'ont pu en détourner leurs yeux; qu'elles se sont noblement efforcées de devenir semblables à ce modèle sans pareil, et qu'elles sont devenues en effet de véritables mères, de véritables épouses, de véritables vierges. Nous affirmons sans crainte que le type de la femme n'est plus susceptible d'aucun progrès, depuis que la Vierge Marie s'est levée sur le monde.

O incomparable beauté d'une âme de femme chrétienne! Quelle perfection en est absente? Quelle vertu Victor Hugo peut-il souhaiter à nos mères, à nos femmes, à nos filles, qui ne soit pas d'origine chrétienne et, (s'il est permis de parler ainsi) *mariale?* Répondez, répondez : c'est ici une argumentation solide et dont nous essayons de bannir toute phrase.

La femme chrétienne se tient dans sa maison, entre le crucifix qui lui enseigne le sacrifice, et l'image de la Vierge, qui lui prêche l'aimable austérité d'une pureté sans tache. Ses yeux ne se lèvent que sur sa famille et sur les pauvres. A tous les misérables, sa porte est libéralement ouverte. Elle va consoler les Valjeans sur leur fumier, et jusqu'aux Fantines dans leur bouge. Elle leur donne plus que son or, son temps; plus que son temps, son âme. Elle a une charité qui va jusqu'au génie, une abnégation qui va jusqu'au complet oubli de sa personne, une chasteté qui lui fait trouver jusque dans le mariage une sorte de virginité. Son âme glisse sur la terre, et est fixée solidement à Dieu. Elle rend à ce Dieu, au milieu de la large couronne de ses enfants, un culte où l'intelligence et l'amour se disputent la première place. Elle a pour le sacrifice un enthousiasme pratique, et toute sa vie n'est en effet qu'un sacrifice dont elle ignore la beauté. Elle trouve d'ineffables délices en toutes ses douleurs, qui sont un vent favorable pour la conduire à l'éternel repos. Douce et miséricordieuse, humble et patiente, virile dans le malheur, généreusement économe et modestement laborieuse, pure surtout, pure avec ou sans combat intérieur, elle répondra à l'appel de la voix divine au jour du jugement, et présentera à Dieu, parmi les élus, son mari, tous ses enfants, tous les siens, qu'elle aura vaillamment entraînés au salut. Encore une fois, je cherche une ombre dans cet idéal lumineux de la femme chrétienne, et je la cherche en vain. Je cherche un progrès qu'on pourrait y introduire utilement, et je le cherche en vain. Vierge Marie, n'est-ce point là votre œuvre ?

Me voilà donc en droit de demander à Victor Hugo quelles vertus la Révolution française a ajoutées à cette incomparable nomenclature. Qu'il en nomme une seule.

III

L'auteur des *Misérables* n'est pas moins coupable de n'avoir tenu aucun compte des efforts de l'Église pour détruire l'ignorance. Si la postérité connaît cette œuvre de sectaire, elle s'étonnera qu'un si fier génie ait si mesquinement fermé ses yeux au soleil de l'histoire. Depuis dix-neuf siècles, l'Église est la grande ennemie, je pourrais dire la seule ennemie de l'ignorance.

Rien n'égalait l'ignorance des foules païennes, chez lesquelles apparaissaient de temps à autre de rares génies qu'un abîme séparait de la multitude. L'Église a recueilli sous ses ailes ces pauvres peuples assis dans les ténèbres, et, comme l'aigle le fait pour ses aiglons, les a maternellement habitués

à regarder fixement le soleil de la Vérité. L'Église est avant
tout un corps enseignant; l'Église est une chaire où est sans
cesse assis un Maître infaillible, ou plutôt l'Infaillibilité elle-
même. Jamais ce professorat de l'Église n'a été interrompu,
jamais elle n'a cessé d'enseigner. L'éternelle Vérité n'a pas
été, d'ailleurs, l'unique objet de cet enseignement indéfectible : l'Église regarde toutes les sciences comme une démonstration de Dieu dans les choses visibles; l'Église aime les
sciences : elle les a installées dans ses premières basiliques;
elle les a groupées autour de chacun de ses évêques. A côté
des écoles épiscopales, nous voyons bientôt apparaître les
écoles monastiques, qui, depuis le viie jusqu'au xiie siècle,
furent de nobles foyers où l'on trouvait sans cesse les lumières
de la science avec les flammes de la charité. Les Universités
leur succédèrent; et telle est la troisième époque de cette lutte
de l'Église contre l'ignorance, de cette lutte immortelle dont
je voudrais un jour écrire l'histoire. La quatrième époque
commence au xvie siècle : c'est celle des Collèges, qui sont
surtout fondés par cette Société de Jésus qu'on ne saurait,
sans un grossier mensonge, accuser d'avoir méprisé la science.
Quelle est, du reste, celle de ces quatre époques où l'Église
n'ait pas vigoureusement mis le pied sur l'hydre de l'ignorance?
quelle est celle de ces quatre époques où l'on pourrait trouver
un seul membre de cette Église qui ait aimé et protégé l'ignorance?

Mais qui dressera la statistique des milliards d'intelligences
et des milliers de peuples que l'Église a nourri du lait de
sa doctrine et du lait des sciences humaines? Encore aujour-
d'hui, à l'instant même où j'écris cette apologie de l'Église, je
lève les yeux, je regarde autour de moi, et que vois-je? O
robes de bure de la religieuse et du moine, c'est vous que
j'aperçois partout où il y a encore quelques vestiges d'igno-

rance! O voix bénies de la religieuse et du prêtre, c'est vous
que j'entends partout ; et dans ce moment même, plusieurs
millions d'enfants (je dis PLUSIEURS MILLIONS) sont suspendus à
vos lèvres et ne doivent qu'à vos leçons de ne connaître pas les
douleurs de l'ignorance. Mais c'est en vain que depuis tant de
siècles vous inondez la terre de vos sueurs, ou même de votre
sang ; c'est en vain que vous avez ouvert tant d'écoles, développé ou inventé tant de sciences, illuminé tant d'âmes, produit tant de chefs-d'œuvre, agrandi si visiblement les proportions de l'esprit humain ; encore une fois, c'est en vain.
Voici un écrivain populaire qui passe devant vous en faisant
plus que vous insulter : en ne vous voyant pas. Dix-huit siècles
sont pour lui comme non avenus, et l'ignorance, à ses yeux,
n'est combattue dans le monde que depuis soixante années ! Il
y a des cas, en vérité, où la perfidie du silence est plus
coupable que celle du poignard ou de la calomnie, et il me
semble que Dieu sera surtout sévère dans le ciel pour ceux
qui n'auront pas daigné parler de son Église et du bien
qu'elle a fait.

Depuis 1789, l'instruction primaire s'est heureusement
développée, je le veux bien et l'avoue en toute sincérité ;
mais je pense (et c'est un fait trop peu remarqué) que les
proportions de ce progrès intellectuel ne sont pas supérieures
aux mêmes proportions durant les siècles chrétiens. Le
mouvement vers la science s'est continué ; mais ce noble
progrès n'est qu'une imitation de l'antique action de l'Église.
Bien plus, il n'est pas un révolutionnaire de bonne foi qui
ne soit forcé d'avouer que si, depuis soixante ans, on a
pu dissiper quelque ignorance, c'est surtout grâce à ces prêtres
et à ces religieux dont la Révolution veut supprimer ici-bas
la prétendue inutilité. A ceux qui sont si fiers de voir parmi
nous tant de « gens qui savent lire, » à ceux-là je demanderai

quels sont, en grande partie, les maîtres de lecture de nos petits garçons, et les maîtresses de nos petites filles. La plupart de ceux qui attaquent la Vérité catholique doivent à une Sœur de charité ou à un Frère des Écoles chrétiennes de pouvoir lire les livres qui outragent l'Église, et de pouvoir à leur tour noircir le papier où Dieu sera outragé? Que de serpents l'Église a réchauffés dans son sein! Mais rien ne la détournera jamais de sa tâche maternelle : elle ne craint le venin que pour ceux qui le répandent.

IV

C'est surtout à la misère que Victor Hugo a voulu s'attaquer, et *les Misérables* ne sont en réalité qu'un ardent plaidoyer contre le paupérisme. Nous ne craindrons pas de féliciter l'auteur de l'incontestable générosité de ses désirs, sans aller toutefois jusqu'à penser, comme certains, que l'œuvre du poète soit ici une leçon pour l'Église. L'Église donne des leçons au monde, et n'en reçoit que de Dieu.

Le grand, l'irrémédiable scandale de ce long plaidoyer, c'est encore, c'est toujours le silence perfidement organisé contre l'Église. Un « penseur » a trouvé le moyen de parler du pauvre durant dix volumes, durant trois mille pages, sans dire UNE SEULE FOIS qu'il y a depuis dix-neuf siècles, dans le monde, une institution qui ne s'occupe pour ainsi dire que des pauvres, et qui leur a consacré, depuis dix-neuf siècles, ses forces vives, son sang, son âme, sa vie! Ce silence est calculé; rien ne nous empêchera de le croire. Victor Hugo a eu peur de sa secte, où il y a quelque mot d'ordre odieux pour ne pas prononcer le nom de l'Église. Tant d'injustice ne peut s'expliquer par un aveuglement involontaire. Quand on a les yeux

d'un Victor Hugo, on voit facilement les grandes choses, et il
y a même quelque intérêt à faire connaître qu'on les voit. Le
silence du poëte sera le plus grand obstacle à sa gloire. Que
penser d'un ennemi du soleil qui nierait son adversaire en
plein midi, et d'un ennemi de l'Église qui ne la voit pas
en pleine histoire? Ce n'est plus de l'injustice, c'est de la
folie. Et la folie n'a rien de glorieux.

Nous voulons ici, pour la dernière fois, opposer les affirmations chrétiennes aux théories de Victor Hugo. Nous prétendons qu'en théorie l'Église a le secret de vaincre la misère, et
la Révolution celui de l'aggraver. Nous ajoutons qu'en pratique la Révolution n'a rien fait de nouveau ni de fécond contre
le paupérisme, et que l'Église, au contraire, n'a cessé de
susciter dans le monde les idées, les dévouements, les œuvres,
les institutions les plus efficaces contre ce fléau qu'on ne saurait
assez détester, ni assez combattre. Rien de plus net, on le voit,
que ces affirmations; il nous reste à les justifier.

On n'a pas encore écrit « l'Histoire de la Charité catholique » : cette histoire serait la meilleure réponse aux doctrines
préconisées dans *les Misérables*. On pourrait diviser cette
histoire en autant de chapitres qu'il y a d'Œuvres de miséricorde corporelle et d'Œuvres de miséricorde spirituelle. Dans
chacun de ces quartorze chapitres, on verrait, en remontant
sans cesse aux sources les plus sûres, que l'Église n'a pas
cessé, durant une seule minute de tous les siècles écoulés, de
porter ses regards maternels sur le pauvre, de panser les
plaies du pauvre, d'aimer passionnément l'âme et le corps
du pauvre.

L'Église, depuis dix-huit siècles, donne A MANGER A CEUX QUI
ONT FAIM et A BOIRE A CEUX QUI ONT SOIF; l'Église, depuis dix-
huit siècles, ASSISTE LES MALADES ET VÊT CEUX QUI SONT NUS;
l'Église, depuis dix-huit siècles, est L'HÔTESSE DES ÉTRANGERS

ET LA VISITEUSE DES PRISONNIERS; l'Église, depuis dix-huit
siècles, ENSEVELIT LES MORTS. C'est par l'intermédiaire des
diacres qu'elle a, depuis les premiers siècles de son histoire,
accompli toutes ces œuvres, et le *diaconisme* est en effet le
caractère de toute cette première époque de ses annales.
Puis, s'élèvent de toutes parts des asiles pour les vieillards,
pour les enfants, pour les étrangers, et ces asiles sont sou-
tenus librement par la charité des fidèles que le zèle des
diacres tient sans cesse en haleine. Une première décadence
dans les institutions de charité signale malheureusement
les IXᵉ et Xᵉ siècles; mais au XIᵉ, le cœur se rouvre en
même temps que l'intelligence; la charité se réveille. Une
merveilleuse organisation s'épanouit alors sur toute la surface
du sol chrétien : des milliers de Maisons-Dieu se bâtissent de
toutes parts; pas de petite ville, pas de bourg qui n'ait la
sienne, et chacune de ces maisons est desservie par une
communauté de Frères et de Sœurs de charité. Le XIIIᵉ siècle
marque la plus belle phase de cette seconde époque. Au XVᵉ
et au XVIᵉ siècle, nouvelle décadence. Mais voici le génie
de la charité, voici saint Vincent de Paul. Au lieu de cette
organisation trop locale qui avait été le caractère et la faiblesse
des siècles précédents, il crée une Congrégation générale de
servantes des malades et de servantes des pauvres, congrégation véritablement universelle, destinée à lutter partout contre
la misère, sous une seule et même règle, avec le même
esprit et les mêmes traditions. Enfin notre siècle inaugure
une dernière période de l'histoire de la charité, et l'apostolat
laïque est peut être destiné à être la *dominante* de cette
nouvelle et féconde époque dont nous ne verrons pas la fin.

A toutes ces époques, même aux siècles de décadence,
est-il une faim, est-il une soif, est-il une nudité, est-il une
maladie, est-il une captivité, est-il une souffrance de l'âme ou

du corps qui n'ait pas été atteinte et soulagée par la charité de l'Église? Et nous ne parlons ici que des institutions, sans toucher aux dévouements particuliers. Pas de saint, pas de chrétien, pourrions-nous dire, qui n'ait été, durant toute sa vie, dans l'exercice perpétuel de toutes les œuvres de miséricorde. Il est vrai que plusieurs se sont particulièrement penchés sur telle ou telle misère; mais tous ont fait héroïquement la guerre à la Misère. Oh! que le plan divin est admirable!

Et ce que nous venons de dire des Œuvres de miséricorde corporelle, s'applique exactement aux Œuvres de miséricorde spirituelle. Que n'ai-je le loisir d'en tracer ici la magnifique histoire!

A tout cet ensemble d'œuvres, que peut opposer la Révolution? Je vois bien que, chez tous les petits, elle a allumé une soif inextinguible et aiguisé une faim insatiable devant les biens des riches et les droits des puissants; mais où est la soif qu'elle a étanchée? où la faim qu'elle a rassasiée? Je vois que les haines politiques, excitées par ses doctrines, ont peuplé et peuplent les prisons; mais où sont les visiteurs révolutionnaires qui consolent les prisonniers? Il ne m'est pas souvent arrivé de rencontrer la Révolution au chevet d'un malade. Je vois ceux qu'elle dépouille, et j'ai besoin de chercher ceux dont elle couvre la nudité. Je vois les victimes qui sont tombées sous ses coups; je ne vois pas les morts qu'elle ensevelit.

Enfin je demande à la Révolution : « Où sont tes sept œuvres de miséricorde, spirituelles et corporelles? » Et la Révolution ne me répond pas, ne peut pas me répondre.

C'est sur ce dernier argument que j'entends rester, et je le soumets humblement à l'entendement si large et au cœur si généreux de l'auteur des *Misérables*.

V

Victor Hugo est une grande âme, mais qui a fait une lourde chute et presque mortelle, parce qu'elle est tombée, hélas! des sommets radieux du Christianisme. Il lui reste cependant assez de sa grandeur native pour comprendre combien la conception chrétienne nous apparaît, dans l'histoire, au-dessus de la conception révolutionnaire. Si l'auteur des *Misérables* était chrétien, il eût fait ici jaillir de son génie une des plus belles œuvres de ce temps-ci et de tous les temps.

Et, s'il était chrétien, à la dernière page de son œuvre transfigurée, Victor Hugo eût écrit, d'une main ferme, ces affirmations qui sont l'éclatante réfutation de tout ce qu'il a écrit :

« Contre le Vice, contre l'Ignorance, contre la Misère, le plus solide boulevard, c'est l'Église.

» La femme, l'enfant, le pauvre, tous les petits, tous les faibles, tous les misérables, n'ont jamais eu, n'ont et n'auront jamais sur la terre de plus sûr appui que l'Église.

» Tous les misérables ont des droits particuliers au ciel où ils entreront par milliers ; mais la main qui peut les y conduire, c'est encore, c'est toujours celle de l'Église ! »

VICTOR HUGO

LES TRAVAILLEURS DE LA MER

I

La Critique contemporaine, lorsqu'elle étudie un livre, ne se contente pas de marquer de son crayon rouge les incorrections du langage et les manquements à la grammaire. Elle a raison. Sous le style elle cherche l'homme, et ne croit pas que sa mission consiste à relever uniquement les erreurs typographiques, les accents oubliés, les irrégularités de la ponctuation, et même les fautes contre le goût. « J'ai de plus hautes visées, dit la Critique. J'ai le droit de demander à tout écrivain ce qu'il pense de Dieu et ce qu'il pense de l'homme. Je n'ai pas seulement la juridiction sur les mots, mais aussi sur les idées. Je ne sépare point ce que Dieu a uni; je juge l'homme tout entier, son âme et sa plume, son style et sa pensée, la forme et le fond. Et, sans cela, je ne serais point digne de m'appeler la Critique. » C'est ainsi que nous voulons procéder à l'égard des *Travailleurs de la mer*. Nous n'étudierons le style du nouveau livre que pour en arriver le plus rapidement possible à la pensée qui le domine. Nous ne ferons pas subir à nos lecteurs la longue nomenclature des

méfaits grammaticaux de Victor Hugo, nous ne donnerons pas
la liste de ses insultes au bon goût. Mais nous aurons hâte
d'aborder le fond même et la philosophie de cette œuvre
étrange, et nous les aborderons en chrétien épris avant tout
de la vérité et haïssant vigoureusement le mensonge. Une telle
critique peut être de quelque utilité aux hommes : la critique
grammaticale n'est qu'un jeu de l'esprit.

II

Les Travailleurs de la mer doivent être considérés à tous
égards comme la suite naturelle et « le pendant » des *Misérables*. Ce sont les mêmes procédés artistiques; mais le style
des *Misérables* était plus spontané, plus naturel que celui du
nouveau roman; il ne ressemblait pas autant à un parti pris.
L'œuvre ancienne ayant été couverte d'éloges plus ou moins
légitimes, le poète s'est dit : « J'en ferai une autre toute
semblable. » Mais il a calculé ses effets; mais il a exagéré
toutes les teintes du nouveau tableau; mais il a eu plus visiblement les défauts de toutes ses qualités. C'est le caractère
des œuvres de décadence. Lisez les *Mémoires d'outre-tombe*,
et comparez-les à *Atala*. Dans le plus récent de ces livres,
Chateaubriand a désagréablement accentué toutes les qualités
et tous les vices de l'ancien. De là des heurts choquants et
une infériorité manifeste.

Le principal caractère du nouveau roman de Victor Hugo est
l'intempérance dans le style. Jamais on n'a témoigné d'une aussi
frénétique horreur pour la sobriété. L'auteur se croirait désho-
noré s'il était contenu. Tout ce qui vient à son imagination,
il l'écrit d'une main rapide et qui ne connaît point les ratures.
Ainsi, veut-il peindre une tempête ? il y consacre près de

deux volumes, et résout le problème de faire une aussi
longue description sans trop se répéter et, nous l'avouons,
sans trop ennuyer son lecteur. Il dit tout ce qui lui monte au
cerveau. Il ressemble à un homme qui passerait des jours
entiers couché sur le dos, uniquement occupé à regarder les
nuages, et qui dicterait à un secrétaire complaisant et infatigable tout ce que son imagination découvrirait tour à tour
dans toutes les formes plus ou moins bizarres de ces nuages
mobiles et changeants. Si cet homme était bien doué, son
œuvre ressemblerait singulièrement à certains chapitres des
Travailleurs de la mer.

Cette intempérance, cette absence de gouvernement dans le
royaume de son imagination, entraîne Victor Hugo à de singulières longueurs, et surtout à un fâcheux, à un déplorable
amour du détail. Le romancier ne saurait décrire une souris
sans lui consacrer plusieurs pages, sans compter tous ses poils,
sans préciser le diamètre exact de ses yeux, sans indiquer
toutes les nuances de sa peau, sans la comparer enfin à toutes
les autres espèces de souris. Voici un navire : c'est bien autre
chose. L'auteur des *Travailleurs de la mer* a pris des leçons
de construction navale : c'est un bon élève, et qui a bien retenu
l'enseignement du maître. Il n'y a point de bouts de corde
dont il ne sache tous les noms; il vous désosse un vaisseau
de ligne avec l'aisance d'un vieil ingénieur. Il semble qu'on
entende ces *cicerone* de Brest et de Cherbourg expliquant
longuement à des Parisiens émerveillés tous les secrets de
l'art nautique. Mais c'est long. Et puisque nous en sommes à
ces étalages puérils d'érudition maritime, constatons que
Victor Hugo aspire à posséder, dans son nouveau livre, toutes
les autres éruditions. Il est théologien, il est philosophe,
il est astronome : la science enfin n'a plus d'arcanes pour ce
Pic de la Mirandole plus que sexagénaire. En je ne sais combien

de pages il énumère tous les vents qui soufflent ou peuvent souffler sur la mer. Ailleurs ce sont les machines à vapeur dont il fait jouer le mécanisme devant nous. Puis, à tout instant, il quitte le droit chemin de son roman et prend quelque petit chemin de traverse : il fait de la généalogie, établit ou redresse des étymologies difficiles, déchiffre les vieux manuscrits, ouvre les *pouillés* et les cartulaires, etc., etc., etc. C'est l'envahissement brutal de l'érudition dans le roman. Sur les neuf cents pages des *Travailleurs de la mer* on pourrait en signaler deux cents qui sont uniquement consacrées à des expositions scientifiques minutieuses, interminables, et, pour tout dire, exaspérantes. Bon lecteur, avant de lire cette œuvre nouvelle de l'auteur des *Misérables*, placez sur votre table l'énorme *Glaussaire nautique* de M. Jal, et toute la collection des *Manuels Roret*.

Ce jargon scientifique est déjà pour les lecteurs des *Travailleurs de la mer* la cause d'une véritable fatigue; mais combien cette fatigue n'est-elle pas augmentée par l'excessif morcellement d'un style haché menu, d'un style où abondent les phrases de deux ou de trois mots! C'est un bruit insupportable que le clapotement de ces petites phrases métalliques. Les grelots sont chose fort agréable à entendre, mais non pas durant plusieurs heures de suite. Écoutez plutôt : « Subitement,
» on entend un grand murmure confus. — Il y a une sorte
» de dialogue mystérieux dans l'air. — On ne voit rien. —
» L'étendue demeure impassible. — Cependant le bruit
» s'accroît, grossit, s'élève. — Le dialogue s'accentue. —
» Il y a quelqu'un derrière l'horizon. — Quelqu'un de ter-
» rible, le vent. — Le vent, c'est-à-dire cette populace de
» Titans que nous appelons les Souffles. — L'immense
» canaille de l'ombre. — L'Inde les nommait les Marouts, la
» Judée les Kéroubims, la Grèce les Aquilons. — Ce sont les

» invincibles oiseaux fauves de l'infini. — Ces Borées accou-
» rent. — D'où viennent-ils? — De l'incommensurable, etc.,
» etc. (1). » Il y a neuf cents pages écrites dans ce style.
Ouvrez le livre au hasard, et vous verrez que nous n'avons
rien exagéré. Il est certain que le typographe a dû faire fondre
de nouveaux *points* pour imprimer l'ouvrage. Les pages du
livre sont minimes, et chacune d'elles nous offre le luxe
d'une vingtaine de petites phrases sautillantes qui quelquefois
se passent, pour mieux sauter, de ce poids inutile, le verbe.
« La trépidation de la mer annonce une épouvante qui s'attend
» à tout. — Inquiétude. — Angoisse. — Terreur profonde des
» eaux (2). » Voilà ce qu'écrit le maître. Jugez par là de ce
qu'écriront les disciples. Ils décréteront la suppression de la
phrase... pour cause d'utilité publique.

Avec cette brièveté affectée, on arrive sans peine à l'obscurité. Il y a sans doute beaucoup de pages claires et lumineuses
dans les *Travailleurs de la mer;* mais aussi que de ténèbres,
auxquelles vient s'ajouter la nuit de la pensée! Je défie qui que
ce soit de comprendre ce terrible chapitre *Sub umbra* (3), qui
mérite vingt fois son nom. C'est pour le coup que Victor Hugo
fera bien d'imiter M. de Lamartine et de publier une édition
de son œuvre « avec commentaires ». Que de noir, grand
Dieu, que de noir! « L'entre-croisement des solutions contra-
« dictoires; tous les embranchements du doute s'offrant en
« même temps; la ramification des phénomènes s'exfoliant
« sans limite sous une poussée indéfinie; toutes les lois se
« versant l'une dans l'autre; une promiscuité insondable qui
« fait que la minéralisation végète, que la végétation vit, que
« la pensée pèse, que l'amour rayonne et que la gravitation
« aime; l'immense front d'attaque de toutes les questions se

_____

(1) *Les Travailleurs de la Mer,* t. III, p. 56. — (2) *Ibid.,* p. 11. — (3) II, p. 271
et suiv.

« développant dans l'obscurité sans bornes; l'entrevu ébau-
« chant l'ignoré; la simultanéité cosmique en pleine apparition,
« non pour le regard, mais pour l'intelligence, dans le grand
« espace indistinct; l'invisible devenu vision. C'est l'ombre.
« L'homme est là-dessous (1). » Ouf! Enfin, voici une
phrase longue : la comprenne qui pourra. En attendant, je
demande et crois faire un acte de civisme en demandant la
fondation d'une nouvelle chaire au Collège de France :
« Cours de langue hugotienne. Le professeur expliquera le
chapitre « Sub umbra » au tome II des Travailleurs de la mer. »

Et néanmoins, malgré tant de défauts, ce style est vivant.
Vous y noterez sans doute je ne sais combien de détails dont la
crudité vous révoltera; mais il y a longtemps que le maître
nous en a prévenus : « Mon style n'est pas prude. » Il ne
nous prend pas en traître. Il faut aussi s'habituer à bon
nombre d'expressions *précieuses* et qui auraient ravi Masca-
rille, comme celle-ci, par exemple : « Les vents ont la
dictature du chaos (2); » à des images bizarres et folles,
telles que cette description de la foudre : « On croit entendre
la chute d'un meuble dans la chambre des géants (3); » à ces
monstrueux jeux de mots, à ces calembours *hébétés* dont
Victor Hugo a dit en un autre de ses ouvrages : « Le calem-
bour est la fiente de l'esprit qui vole. » L'auteur des *Travailleurs
de la mer* se fait trop volontiers le collaborateur mal inspiré
de Siraudin et de Labiche. Il dit de son héros « qu'il écrivait
Papauté, *Pape-ôté.* » C'est très fin. Il ajoute que la famille
des Edou, à Guernesey, « prétendait descendre d'Edou-Ard le
confesseur. » C'est d'une charmante délicatesse. Eh bien!
malgré toutes ces grossièretés, ces obscurités, ce sautillement de petites phrases écolières sans gravité, ces jeux de

(1) *Les Travailleurs de la mer*, p. 277. — (2) *Ibid.*, III, p. 9. — (3) *Ibid.*, III,
p. 38.

mots détestables, cette érudition de mauvais aloi, et cette
fatigue enfin qui résulte de la lecture d'un tel livre, oui,
malgré tout, ce style attache, retient, entraîne. Il est jeune,
il est vivant. Vous critiquez l'œuvre, mais vous la lisez jusqu'au
bout.

L'auteur des *Travailleurs de la mer* a su demeurer un grand
peintre de la nature. Y a-t-il quelque part une plus fraîche
description du printemps que cette page digne d'inspirer vingt
paysagistes : « La journée était charmante plus qu'aucune
en cette année-là. Cette matinée avait je ne sais quoi de
nuptial. C'était un de ces jours printaniers où mai se dépense
tout entier : la création semble n'avoir d'autre but que de
se donner une fête et de faire son bonheur. Les premiers
papillons se posaient sur les premières roses. Tout était neuf
dans la nature, les herbes, les mousses, les feuilles, les
parfums, les rayons. Il semblait que le soleil n'eût jamais
servi. Les cailloux étaient lavés de frais. La profonde chanson
des arbres était chantée par des oiseaux nés d'hier. Il est
probable que leur coquille d'œuf, cassée par leur petit bec,
était encore dans le nid. Ils chantaient leur premier chant,
ils volaient leur premier vol (1). » La description de la grotte
où pénètre Gilliatt n'est pas moins colorée ni moins saisissante (2). Je ne parle pas du fameux récit de la tempête
qui n'a vraiment que le défaut d'être trop long (3), ni de
l'horrible peinture du poulpe ou de la pieuvre dont l'invrai-
semblance donne la chair de poule. Mais je dois mentionner
encore, comme un délicieux pastel, le petit portrait de
Déruchette, où je demanderais seulement à effacer certains
traits réalistes (4), et cette narration si bien menée du
naufrage de *la Durande* (5). Ce nous est un plaisir de cons-

(1) *Les Travailleurs de la mer*, III, p. 258, 259. — (2) II, p. 232. — (3) III,
p. 37 et suiv. — (4) I, p. 92 et suiv. — (5) II, p. 1-46.

tater que les beautés de ce genre abondent et surabondent
dans une œuvre où il serait inique de ne constater que des
défauts. Il ne nous en coûte pas d'admirer un adversaire,
quand il le mérite. Le chrétien se prend à aimer ces beaux
rayons égarés; il les remet sur leur chemin, pour ainsi
parler, et les rattache au grand soleil, qui est le Verbe.

III

Nous voici maintenant en présence des doctrines de
Victor Hugo, et son style ne retiendra plus désormais l'effort
de notre intelligence. C'est ici qu'il convient de s'armer d'une
sévérité très rigoureuse et très juste. *Les Travailleurs de la
mer* sont UN MAUVAIS LIVRE, dans toute la force de ce mot.
Sur ce point il n'y a pas d'amphibologie possible pour le critique chrétien, et nous avons le droit et le devoir d'être d'une
clarté translucide.

Les Travailleurs de la mer sont un mauvais livre parce qu'ils
sont un livre athée, fataliste, désespérant. Ces trois mots
nous semblent tout résumer.

Dieu y est perpétuellement confondu avec l'univers visible.
Le Destin, l'*Anankè*, y est partout présenté comme le maître
de ce monde, et c'est contre lui que le poëte nous excite à
lutter. Enfin, contre l'inutilité de cette lutte, ce profond philosophe ne nous signale qu'un remède : le suicide, et tel est
l'exemple que nous donne Gilliatt, le héros des *Travailleurs de
la mer*.

Livre triste, livre navrant, qui commence par un *Credo* en
la Fatalité : « Une triple anankè pèse sur nous, l'anankè des
« dogmes, l'anankè des lois, l'anankè des choses (1); » qui

_____

(1) *Les Travailleurs de la mer*, 1, p. VIII.

se continue par une lutte athée contre la rage des éléments presque divinisés; qui finit par le récit désolant de l'assassinat d'un homme par lui-même : « A l'instant où le navire s'effaça « de l'horizon, la tête de Gilliatt disparut sous l'eau. Il n'y eut « plus rien que la mer (1). »

Je sais bien ce que vous nous répondrez. Vous vous scanda-liserez contre nous; vous mettrez en doute notre sincérité; vous nous direz enfin que dans une autre page de ce livre, Gilliatt vaincu par les choses, Gilliatt à bout de ressources, Gilliatt battu après cinquante victoires et qui n'est plus de force à lutter contre la coalition de la mer et des vents, pousse un grand cri de détresse, qu'il demande grâce, et qu'enfin *terrassé par l'immensité, il la prie* (2). C'est vrai, et même un de vos chapitres est intitulé : IL Y A UNE OREILLE DANS L'INCONNU (3). Je sais qu'ailleurs encore vous vous écriez : « Dieu est la notion incompressible (4), » et que vous prenez quelque part la défense de la prière, disant : « Être impuissant, c'est une force (5). » Oui, je sais tout cela, et pour être impartial, je devais le mentionner. Mais je dis que, malgré ces quelques mots votre livre est panthéiste; je dis que vous ne croyez pas à la personnalité de Dieu, et que par conséquent vous ne croyez pas en Dieu. N'est-ce pas vous qui affirmez que nous faisons « partie intégrante d'un Tout ignoré (6)? » N'est-ce pas vous qui définissez la prière ainsi qu'il suit : « La prière s'adresse à la magnanimité des ténèbres (7)? » N'est-ce pas vous qui ajoutez : « Quand Dieu veut, il excelle dans l'exécrable (8)? » Et qu'est-ce, après tout, que ce nom qu'après tant d'efforts philosophiques, vous parvenez à trouver pour désigner Dieu : « l'Inconnu? » Comme si saint Paul n'avait point parlé devant

(1) *Les Travailleurs de la mer*, III, p. 273. — (2) III, p. 133. — (3) *Ibid.*, p. 135. — (4) p. 280. — (5) III, p. 150. — (6) II, p. 280. — (7) III, p. 151. — (8) III, p. 84.

l'Aréopage ; comme si le dernier de nos petits enfants ne
connaissait pas ce Dieu dès la première page de son catéchisme ! Mais c'est l'esprit de tout votre livre qui est athée,
plus encore que sa lettre. Votre héros, auquel il vous plaît de
donner une stature gigantesque, dont vous faites un type de
charité, de tendresse, d'énergie, de perfection, c'est un athée
qui, se voyant perdu sans ressource, « pousse un cri dans
l'Inconnu, » mais qui, chose prodigieuse, ne remercie même
pas son libérateur et qui répond à ce miracle par une négation
effrontée du Dieu vivant, par un suicide.

Être athée ! cette gloire ne suffisait pas à Victor Hugo (1).
La vue du mal physique l'a fait tomber dans un fatalisme
dont un musulman rougirait. Nous, chrétiens, nous avons
aussi à lutter contre les maladies, contre les saisons, contre
la nature rebelle ; mais nous savons que *ce sont là des épreuves
que Dieu impose aux bons ou des châtiments qu'il fait subir aux
méchants.* Et nous savons aussi que l'éternité est là pour
rétablir un jour, entre les méchants et les bons, tout équilibre
et toute justice dans la plénitude de la lumière. Voilà ce que
nous enseigne ce tout petit livre qui s'appelle le Catéchisme
et pour lequel Victor Hugo professe un si profond dédain.
O très simple et très adorable solution du plus grand de tous
les problèmes ! L'auteur des *Misérables* n'en veut pas, et, ne
comprenant point l'origine du mal physique, il se met à blasphémer : « Les monstres, dit-il, sont le profond tourment du
penseur. Ces créatures l'inquiètent sur le Créateur. Elles sont
les formes voulues du mal. Que devenir devant ces blasphèmes
de la création contre elle-même ? A qui s'en prendre (2) ? » Et
il résout la question par la Fatalité terrible contre laquelle devra

---

(1) Victor Hugo, par bonheur pour lui, a affirmé ailleurs très nettement sa
croyance en un Dieu unique et personnel. V. le t. I de nos *Portraits du
XIXe siècle* (*Poètes et romanciers*), p. 89.

(2) Cf. *les Travailleurs de la mer*, II, p. 80, etc.

lutter l'orgueil de l'homme. Gilliatt est une sorte de Satan en révolte qui prend d'une main colère les éléments, qui les étreint, qui les bouscule et leur dit : « Vous m'obéirez. » Et quand les éléments sont domptés, il espère aussi dompter la destinée. Mais un caprice de petite fille le fait enfin rentrer dans la conscience de sa faiblesse. N'étant pas le plus fort, il se tue.

Et c'est là le type que vous nous proposez? A tous ces pauvres gens de la mer, qui luttent contre la tempête avec le signe de la croix, avec l'espérance, avec la foi, vous voudriez substituer cet orgueilleux, ce Prométhée de bas étage, ce blasphémateur, ce sauvage qui a vécu comme un Titan et qui meurt comme un Judas. Ah! nous savons un type meilleur. Il existe, le marin chrétien, charitable, doux et croyant. Un jour Victor Hugo l'a rencontré sur son passage, et il l'a peint de main de maître dans les *Pauvres gens* de sa *Légende des siècles*. Nous le connaissons, nous aussi, et l'avons vu à l'œuvre. Il part après avoir embrassé le front hâlé de sa femme, après avoir serré bien fort ses enfants dans ses bras; il a sur sa barque l'image de la croix qui a sauvé le monde; à son cou bat la médaille libératrice dont les poètes se moquent, mais que les marins respectent. Il part enfin, et la mer se fait terrible, et la tempête éclate. Elle bouleverse sa pauvre barque, elle la jette au ciel et la précipite dans le gouffre; le marin lutte, mais il ne lutte pas à la façon brutale du taureau qui se précipite cornes baissées contre l'obstacle, mais surtout il ne s'en prend pas à la Destinée. Sur sa barque, il ne reste pas orgueilleusement debout : il sait s'agenouiller, et ce n'est pas à l'Inconnu qu'il parle. Il a des conversations sublimes avec le Dieu tout-puissant, avec la Vierge Marie; il leur crie : « Ma barque est petite, mais votre bonté est grande. » Il se rappelle l'histoire de Jésus gourmandant la mer. Il ne désespère pas.

Fier, intrépide, admirable, il montre assez clairement qu'il possède toutes les énergies de Gilliatt. En pensant à la femme et aux enfants, il pleure : « Sauvez-moi, dit-il très humblement à Jésus et à sa mère, et j'irai là-bas vous remercier dans votre église. » Il fait un vœu : un vœu, c'est une profession de foi. Et alors Dieu très miséricordieux, Dieu connu, Dieu aimé aperçoit de ses grands yeux cette toute petite barque sur la mer ; il met sa main dessous, il la préserve, il la sauve. Mais pourquoi notre pauvre homme ne rentre-t-il pas au port qui l'appelle ? C'est que là-bas, sur ce roc perdu, il a aperçu d'autres chrétiens en détresse. Il est trop vrai que leur sauvetage est malaisé et que notre marin est presque certain d'y mourir. Mais ce sont des chrétiens. Il ne supporterait pas le déshonneur de les laisser périr. Il y va, il y vole, il les sauve au grand péril de sa propre vie. Puis, ce soir, il reviendra chez lui, mouillé, brisé, content, fier, heureux, et l'*Ave maris Stella* éclatera sur ses lèvres, et les gros baisers retentiront sur le front de la femme et des enfants. D'ailleurs, il ne se plaindra pas de la journée. Car cette journée, ce sont toutes ses journées. Il recommencera demain à lutter contre le soleil, contre les nuages, contre la mer, contre la tempête ; mais jamais il ne connaîtra l'orgueil de la lutte ni celui de la victoire. C'est, en vérité, une très auguste créature. Il croit à Dieu très bon, très juste, très puissant ; il sent que sa barque est entourée de saints et d'anges, et qu'il a une mère dans le ciel, et que Dieu l'aime, et que ce monde est une mer, et que le grand port est le ciel.

Ah ! que devient votre Gilliatt devant notre chrétien ? Croyez-moi : n'essayez pas de perdre nos braves hommes de la mer que vous avez si bien peints dans vos *Pauvres gens*. Prenez vos philosophes ; laissez-nous nos marins.

Ce qu'il y a en effet de particulièrement désolant dans ce

livre, c'est qu'il est à l'adresse des petits et qu'il peut leur être funeste. C'est là le grand délit. Certes nous sommes disposé à pardonner à Victor Hugo ses erreurs historiques : *nescit quod facit.* Qu'il prétende que « les diables Raguhel, Oribel et Tobiel aient été saints jusqu'en 745, où le pape Zacharie, les ayant flairés, les mit dehors (1); » cela fait rire, et nous dirons à Victor Hugo : « Montrez vos textes et prouvez. » Qu'il ressuscite contre Jeanne d'Arc la vieille théorie de l'hallucination (2), c'est une question vingt fois jugée et qui atteste l'hallucination des historiens. Qu'il écrive cette épouvantable phrase : « Rien n'est plus près de Messaline que Marie Alacoque (3); » c'est de la folie, c'est un cas pathologique qui nous inspire une immense pitié. Mais qu'au peuple travailleur, qui souffre tant ici-bas, qui lutte avec tant d'âpreté contre la faim, contre la douleur, contre le mépris, mais qu'à ce peuple ont dise : « Il y a un sort qui pèse sur vous. Vous êtes les victimes de l'Ananké, vous êtes les condamnés de la Fatalité. Luttez, luttez avec orgueil et, si vous êtes vaincus, suivez l'exemple que mes héros vous donnent; » c'est là ce qui perdra le plus d'âmes, c'est là ce qui dépeuplera le ciel, et c'est contre quoi nous protestons le plus énergiquement. Vous scandalisez les petits.

IV

Nous nous sommes quelquefois demandé ce que deviendrait le monde s'il était un jour gouverné d'après les thèses de Victor Hugo, s'il était un jour conforme à son idéal. Ce

(1) *Les Travailleurs de la mer*, I, p. 12. — (2) I, 58. — (3) II, 65. Que dire de cette autre histoire : « Le judicieux savant et roi Jacques faisait bouillir les personnes accusées de sorcellerie, et devinait, d'après le goût du bouillon, si elles étaient sorcières ou non !!! » Etc., etc.

serait un monde singulier, et qui, tout d'abord, n'aurait
sur aucun sujet aucune idée nette. Tout serait incertain,
nébuleux, sans contours. Il y aurait partout des images au
lieu de doctrines. Les hommes se rencontreraient effarés,
et s'interrogeraient sur l'Inconnu, sur l'Ombre, sur l'Inacces-
sible ajouté à l'Inexplicable. Ils entreverraient, farouches, le
noir de la Réalité sous le bleu du Mystère. Regard horrible.
Le penseur s'arrêterait effrayé devant le mal, sourd problème,.. et ne le guérirait pas. Chacun prononcerait de petites
phrases courtes sur les grandes questions sociales que personne
ne résoudrait. Mais, chose plus claire, les petits jetteraient
de mauvais regards sur les grands et sur les riches qu'ils
haïraient, jusqu'à ce qu'il n'y eut plus de grands ni de riches.
A l'incertitude se joindrait la haine. Aucune espérance, aucune
foi, aucun amour. Toutes les religions et toutes les royautés
seraient définitivement supprimées. On serait forcé d'arriver à l'égalité des biens, conquête qui serait précédée et suivie
de fusillades entre ceux qui gagneraient d'une part et ceux qui
perdraient de l'autre. On ne pourrait peut-être pas supprimer
la maladie, mais on s'en débarrasserait par le noble suicide.
De temps à autre on entendrait quelque misérable jeter un
cri dans l'Inconnu. Il y aurait dans chaque ville un temple
sur le fronton duquel on lirait ce seul mot : ANANKÈ. On
n'attendrait d'autre vie future qu'une transformation matérielle
en quelque autre être visible et terrestre : la métempsycose
deviendrait une vérité. Toute joie disparaîtrait du monde. La
morale, n'ayant plus de sanction, serait de parti pris outragée
et foulée aux pieds, et l'on serait obligé de supprimer le code
criminel avec tous les autres codes. Bref, on retournerait à
l'état sauvage, et c'est là en effet ce qui attend toute société
athée et fataliste.....

Eh bien! nous avons horreur de cette société de l'avenir à

laquelle nous conduisent les livres de Victor Hugo, et nous lui préférons notre pauvre société contemporaine où nous avons sans doute à subir tant d'épreuves personnelles et tant de douleurs sociales, mais où il reste encore des milliers d'âmes qui sont assez simples pour croire en Dieu et quelques voix assez indépendantes pour flétrir un mauvais livre !

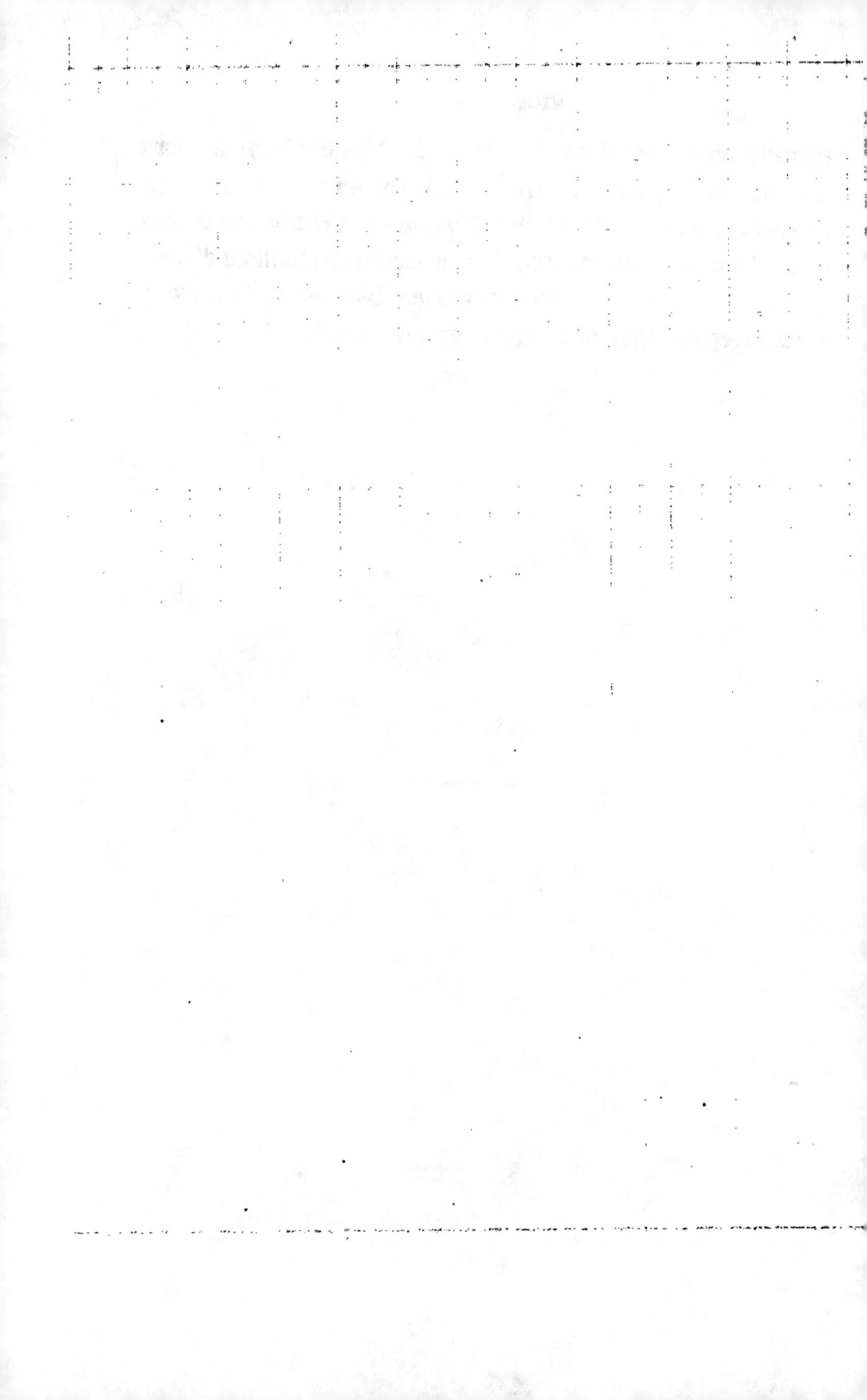

VICTOR HUGO

QUATRE – VINGT – TREIZE (1)

I

Il est dit qu'il déconcertera tous ses admirateurs. Nous étions resté un de ceux-là, malgré tout. Oui, nous ne nous contentions pas d'admirer, avec l'école légitimiste, ces *Odes et Ballades*, ce début puissant où tant de beautés originales sont mêlées à des essais de collégien. Nous sommes depuis vingt ans le lecteur familier et « fraternel » (comme il dirait) de ces trois chefs-d'œuvre, les *Feuilles d'automne*, les *Voix intérieures*, les *Chants du crépuscule*. Sans doute il y a là bien des rêveries qui sont faites pour nous attrister et nous mettre en garde; mais Jésus n'y est pas insulté, mais l'Église y est entourée de je ne sais quelle vénération vague. Dans les *Rayons et les Ombres*, on peut dire que la dominante est encore chrétienne; mais les *Contemplations*, hélas! attestent le commencement de l'insolation. Néanmoins, et malgré la profonde vivacité de notre indignation, nous savions faire le tri entre les éléments si hétérogènes de ce livre étrange. Le poète y a consacré à sa fille certaines pages que nous avons littéralement trempées de nos larmes. Nous n'admirions pas, avec

(1) Écrit en 1874.

une émotion moins sincère, le plan, l'admirable plan de la *Légende des siècles*. Que de fois nous avons lu la *Conscience*, *Booz*, ou les *Pauvres gens*, en essayant de faire passer dans le cœur de nos auditeurs l'enthousiasme qui débordait du nôtre! Cependant, nous faisions humblement notre devoir en flétrissant, comme il convenait, les calomnies de plus en plus haineuses que toutes ces œuvres renfermaient contre la sainte Église, et nos lecteurs voudront peut-être se rappeler nos sévérités très vives contre les *Misérables* et les *Chansons des rues et des bois*, contre les *Travailleurs de la mer* et l'*Année terrible*. Mais nous n'avons jamais été de ceux qui refusent iniquement tout talent à leurs adversaires, et qui mettent volontiers sous le boisseau les beautés lumineuses d'un livre ennemi. Dans Victor Hugo, nous avons admiré tout ce qu'un chrétien peut admirer, tout ce qui est un rayonnement de la Beauté naturelle, tout ce qui est volontairement ou involontairement chrétien. Et nous n'avons pas à nous repentir d'une aussi légitime admiration.

Mais voici un livre qui nous déconcerte absolument. Il convient néanmoins d'en parler : car il ne nous paraît ni juste ni utile de passer sous silence les œuvres même où nos plus chères croyances sont insultées. Il en faut parler, il leur faut répondre. C'est ce que nous essaierons de faire pour *Quatre-vingt-treize*.

II

La scène du drame est en Vendée, et l'on peut dire que la guerre de Vendée est le véritable sujet de toute l'œuvre. Trois personnages dominent l'action, qui n'est pas compliquée, et leurs noms résument le récit, qui est court. L'Extrême-Droite est représentée par le chef des Vendéens, le ci-devant marquis de Lantenac; l'Extrême-Gauche par je ne sais quel horrible défroqué qui trouve Robespierre un peu tiède et Marat presque tendre : c'est l'épouvantable Cimourdain. Reste le Centre, qui est ici des plus forts en couleur, et dont nous nous contenterions, quant à nous, pour Extrême-Gauche : le héros, la grande figure de ce parti prétendu modéré, c'est le ci-devant vicomte Gauvain, commandant des forces républicaines en Vendée. Tout l'art du romancier et du poète va consister à mêler ces trois éléments, à opposer ces trois types. Notez qu'aux yeux de Victor Hugo, Cimourdain représente la Justice, Gauvain la Miséricorde, et Lantenac les Ténèbres, la Peste, l'ancien régime en un mot. Ce mot aurait suffi sans un torrent d'injures.

Il convient de faire ici connaissance avec ces trois personnages où s'est condensée toute la pensée du poète. Tout est là. Notez qu'un seul, Lantenac, est expressément condamné par l'auteur de *Quatre-vingt-Treize*, et que les deux autres représentent dans leurs doctrines, les « DEUX POLES DU VRAI. » Or, voici les principes de l'ancien prêtre Cimourdain : je plains celui de nos lecteurs qu'ils ne révolteront pas jusqu'au plus intime de son être, je plains ceux qui ne s'indigneront pas. Écoutez : « La Révolution a un ennemi, le vieux monde, et elle est sans pitié pour lui, de même que le chirurgien a un ennemi, la gangrène, et est sans pitié pour elle. L'opération est effrayante : la Révolution l'a faite d'une main sûre. Quant à la quantité de chair saine qu'elle sacrifie, demandez à Boërhaave ce qu'il en pense. Quelle tumeur à couper n'entraîne une perte de sang? » Et plus loin : « La Révolution se dévoue à son œuvre fatale. Elle mutile, mais elle sauve. Quoi ! vous lui demandez grâce pour le virus ! vous voulez qu'elle soit clémente pour ce qui est vénéneux ! Elle tient le passé, elle l'achèvera. Elle a fait à la civilisation une incision profonde d'où sortira la santé du genre humain. Combien de temps cela durera-t-il? Le temps de l'opération. Ensuite vous vivrez. La Révolution ampute le monde. De là cette hémorrhagie, 93. » Je n'ajoute rien à cette citation nécessaire, sinon que Victor Hugo n'a jamais flétri, avec une netteté et une indignation réelles, les doctrines de ce Cimourdain qu'il regarde, encore un coup, comme « un des pôles du Vrai. » Je sais qu'il leur oppose, comme un correctif, les principes douceâtres de Gauvain. Mais qu'on me montre la page où il exècre Cimourdain. Chez lui, le centre gauche lui-même absout 93, et « devant l'horreur du miasme comprend la fureur du souffle. » En somme, Victor Hugo n'est pas éloigné de penser comme son horrible défroqué, et, à ses yeux, la France d'avant 93 est tout simplement une tumeur.

Les idées de Gauvain sont moins révoltantes, mais c'est par la demi-teinte, c'est par le vague qu'elles se sauvent. « Vous voulez, dit le chef des Bleus à son ancien maître Cimourdain, vous voulez les misérables secourus : moi, je veux la misère supprimée. Vous voulez l'impôt proportionnel : je ne veux pas d'impôt du tout... Supprimez le parasitisme : le parasitisme du prêtre, le parasitisme du juge, le parasitisme du soldat... Donnez l'enfant d'abord au père qui l'engendre; puis au maître qui l'élève; puis à la cité qui le virilise; puis à la patrie, qui est la mère suprême; puis à l'humanité, qui est la grande aïeule... Chacun de ces degrés, père, mère, maître, cité, patrie, humanité, est un des échelons de l'échelle qui monte à Dieu. Quand on est au haut de l'échelle, on est arrivé à Dieu. Dieu s'ouvre : on n'a qu'à entrer... Porter des fardeaux éternels, ce n'est pas la loi de l'homme. Non, non, plus de parias, plus d'esclaves, plus de forçats, plus de damnés... L'homme est fait, non pour traîner des chaînes, mais pour ouvrir des ailes. Plus d'homme reptile.

Je veux la transfiguration de la larve en lépidoptère; je veux
que le ver de terre se change en une fleur vivante et s'envole.
Je veux... (1). » Ici la parole est coupée à Gauvain, et ce
sont les derniers mots qu'il prononce dans le roman. Sans
doute, je me reprocherais de ne pas tenir compte des aspirations du poète vers un meilleur avenir; mais ici nous avons
véritablement affaire à un cas pathologique. L'aspiration,
sous cette forme, n'est plus un désir : c'est un spasme. C'est
le rêve à l'état d'épilepsie. C'est la parodie de l'absolu. Ne
plus tenir aucun compte ni des conditions historiques et
réelles de l'humanité, ni de ses passions, ni de ses inévitables
douleurs, rêver ici-bas un Paradis économique où tous les
hommes seront idéalement parfaits et idéalement heureux,
c'est retourner l'idée catholique qui place uniquement cet
idéal au ciel. C'est du catholicisme à l'envers. Et cet homme
qui termine sa vie et jetant ce cri grotesque : « Je veux la
transfiguration de la larve en lépidoptère, » cet homme est
tout simplement l'absurde caricature de notre *Cupio dissolvi*
et de notre incomparable dogme de la résurrection de la chair.
Les ennemis de l'Église ne sont que ses parodistes : il y a
longtemps que de grands penseurs l'ont dit et que Victor Hugo
le prouve.

Quoi qu'il en soit, nous voici entre ces deux horribles pôles
du faux : l'Utopie et le Fanatisme, que le romancier nous a
fait connaître et que le peintre nous a rendus vivants sous les
noms de Gauvain et de Cimourdain. Reste le troisième grand
rôle de ce drame épique, reste le Vendéen. Victor Hugo a fait
quelque effort pour ne pas le noircir à l'excès, et il s'est
imaginé sans doute que c'était là de l'équité. Nous ne saurions
admettre une telle prétention. Lantenac nous fait horreur.

---

(1) III, 282 et ss. Nous sommes forcé d'abréger les citations. Il y a çà et là
de véritables éclairs de bon sens et des traits incontestables de grandeur.

C'est en vain qu'au milieu de cette action sanglante, il sauve noblement trois pauvres petits enfants qui vont mourir, c'est en vain qu'il sacrifie sa vie à celle de ces innocents. Ce dévouement nous le rend moins haïssable, mais sans le rendre aimable. L'ancien régime qu'il représente est un certain ancien régime que nous ne saurions aimer, et ce n'est certes pas pour cette cause oblique que sont morts les premiers Vendéens. Il ne peut s'agir ici que des légistes et des césariens, dont M. de Lantenac résume hardiment la doctrine en disant : « La vieille France est un pays d'arrangement magnifique, où l'on considère premièrement la personne sacrée des monarques seigneurs absolus de l'État. » Tel est en effet le langage des anciens législateurs, et il lui a été parfois donné de triompher. Mais telle, je le jure, telle n'était pas la dominante de la France avant 1789 : la France, la grande France était chrétienne avant même d'être monarchique. Les premiers soulèvements de la Vendée étaient surtout catholiques. Il y a un escamotage dans le livre de Victor Hugo : il n'y a point parlé de Jésus-Christ. A sa place, j'aurais été plus généreux avec mes adversaires, et j'aurais donné pour ennemi à Cimourdain un chrétien sincère qui aurait été le véritable représentant de la vieille France. Cette âme virile aurait condamné les mille abus de l'ancien régime, mais en condamnant plus sévèrement encore le Droit mis à la place du Devoir, et l'homme détrônant Dieu. Ce chrétien se serait contenté, pour toute politique, de tenir ce simple langage : « Malheur aux nations qui ne sont pas traditionnelles ! » Et il aurait ajouté avec un bon sens tout français : « On ne saurait admettre que pendant quinze cents ans nos pères n'aient uniquement commis ou subi que des crimes et des sottises. Un tel spectacle ne s'est jamais rencontré dans l'histoire, et personne ne peut se flatter d'improviser en une minute, voire en une année, un système du gouvernement absolument inconnu de tous les siècles précédents. On ne construit l'avenir qu'avec le passé.» Voilà ce qu'aurait dit ce Français, ce chrétien, et j'aurais eu le courage de lui donner un plus beau rôle encore. Je lui aurais tourné le regard vers Jésus-Christ et vers l'Église; je l'aurais conçu et peint très beau, très pur, très épris du ciel. Puis je l'aurais fait mourir magnifiquement, dans un martyre accepté, désiré, aimé. Un tel personnage n'eût pas été imaginaire, et les types historiques ne manquent pas. Le poète pouvait, d'ailleurs, ne pas accepter la thèse catholique de l'expiation, de la souffrance, du sacrifice; il pouvait lui opposer la thèse anti-chrétienne de la jouissance sur la terre, de l'exercice absolu de tous les droits et de la conquête de toutes les libertés. Mais à tout le moins il devait honorer ses adversaires, en incarnant leurs doctrines dans un personnage digne d'eux. Il n'a pas osé.

III

Le citoyen Gauvain sauve un jour la vie de son oncle, le marquis de Lantenac, lequel était condamné à mort, et il est lui-même, à raison de ce dévouement sublime, envoyé à la guillotine par son maître, par son père spirituel, par cet implacable Cimourdain, qui, « au moment même où la tête de Gauvain roule dans le panier, se traverse le cœur d'une balle : » voilà tout le résumé du roman. Et voilà aussi le thème des exagérations les plus étranges, les plus folles qui vont souvent jusqu'à la calomnie contre l'Église, jusqu'au blasphème contre Dieu. Il est aisé de le montrer.

Ce livre n'est qu'une génuflexion devant l'Idole. Jamais la Révolution n'a été adorée à ce point. Ce n'est pas 89, non, c'est 93 devant qui l'on se prosterne, éperdu d'enthousiasme et d'amour. On n'aurait pas cru, il y a vingt ans, qu'il fût jamais possible d'en arriver à un pareil délire. La seule critique que se permette ici l'adorateur, c'est contre Merlin de Douai, auteur de la loi des suspects, et il l'en fait uniquement responsable, tandis qu'en réalité cette abominable loi était dans l'air et a été véritablement savourée par tout un parti. Les preuves abondent : elles remplissent nos Archives. Telle est cependant la seule concession que le poète daigne nous faire. Il n'appartient pas d'ailleurs à cette catégorie d'esprits qui pèsent les mots. C'est une pythie qui ne quitte jamais son trépied et dont les cheveux, trempés d'une sueur froide, sont toujours hérissés. De là ces cris d'admiration qui pourront paraître excessifs aux intelligences pondérées : « La Convention est la grande cime. — Jamais rien de si haut n'a paru sur l'horizon des hommes. — Il y a l'Himalaya, et il y a la Convention. » Et ailleurs, parlant de ces temps efféminés qui suivirent le 9 thermidor, la Pythie révolutionnaire ne craint pas de s'écrier : « Immédiatement après le Sinaï, la Courtille apparut. » Robespierre, est-il dit plus loin, « avait l'œil fixé sur le Droit; à l'autre extrémité Condorcet avait l'œil fixé sur le Devoir. » Après nous avoir fait assister à l'effroyable dispute de ces trois monstres, Marat, Robespierre, Danton : « Querelle de tonnerres, » s'écrie le poète. Il y a de ces traits par milliers : « Les petits enfants bégayaient Ça ira. Ces petits enfants, c'était l'immense avenir. » Hélas! quels galopins! Vous les voyez d'ici.

Mais la haine est encore plus vive que l'exagération n'est surprenante. Les rois, les prêtres : tel est le double objet d'une aversion qui touche au paroxysme et à la folie furieuse. Qu'à donc fait le prêtre à Victor Hugo? Eh quoi! nous vivons en un temps d'otages, et il ne craint pas de répandre au sein des masses populaires une haine qui ne peut manquer d'aboutir un jour à d'abominables représailles. L'homme du peuple, le pauvre lecteur ignorant et passionné qui lit ces injures grossières ne peut manquer de penser involontairement aux rues Haxo de l'avenir. Il grince des dents, il rêve de vengeance, il montre le poing aux hommes noirs. O responsabilité effroyable de ceux qui tiennent une plume! Victor Hugo n'y a point pensé. S'il l'avait fait, il n'aurait pas écrit ces mots véritablement abominables, qu'il place sur les lèvres de Cimourdain : « Je suis prêtre. C'est égal, je crois en Dieu. » Et ailleurs, en parlant du paysan vendéen et breton : « Il aimait ses rois, ses seigneurs, ses prêtres, ses poux. » Nous ne pouvons, nous n'osons pas tout citer. L'horreur des rois n'est guère moins profonde chez ce haïsseur. Il parle quelque part de « la sombre joie d'en avoir fini avec les trônes, » et raconte ce trait horrible du même Cimourdain, qui, portant encore le costume de prêtre, avait héroïquement avalé, à l'hôpital, le pus de la blessure d'un pauvre homme, pour le sauver d'une mort certaine : « Si vous faisiez cela au roi, vous seriez évêque. — Je ne le ferais pas au roi, répondit Cimourdain. » En vérité, ce n'est plus là de la haine, mais de l'hydrophobie. Il est trop visible que Victor Hugo considère historiquement tous les rois comme autant de Minotaures, et il ne s'est pas dit un seul instant qu'en aucune année de l'ancienne monarchie on n'a été moins libre qu'en 1793. C'est pourtant une vérité mathématique, un axiome.

Puisque nous en sommes à parler des droits de l'histoire, c'est l'occasion pour nous d'interpeller solennellement l'auteur de *Quatre-vingt-Treize* sur le trop célèbre chapitre qu'il a consacré à la Convention. Je prétends, j'affirme qu'il renferme à peu près autant d'erreurs historiques que de mots. Erreurs évidentes, erreurs énormes. « La Convention, dit-il, déclarait l'indigence sacrée. Elle déclarait l'infirmité sacrée dans l'aveugle et dans le sourd-muet, devenus pupilles de l'État; l'enfance sacrée dans l'orphelin, qu'elle faisait adopter par la patrie; l'innocence sacrée dans l'accusé acquitté, qu'elle indemnisait. Elle flétrissait la traite des noirs, elle abolissait l'esclavage. Elle décrétait l'instruction gratuite. » Pas un mot de l'Église; pas un mot des institutions catholiques; pas un mot de l'histoire de la charité chrétienne! Oser revendiquer pour la Convention la gloire d'avoir « rendu l'indigence sacrée », quand l'Église nous ordonne de voir dans les pauvres autant de Jésus-Christ, et quand, depuis dix-neuf siècles, nous pouvons apercevoir tant de millions d'indigents assistés par des frères et des sœurs qui sont obstinément penchés sur toutes nos misères, sur toutes nos plaies, sur toutes nos douleurs! Et c'est la Convention aussi qui aurait déclaré « l'infirmité sacrée », quand nous voyons dans la primitive Église les évêques et les diacres s'épuiser à la secourir, et quand, depuis le IV⁺ siècle, nous voyons sur toute la surface du sol catholique, s'élever tant d'*orphanotrophia*, de *brephotrophia*, de *nosocomia*, de *gerontocomia* (1), et plus tard tant d'Hôtels-Dieu et tant de Maisons-Dieu, qui peuvent se compter PAR MILLIERS! Et c'est la Convention encore qui aurait eu la gloire incomparable de « décréter l'instruction gratuite », quand, depuis le concile de Vaison, en 539, jusqu'au 14 juillet 1789, nous pouvons, d'après les documents les plus authentiques, constater l'existence de milliers d'écoles véritablement populaires, lesquelles sont très souvent placées au fond des plus petits villages! Il ne devrait pas être permis d'insulter l'histoire à ce point. Il devrait y avoir une institution scientifique chargée, au nom de la morale publique, de flétrir de telles assertions, et de les flétrir scientifiquement

---

(1) *Brephotrophia*, hospices pour les enfants; — *Orphanotrophia*, orphelinats; — *Nosocomia*, hôpitaux pour les malades; — *Gerontocomia*, hospices pour les vieillards, etc.

par des faits, par des textes, par des chartes, par d'irrécusables documents (1). La science est le seul pilori que je désire
pour les œuvres de Victor Hugo.

Une dernière question, mais elle est indiscrète. L'auteur de
Quatre-vingt-treize est sévère pour la Vendée. Çà et là, il rend
quelque hommage à l'intrépidité de ses enfants et de ses chefs ;
mais il ne peut contenir sa haine farouche : « La Vendée,
s'écrie-t-il, c'est la Révolte-prêtre. Cette révolte a eu pour
auxiliaire la forêt. Les ténèbres s'entraident (2). » Ailleurs,
il fait un autre reproche aux Vendéens : « Pays, patrie, ces
deux mots résument la guerre de Vendée, querelle de l'idée
locale contre l'idée universelle. Paysans contre patriotes. »

Une telle guerre devait, suivant le poète, avorter misérablement : « Se figure-t-on une tempête paysanne attaquant
Paris ; une coalition de villages assiégeant le Panthéon ; une
meute de noëls et d'oremus aboyant autour de la Marseil-
laise ; la cohue des sabots se ruant sur la légion des
esprits? » Tout cela est fort bien, et il y a là ce choc d'antithèses auquel nous sommes trop habitués pour en être surpris.
Mais nous disons, mais nous répétons et ne cesserons de répéter
que vous avez escamoté la véritable question. Et cette question,
la voici : « Une Assemblée, telle que la Convention, a-t-elle le
droit de décréter, pour tout un peuple, un changement de
religion? A-t-elle le droit de retirer à tout un peuple sa foi,

(1) Nous ne pouvons insister que sur quelques points ; mais la fin de ce
même chapitre mériterait d'être vigoureusement réfutée : « Et tout cela,
servitude abolie, fraternité proclamée, humanité protégée, conscience humaine
rectifiée, loi du travail transformée en droit, et d'onéreuse devenue secourable ;
richesse nationale consolidée ; enfance éclairée et assistée ; lettres et sciences
propagées ; lumière allumée sur tous les sommets, aide à toutes les misères ;
promulgation de tous les principes, la Convention le faisait, ayant dans les
entrailles cette hydre, la Vendée, et sur les épaules, ce tas de tigres, les rois. »
Il serait à désirer que la réfutation de ces quelques lignes devînt l'objet d'un
petit livre scientifique, sans phrases et plein de faits.

(2) II. 79. Et ailleurs : « Marche de chats dans les ténèbres. » II, 109.

sa liberté religieuse, ses prêtres, ses temples ? La conscience est-elle au-dessus de la Convention nationale, ou la Convention est elle au-dessus de la conscience ? » Victor Hugo est sommé de répondre. Il n'a pas osé poser le problème : nous l'adjurons de le résoudre.

Il ne nous coûte pas d'avouer que, dans ces trois volumes, on trouvera sans peine des pages généreuses, aimables et vraiment belles. Un tel génie n'a pu tout-à-fait se condamner à mort. Mais quelle décadence ! *Quatre-vingt-treize* est le recueil le plus complet d'antithèses que nous puissions offrir à l'attention des rhéteurs. Rien de plus fatigant que ces heurts, si ce n'est toutefois le sautillement monotone de la phrase. C'est le bruit incessant de petits cailloux qui clapottent dans un ruisseau. Cette lecture épuise l'esprit : les idées vous y affolent, le style vous y agace. Une mauvaise érudition, de troisième ou quatrième main, ajoute encore à cet agacement nerveux qui pourrait aisément tourner en maladie. Puis, véritablement, c'est trop long. Le récit n'est rien et tiendrait en vingt pages ; mais les épisodes et les parenthèses n'ont pas de fin. Que de longueurs, juste ciel ! Les Anciens, que nous ne saurions aimer toujours, mais qui avaient des imaginations charmantes, représentaient la Renommée comme un être léger, frêle, ailé. Ils voulaient peut-être avertir par là les auteurs trop féconds de ne pas confier à ces épaules éthérées le poids de trop de volumes. La Renommée n'a pas les muscles d'Hercule, et Victor Hugo a tort de lui confier tant d'in-octavos. Elle les laissera tomber en route, et ils n'iront pas où Victor Hugo les voudrait voir aller.

. Louis FIGUIER

LOUIS FIGUIER

I

M. Louis Figuier a publié un livre sur la vie future qui peut à bon droit passer pour un roman, et il lui a donné ce titre vif : *Le lendemain de la mort*. Nous ne lui adresserions volontiers qu'un reproche : c'est de parler au nom de la Science.

Ce livre a eu un brillant succès. Nous nous en réjouissons pour certains motifs que nous allons exposer à nos lecteurs, mais nous leur dirons ensuite pourquoi ce même succès nous attriste et nous scandalise.

Et tout d'abord, voici la cause de notre joie :

Nous aimons qu'on ait le souci des choses qui ne se voient et ne se touchent pas : toute pensée qui s'élève vers l'autre vie nous paraît utile et saine. Au milieu de tous ces méchants livres sans motif et sans but, frivoles ou cruels, à la crème ou au sang, que nous voyons pulluler tous les jours, nous éprouvons quelque consolation à nous dire qu'un livre sur l'immortalité trouve des lecteurs. C'est un petit *sursum*, tout au moins; ce sont des ailes qui nous poussent, et nous en avons tant besoin !

Ce livre cependant n'est pas sans danger, et il est trop certain qu'il va séduire et tromper bien des intelligences, ou plutôt bien des cœurs. Les entendements sont aujourd'hui dans la même anarchie que la politique. Il y a mille principes

qui se heurtent, et il n'y a pas de Principe. Mais, malgré tout,
l'homme est un être qui a soif de vérité et d'immortalité, et,
dès qu'il entend quelqu'un lui parler de ces grandes choses,
il tend l'oreille, il écoute, il se passionne, il est ravi. Certes
le livre de M. Figuier ne prouve rien : c'est l'absence idéale
de preuves. Mais tous les pauvres gens qui ont perdu des
êtres chers et qui ne sont pas chrétiens se sont jetés là-dessus,
et ils ont fait tant d'efforts, montré tant de bonne volonté,
qu'ils ont fini par croire aux petites hallucinations de l'auteur
du *Lendemain de la mort*. Oui, ils en sont venus à se persuader
que notre âme ira, après une série de morts, de résurrections
et de réincarnations, habiter enfin le soleil, et qu'elle sera l'un
des rayons du grand Astre.

Car, enfin, voilà en deux mots la conclusion de M. Figuier,
et je veux transcrire ici le titre de ses deux maîtres chapitres :
Le soleil, dit-il, *est le séjour définitif des âmes arrivées au plus
haut degré de la hiérarchie céleste. Les habitants du soleil sont
des êtres purement spirituels, et les rayons solaires sont les
émanations des êtres spirituels qui vivent dans le soleil.* Hélas!
hélas! hélas!

Voilà ce que ce savant nous présente comme la conclusion
rigoureuse, mathématique, de la Science. Tel est, en effet, le
point de vue auquel il prétend se placer, et le sous-titre de
son livre est celui-ci : *La vie future* SELON LA SCIENCE.

Eh bien! je suis heureux de ce résultat. Je suis heureux de
voir un contempteur du dogme chrétien en venir à formuler
de semblables affirmations et prétendre remplacer par ces
étranges « axiomes » les « hypothèses » de Jésus-Christ et de
l'Église. Oui, moi, catholique, j'en suis heureux. Voilà donc
où vous en arrivez! Voilà donc ce que vous pouvez! Voilà
donc ce que vous nous proposez comme la certitude à laquelle
nous devons nous rattacher et obéir! J'en appelle à tous les

hommes de science, à nos ennemis eux-mêmes : « Prétendre prouver la vie future par la constitution du soleil, est-ce chose raisonnable, est-ce chose scientifique ? » Tous n'auront qu'un cri là-dessus : « C'est une hypothèse. » Et voilà la seule épithète que mérite votre livre : il est essentiellement hypothétique.

Il ne fallait pas l'intituler : *La Vie future selon la science*, mais *la Vie future selon l'imagination*. Vos vingt-deux figures d'astronomie n'y font rien, parce qu'il n'est aucunement question d'astronomie en toute cette affaire. Hypothèses, vos séries de résurrections et de morts ; hypothèse, votre ascension des âmes dans le soleil ; hypothèse, votre système des âmes-rayons. Rien de tout cela ne tient devant le bon sens, devant la logique, devant la science. Pas une minute entendez-vous ; pas même une seconde.

Tout le raisonnement de M. Figuier pourrait en effet se résumer en cette proposition, en ce syllogisme étrange :

Les âmes sont immatérielles ;

Or le soleil est une masse gazeuse ;

Donc le soleil doit être le séjour des âmes.

Et notez que nous ne faisons pas ici une caricature, une parodie du système. Voici la citation vraie du livre de M. Figuier. Veuillez en peser tous les mots :

« Quand l'être supérieur (l'âme purifiée) parvient dans le soleil, il est dépouillé de toute substance matérielle, de tout alliage charnel. C'est une flamme, un souffle. Tout en lui est intelligence, sentiment et pensée. Rien d'impur ne se mêle à sa parfaite essence. C'est une âme absolue, une âme sans corps. La masse gazeuse et brûlante qui compose le soleil est DONC appropriée à recevoir ces êtres quintessenciés. UN TRONE DE FEU DOIT ÊTRE LE TRONE DES AMES. (!) On POURRAIT même aller plus loin, et soutenir que le soleil n'est pas seulement le lieu d'asile et le réceptacle des âmes qui ont achevé le cercle de leurs pérégrinations dans le monde, mais que cet astre n'est rien autre chose que LA COLLECTION MÊME DE CES ÂMES.... Le soleil ne serait donc qu'une agrégation d'âmes (1). »

Voilà cependant la maîtresse page de ce livre. Le premier étudiant en philosophie s'indignera en la lisant. Car, si les âmes sont véritablement immatérielles, quelle connexité peuvent-elles avoir avec la matière, si ténue, si subtile, si gazeuse que vous la supposiez? Le gaz, aux yeux d'un vrai savant, est tout aussi *matériel* que la pierre, et vos âmes ne se trouveront pas mieux en une masse gazeuse qu'en une masse de pierre. Il n'y a aucun rapport entre les deux termes. C'est un sophisme que n'oserait point se permettre un collégien de quinze ans.

Et voilà par quoi l'on prétend remplacer le christianisme!

Mais la dernière, la plus ignorante, la moins intelligente de toutes les bonnes femmes qui égrènent leur chapelet dans le plus obscur village de la chrétienté, a des idées autrement élevées et raisonnables, et, puisque nous parlons de certitude, elle en possède une qui est autrement fondée que la vôtre. Elle se dit, la pauvre âme, que Jésus-Christ est venu ici-bas; qu'il y a, en plein jour, opéré d'éclatants, d'irrécusables miracles; qu'il y a ressuscité les morts, fait parler les muets et voir les aveugles; que ses Apôtres ont étonné le monde des mêmes prodiges et qu'ils ont, eux, ces petits, ces paysans, ces hommes de rien, conquis le monde entier au culte d'un crucifié. Voilà ce qu'elle se dit en sa petite cervelle, et elle pense aussi aux prophéties qui ont préparé le Christ, à la profonde beauté de la doctrine évangélique, à cette mort du Sauveur qui permet aux plus pauvres de supporter ici-bas leur

(1) *Le Lendemain de la mort*, p. 186.

pauvreté, d'aimer leurs douleurs et de fixer un regard assuré vers le ciel, lequel, comme l'a dit un poète, sera « une éternelle espérance satisfaite éternellement. »

Nous avons nos preuves, nous autres, bien que nous n'illustrions pas de figures astronomiques nos livres sur la vie future. Et ces preuves, qui sont très profondément scientifiques, ce sont les Miracles et les Prophéties; c'est la doctrine et la mort du Christ; c'est l'Église enfin, et son histoire à travers les siècles.

II

Ce qui m'a profondément révolté dans le livre de M. Figuier, c'est son chapitre sur le dogme chrétien. On n'a jamais, suivant moi, poussé aussi loin l'impertinence envers une aussi grande chose. Que M. Figuier attaque le christianisme, cela se conçoit; mais que M. Figuier passe devant lui sans daigner l'attaquer, cela révolte : « Il serait superflu de réfuter le dogme chrétien par des arguments logiques... On pense bien que nous n'allons pas entreprendre de le réfuter gravement... Il nous répugnerait, d'ailleurs, de soumettre à une dissection cruelle des idées qui ont encore le privilège de consoler les âmes, qui sont professées par des esprits honnêtes, nobles, vertueux et sincères, qui sont encore aujourd'hui la seule digue que l'on ait à opposer aux odieux principes de matérialisme, et qui ont enfin le plus touchant et le plus louable but, etc., etc. » Se contente qui voudra de ces compliments : ils me font bondir le sang dans les veines, et je les rejette comme des outrages. Je n'en veux pas.

Il est une parole de Donoso Cortès que je voudrais ici rappeler à M. Figuier : « L'incrédule tombe en extase devant

l'inconcevable *extravagance* du catholicisme, et le croyant
devant une si prodigieuse grandeur. Mais, si, par hasard,
quelqu'un le regarde et se détourne en souriant, les hommes,
plus étonnés encore de cette indifférence que de cette grandeur
prodigieuse et de cette inconcevable extravagance, élèvent la
voix et s'écrient : « Laissons passer cet insensé. » M. Figuier
n'est pas un insensé, mais il est tout au moins un téméraire,
et il va compromettre sa réputation d'homme intelligent. Que
penser de cet homme qui passe devant le Christianisme avec
un air débonnaire et les mains dans ses poches, en lui disant
d'un air paternel : « N'aie donc pas peur : je ne te discuterai
pas. » M. Figuier daignant ne pas discuter Jésus-Christ !
M. Figuier daignant, pour ne pas affliger les âmes tendres,
ne pas discuter saint Augustin, saint Thomas, Leibnitz,
Bossuet, Pascal et tant d'autres génies lumineux que Dieu
nous a envoyés depuis dix-huit cents ans ! Dormez tranquilles,
morts sublimes : M. Figuier ne vous attaquera pas.

Si ce n'est pas là de l'impertinence, comment appeler ce
procédé ? Ah ! de grâce, Monsieur, détestez-nous, attaquez-
nous, couvrez-nous de vos flèches barbelées, excitez-vous et
soyez plein de haine ; mais ne nous faites pas l'affront de nous
faire grâce.

Ce chapitre sur le dogme chrétien est d'une étonnante pauvreté. J'apprendrai même à M. Figuier un fait dont il ne
paraît guère se douter : c'est qu'il ne connaît pas le dogme
chrétien. Il ne parle que de l'immortalité de l'âme, du paradis
et de l'enfer, qu'il considère comme « de naïves conceptions
de l'enfance des peuples ; » mais il ne s'arrête pas un seul
moment au dogme de la Résurrection des corps, qui est la clef
de voûte de tout le système catholique.

L'Église, en effet, nous apprend que l'homme est une unité
vivante, formée d'un corps et d'une âme. C'est cette unité

profonde de deux éléments aussi disparates qui fait le caractère propre de l'homme. Par l'homme et dans l'homme, toute
la création matérielle devient intelligente et loue Dieu. Un
jour viendra où le corps sera violemment séparé de l'âme;
mais la théologie nous enseigne que c'est là un état anormal
et qui ne saurait durer. Et notre âme sera un jour réunie à
notre corps, parce qu'il faut que, durant toute l'éternité, la
création matérielle puisse être représentée devant Dieu dans
la félicité, dans la louange, dans l'amour.

Ce dogme, d'ailleurs, est en rapport intime avec tous les
autres, et offre surtout d'incomparables harmonies avec
celui de l'Incarnation. De même, en effet, que la création
matérielle a été élevée dans l'homme jusqu'à la nature intelligente; de même la créature humaine a été élevée par
Jésus-Christ jusqu'à la nature divine. Elle a été divinisée et elle
l'est encore tous les jours dans l'Eucharistie, qui est la préface
de la Résurrection. C'est là, c'est après avoir reçu l'hostie
sainte, que nous sommes en quelque manière un Dieu glo-
rifiant devant un Dieu glorifié, un Dieu adorant devant un
Dieu adoré, un Dieu par communication devant un Dieu
par essence. Et voilà aussi, voilà ce que nous serons durant
toute l'éternité, grâce à la Résurrection, grâce à ce pauvre
corps que l'auteur du *Lendemain de la mort* tient en si petite
estime, mais auquel l'Église assigne une place si glorieuse
dans ce monde et dans l'autre.

M. Figuier est une intelligence élevée : il comprendra sans
doute tout ce qu'il y a d'auguste et de grand dans cette doctrine. Et puis, j'ai lu de lui une page émue, une noble page
sur la mort d'un être cher, et ces quelques lignes, trempées de
larmes me donnent l'espérance qu'il reconnaîtra un jour la
beauté du dogme chrétien, d'après lequel nous ne reverrons
pas au ciel l'âme seulement, mais aussi les traits de ceux

que nous avons perdus. Oui, nous reverrons encore leur
sourire, oui, nous connaîtrons une autre fois leur regard et
l'expression coutumière de leur visage aimé. Oh! que cette
croyance est naturelle, profonde, scientifique! Je la laisse à
M. Figuier. Je suis très médiocrement consolé, je l'avoue,
quand il m'annonce que l'âme de ma mère est aujourd'hui
un rayon de soleil; mais quand l'Eglise me dit que je reverrai
ma mère telle que je l'ai vue sur cette terre, mon cœur bat,
mon entendement frémit et j'éprouve une consolation sou-
daine avec une espérance délicieuse.

C'est ce que le Figuiérisme ne me donnera jamais.

ALEXANDRE DUMAS Fils

ALEXANDRE DUMAS Fils

I

Nous avons eu lieu de constater plus d'une fois que peu d'hommes de notre temps sont véritablement hommes, c'est-à-dire logiques et conséquents avec eux-mêmes. Il n'est pas rare de rencontrer parmi nous de nobles cœurs aux battements héroïques, des intelligences droites et élevées, des aspirations généreuses, des désirs sincèrement chrétiens. Mais, hélas! tout cela n'est pas de durée. L'éducation chrétienne, le milieu chrétien n'existent plus, et par là tout est perdu. Vous ne sauriez parler une heure avec le plus honnête de ces hommes de désirs sans vous voir soudainement arrêtés par quelque énormité philosophique, par quelque hérésie, par quelque folie qui lui montent aux lèvres, on ne sait d'où et on ne sait pourquoi. Ce mélange est le caractère de notre siècle, mais c'est un caractère essentiellement délétère, et nous en pourrions bien mourir. Ajoutons que, dans ces conditions, la guerre contre l'erreur devient plus difficile. Si nous ne tenons aucun compte des éléments honnêtes qui se trouvent chez nos adversaires, nous manquons de charité. Si nous en faisons trop d'estime, nous manquons de fermeté. Qu'importe? il faut combattre. Avec la sincérité on sort de tout embarras et on traverse tout obstacle.

Ce phénomène du « mélange » peut surtout être constaté

au sein de cette nation spéciale, parmi cette tribu d'hommes de lettres à laquelle on a infligé le nom de « boulevardiers » et qui nous fait tant de mal. Il ne faudrait pas s'imaginer que le Mal et l'Hérésie y occupent toute la place et règnent seuls sur ce peuple turbulent. Non; ces débraillés ou ces élégants ont eu des mères chrétiennes et parfois même s'aventurent jusqu'en des familles chrétiennes. De là des souvenirs et des aspirations. Certain jour ils se réveillent et se disent : « Décidément Dieu existe, et je vais lui consacrer un article. » Un autre jour, sortant de quelque foyer catholique où la mère entourée de petits enfants sourit au père accablé de travail, ils en viennent naïvement à s'apercevoir que le mariage « a du bon, » et renoncent à leur vieille thèse du divorce. Puis, le lendemain, ce sont de nouvelles chutes, suivies de nouveaux essais de résurrection. Telle est leur vie, en attendant la mort.

Je ne ferai pas à M. Alexandre Dumas l'injure de le confondre avec cette foule qui néanmoins a des droits à notre charité. L'auteur de l'*Homme-femme* vaut mieux : c'est une âme, dans la force de ce mot. Il y a longtemps que nous suivons, avec un très vif intérêt, ses efforts méritoires pour s'arracher à son premier milieu. Les efforts ont été douloureux, le progrès est constant. Il semble que M. Alexandre Dumas travaille sur lui-même comme un vaillant sculpteur et à coups vigoureux de ciseau, pour faire enfin sortir du bloc païen la statue radieuse d'un chrétien. Il n'y est pas encore parvenu, mais déjà le bloc est dégrossi, et nous lui crions : « Courage ! »

Le premier éclat et, suivant ses amis païens, le premier « scandale » dont il ait donné le spectacle a été *les Idées de Madame Aubray*. La pensée était honnête, était droite; le désir même était chrétien. Mais que de tâtonnements, que de bégayements, que d'imperfections dans la forme ! Et comme il était aisé de voir que M. Alexandre Dumas nous connaissait peu ! Les personnages « catholiques » des *Idées de Madame Aubray* sont des sermonneurs difficilement supportables. Les spectateurs du Gymnase, peu habitués à ce langage, ont dû se figurer depuis lors que le catholique est un « monsieur » qui met perpétuellement la main sur son cœur et qui, un pied en avant, débite à tout propos des tirades morales de quarante lignes. Voilà ce qu'il en coûte à un « aspirant chrétien, » pour ne pas vivre d'ordinaire en un milieu absolument chrétien.

II

La dernière œuvre d'Alexandre Dumas n'a pas ce défaut. L'auteur a cru qu'il ferait bien de renoncer provisoirement à la forme dramatique, et a choisi, pour exposer ses idées sur le mariage, la forme populaire de la brochure. Il ne s'est pas trompé, et l'arme est bien choisie. Le style est net, agressif, point bégueule, parfois brutal et trop souvent malsain. Il y reste, faut-il tout dire, un peu trop de boulevard. Je ne sais quelle sève peu pudique anime çà et là ces pages destinées à défendre la pudeur. On ne peut oublier ce livre sur son bureau ni dans la chambre où pénètrent la femme et les enfants. Dût-on m'accuser de pruderie, je persiste très énergiquement à penser que c'est un défaut, et je le dis. Ces témérités, ces violences de langage ne servent aucunement à la cause que M. Dumas prétend défendre : elles la compromettent. Certains esprits superficiels seront scandalisés par ces couleurs trop fortes, et n'iront pas plus loin. Certes, ils auront tort ; mais à qui la faute ?

Le titre est profond, mais obscur, et ce n'est pas en France que ce défaut est pardonnable. Il faut mettre les profondeurs dans le livre, et non dans le titre. Mais le plus grand vice de cette vigoureuse protestation, le voici : elle n'est pas simple, elle est double. En d'autres termes, M. Alexandre Dumas y soutient deux thèses, et non pas une. Et, pour comble de malheur, les deux thèses sont contradictoires. Lorsqu'on a lu et relu le livre qui nous occupe, lorsqu'on ferme un moment les yeux pour se recueillir, on s'aperçoit avec effroi que l'auteur arrive à ces deux conclusions qu'il n'ose pas formuler, qu'il n'ose pas accoupler à la fin de son livre : « Il faut rétablir le divorce dans la loi, » et : « L'idéal du mariage est le mariage chrétien. » Voilà, voilà cet horrible mélange dont nous parlions tout à l'heure, voilà cette *illogicité* qui nous empoisonne et nous tue.

C'est dommage pourtant : une intelligence telle que celle de M. Dumas mériterait d'être logique. Comment ne voit-il qu'avec la seule possibilité du divorce (je dis *possibilité*) tout l'échafaudage du mariage chrétien s'écroule soudainement et pour toujours : « Un Dieu créateur, un homme médiateur, une femme aide, » voilà la formule à laquelle notre philosophe est arrivé après de nobles efforts et de généreux soupirs vers la Vérité aimée. Et, tranquillement, il installe le divorce au milieu de sa formule chrétienne. Mais, Monsieur et cher néophyte, le Dieu créateur, vous le savez, n'a parmi nous d'autres adorateurs que les chrétiens. Or ce Dieu défend solennellement le divorce aux chrétiens. Comment sortirez-vous de là?

Puis, quel singulier médiateur qu'un médiateur à titre provisoire comme votre mari idéal, et qui peut un beau jour interrompre, par la brutalité du divorce, l'œuvre admirable de sa médiation entre Dieu et la femme? Et enfin, quelle aide efficace peut-on sérieusement attendre d'un être comme la femme de votre livre, qui peut tous les jours être abandonné, être délaissé par son protecteur naturel? Non, non, le médiateur doit remplir ces deux conditions essentielles : il doit être unique et il doit être perpétuel. Et ce n'est pas en vain que l'Église, dans l'auguste solennité des noces, compare l'époux à Jésus-Christ, médiateur unique et éternel entre le ciel et la terre.

Nous supplions M. Alexandre Dumas de se laisser plus complètement envahir et illuminer par son idée, dont il n'a peut-être pas connu la véritable beauté. Nous le supplions surtout de se transporter ici sur le terrain pratique.... Voici un homme, un époux, un père chrétien; il lutte, il travaille, il aime. Le jour le trouve au travail, et sa lampe, dans sa maison laborieuse, est la dernière éteinte. Il pense à Dieu, à sa femme, à ses enfants, et continue intrépidement l'œuvre de sa « médiation » jusqu'à la maladie, jusqu'à l'épuisement, jusqu'à la mort. Rien ne décourage ce cœur, rien n'arrête ce bras : il y faudra le suprême engourdissement, et cet honnête homme, ce vaillant s'estime abondamment payé par le sourire de sa femme, par les caresses de ses enfants, par sa conscience qui lui dit : « Bien. » Or cette joie, ce courage indéfectible, cette noblesse de toute une vie bien occupée ont une cause, et cette cause, qu'on le sache bien, c'est l'indissolubilité du mariage. Faites dans la meilleure des familles, faites entrer ce spectre horrible du Divorce, les bras du mari vont s'arrêter, sa vaillance va tomber et son amour s'évanouir. Rien n'est honnête que ce qui est *un*; rien n'est durable que ce qui est perpétuel; rien n'est chrétien que ce qui est indissoluble.

Nous connaissons depuis longtemps les arguments que M. Alexandre Dumas énumère en faveur du divorce : ils sont médiocres et, disons-le, fort indignes de lui. « Telle jeune fille épouse *sans le savoir* un escroc ; tel honnête homme épouse *sans le savoir* une coquine. » Mais, à tout le moins, Monsieur, quelques-uns de ces faits ont été prévus par la loi religieuse. Les cas d'erreur sur la personne peuvent être des cas de nullité, et l'on se demande comment vous ne l'avez pas vu. Vous pourriez, d'ailleurs, alléguer d'autres exemples mieux choisis : il est certain qu'il en est de terribles et bien faits pour embarrasser de petits esprits. Vous n'êtes pas de ceux-là, et je m'étonne qu'il faille vous dire : *Altius*. L'humanité ne vit — vous le savez — que grâce à quelques lois magnifiquement absolues : l'indissolubilité du mariage est une de ces lois sans lesquelles nous serions depuis longtemps retournés à l'état sauvage. L'exécution de ces lois, par malheur, est fatale, en quelques cas, à quelques individualités malheureuses et que Dieu éprouve cruellement. A cause de ces faits douloureux que vous pouvez multiplier à votre guise, mais qui, malgré tout, sont et demeurent exceptionnels, faut-il biffer, détruire, anéantir la grande loi qui nous fait vivre? Répondez.

Puisque j'en suis à la partie critique de mon travail (et ce n'est point la plus aimable), je vous demanderai compte d'autres erreurs qui tiennent sans doute à votre vie hors du milieu chrétien. Avec un rare esprit et un singulier bonheur d'expressions, vous avez tracé un charmant portrait de la femme « supérieure. » Certes, vous ne l'avez pas flatté; mais laissez-moi vous dire qu'il est réaliste plutôt que vrai. Ah! si vous connaissiez les chrétiennes : d'autres chrétiennes que Madame Aubray ! Elles peuvent bien offrir certains traits vulgaires et bourgeois, et qui nous font sourire : car il y a cet élément banal au fond des plus belles âmes et peu de génies échappent au fléau de la médiocrité. Mais vous ne connaissez pas les hauteurs où s'élèvent aisément leurs intelligences et leurs cœurs, la largeur et la pérennité de leurs dévouements, la fermeté de leurs très aimables vertus, leur vie avec Dieu, avec les Saints, avec les âmes. Rien de grand ne leur est étranger, ni rien de désintéressé, ni rien de délicat. Où vous n'avez vu que la vie matérielle, il y a une abondance admirable de vie intellectuelle et de vie divine. Il y a des essors vers l'Infini qui se combinent délicieusement avec les banalités embellies des devoirs domestiques. *Si scires donum Dei !*

Vous vous êtes étrangement trompé si vous avez cru flatter les catholiques en leur disant que « le prêtre s'efforce de dégager l'humanité catholique de la religion du masculin, de la religion du Père et du Fils, et de l'amener par l'Immaculée Conception à la religion de Marie, de la femme enfin. » C'est un blasphème que M. Michelet a trouvé longtemps avant vous, lorsqu'il a dit cette énormité : qu'au xiiie siècle « Dieu changea de sexe. » Il est toujours malsain de se trouver d'accord avec M. Michelet. Enfin tous les cœurs chrétiens ont bondi de colère à votre fameux : « Tue-la, » et, s'il est une intelligence qui vous ait approuvé, j'affirme qu'elle n'est pas chrétienne. Le couteau n'est jamais une raison ni un droit. Un flot de sang par terre et un morceau de fer dans une poitrine sont toujours la constatation d'un crime, et il serait odieux de prétendre justifier l'assassinat par l'Évangile.

III

Je ne veux pas finir là-dessus ; car je serais souverainement injuste, et je ne saurais l'être. Le fond de ce livre étrange ce n'est pas le « Tue-la, » ce n'est pas la thèse du divorce : c'est la théorie chrétienne du mariage, et, quoi qu'on

en ait dit, c'est cette généreuse profession de foi qui éclate
dans tout ce livre, dont le centre est pur. M. Alexandre Dumas a
vu la Bible et s'est arrêté devant elle, saisi de respect : tel
est le caractère auquel on distingue les bons esprits. Il raconte
la Bible qu'il aime, et, quoiqu'il mêle à ses récits trop de
plaisantes et inadmissibles hypothèses, il voit, il comprend, il
sait. Et enfin cet homme, qui a commencé de vivre au milieu
de nos lettrés, sur nos théâtres, et qui a traversé cent milieux
bruyants et peu chrétiens, en vient, après vingt ans de nobles
efforts, vaincu plus qu'à moitié par la lumière du Christ, à
écrire, que dis-je? à crier cette page véritablement magnifique
et digne des plus grands chrétiens :

« Et maintenant, dit-il, que ceux qui ont des oreilles
entendent; que ceux qui ont des yeux voient. Il n'y a plus à
arguer de son ignorance ni à se rejeter les uns aux autres la
responsabilité, après le Coup d'état divin de la naissance du
Christ. La vérité est imposée. La loi est connue. L'univers a
un Dieu. L'humanité a une âme.

» Par cette admirable tradition biblique, j'ai la vie en Adam,
la terre en Noé, la famille en Abraham, la loi en Moïse, la
rédemption en Jésus, à de certaines conditions qui ne sont ni
au-dessus de mon intelligence, ni au-dessus de mes forces.
L'Ancien Testament m'explique et me donne la terre; le
Nouveau Testament, comprenant que la terre ne me suffit
plus, me rouvre le chemin du ciel.

» Par le premier je sais de quel Dieu j'émane; par le
second vers quel Dieu je retourne, et c'est bien le même,
inépuisable et infini dans son amour, éternel et immuable
dans sa volonté.

» Un esprit comme Moïse, le plus grand que le monde
connaisse; une âme comme Jésus, la plus pure qui ait jamais
rayonné sur les hommes, peuvent-ils me tromper? Et pour-

quoi me tromperaient-ils? Que pourrait-il leur en revenir? Quel intérêt y auraient-ils, autre que celui de cette misérable humanité ignorante et dévoyée pour laquelle combattait le premier, pour laquelle mourait le second ? Et ces milliers de martyrs qui expiraient en souriant et en chantant ce Dieu nouveau au milieu des plus horribles supplices, quel intérêt avaient-ils à une pareille mort, si ce n'est de prouver ce Dieu subitement révélé qui satisfaisait leur intelligence, leur cœur et leur âme jusque dans les tortures qu'ils subissaient pour lui? Et moi, homme nouveau, qui, grâce à eux, n'ai plus de luttes à soutenir que contre moi-même, je ne croirais pas à un Dieu ainsi proclamé! Ces grandes choses se seraient accomplies inutilement! Tant de génie! tant de pureté! tant de courage! tant d'affirmations! tant d'espérances! tant de preuves! Tout cela pour rien! Moïse un aventurier! Jésus un imposteur! les Apôtres des ambitieux! les martyrs des fous! Allons donc! Leur Dieu est le mien : c'est celui-là que je cherchais, c'est celui-là que je veux. Vous tous qui avez combattu, qui avez aimé, qui avez souffert pour moi, accueillez-moi parmi vous : je veux combattre, je veux aimer, je veux souffrir à mon tour pour cette Vérité que vous avez affirmée et procurée. Je vois, je sais, je crois, je comprends. J'ai un maître qui est Dieu; j'ai un domaine qui est la terre; j'ai un moyen qui est le travail; j'ai un but qui est le bien; j'ai une promesse qui est le ciel; j'ai un frère qui est l'homme; j'ai un aide qui est la femme! Marchons!

» Voilà le cri de l'homme devenu chrétien. »

Je devais citer cette page, et ne veux pas me demander jusqu'à quel point Alexandre Dumas en accepte la responsabilité et s'en assimile la substance. Mais après toutes les réserves que j'ai faites, après la très légitime indignation qu'excite en moi l'abominable doctrine du Divorce, il me semble que tous les catholiques peuvent, sans cesser d'affirmer très sévèrement leurs principes, témoigner quelque sympathie à celui qui a écrit ces lignes très chrétiennes et qui, je l'espère, sera bientôt des nôtres. « Tout effort vers le bien est déjà catholique. »

INGRES

INGRES

L'ANTIQUITÉ ET L'ART CHRÉTIEN

Un homme doublement vénérable par la majesté de sa vieillesse et la jeunesse de son talent, une des gloires de notre école française, un de ceux dont nous citons le nom avec orgueil à tous les étrangers, et ils s'inclinent devant ce nom; M. Ingres enfin, vient d'écrire quelques pages dont le retentissement sera considérable. Un *Rapport* sur la reconstitution de l'école des Beaux-Arts a été tout récemment adressé au ministre de la maison de l'Empereur : c'est à ce *Rapport* que M. Ingres s'est proposé de répondre. L'illustre doyen de l'Institut se plaint avec vivacité des conclusions et des tendances de ce document officiel; il regarde leur adoption comme une des plus cruelles et des plus difficiles épreuves auxquelles l'Art aura jamais été condamné durant son pèlerinage terrestre. Il se sent blessé dans le double objet de ses prédilections artistiques, l'Antiquité et la Renaissance; il déclare que l'Art est vaincu parce que le Romantisme est décidément vainqueur. Il jette un cri d'alarme, un cri de douleur, et rien n'est plus digne de notre respectueuse admiration que le spectacle de ce noble vieillard se levant avec une ardeur toute juvénile pour foudroyer le Romantisme au nom de l'Ecole Classique, et l'Industrie au nom de l'Art.

Et cependant nous allons relever dans l'écrit de M. Ingres un certain nombre de théories qui nous ont atteint dans nos plus chères convictions, et qui ne sont d'ailleurs que la traduction trop fidèle des idées de toute l'École.

Nous résumons en trois propositions nos principaux griefs :

M. Ingres surfait l'antiquité grecque et latine.

Il n'admet pas d'art chrétien avant Raphaël,

Ni d'art français avant la Renaissance.

Et maintenant nous répondrons. Mais nous ne voulons pas oublier quel respect nous commande la personnalité de notre adversaire. Nous nous découvrons devant ses cheveux blancs, nous nous inclinons devant son génie. Pas une parole blessante ou seulement légère ne viendra jusqu'à nos lèvres, et nous nous contenterons de revendiquer avec modération les droits de la Vérité.

I

M. Ingres, avons-nous dit, surfait l'antiquité grecque et latine. « Notre École, dit-il, est un VRAI TEMPLE D'APOLLON consacré AUX ARTS SEULS DE LA GRÈCE ET DE ROME. Elle guide les jeunes élèves, pour arriver au véritable but de l'Art, par les études classiques de la nature, de l'antiquité grecque et romaine et des beaux temps de la Renaissance. » Et ailleurs, en parlant de Rome, il ne craint pas d'ajouter : « Tout ce que cette ville illustre renferme de richesses et de monuments d'architecture, *en fait comme le* VESTIBULE DE LA GRÈCE (1). » Du Moyen Age, de l'art chrétien, de l'art fran-

(1) M. Ingres incrimine surtout « le fléau que l'on nomme romantisme, qui détruit et corrompt LE GOUT DE L'ART ANTIQUE. » Et, tout au commencement de sa brochure, il dit des anciens « qu'ils *sont tous enfants d'Homère.* » Faut-il donc que nous considérions l'auteur des Psaumes et l'architecte du temple de Jérusalem comme des enfants d'Homère, ou que nous leur refusions le génie ?

çais avant le XVIIe siècle, pas un mot, pas un seul mot !

Nous nous étonnons qu'après dix-huit cents ans de christianisme, un des plus grands esprits de notre temps, en un moment d'enthousiasme, ne trouve d'autre type, d'autre idéal pour notre école des Beaux-Arts que celui d'être : « un temple d'Apollon. » Nous nous étonnons plus vivement encore qu'avec une intelligence aussi large, on fixe à l'Art des bornes aussi étroites que celles de l'antiquité grecque ou romaine. Sans doute M. Ingres y ajoute la Renaisance, Raphaël et l'Italie. Mais il reste encore près de QUINZE CENTS ANS dans l'histoire de l'Art, près de quinze cents ans dont l'auteur de l'*Apothéose d'Homère* ne paraît tenir aucun compte. A ses yeux, c'est Raphaël qui le premier a fait jaillir l'art chrétien d'un sol tout étonné de le porter. A ses yeux, c'est la Renaissance qui, après quinze siècles de ténèbres et de barbarie, s'est levée glorieuse et a prononcé le *Fiat lux*. A ses yeux, l'Église et la France ont moins fait pour l'Art qu'Athènes et Rome. Ah ! c'est ici que nous sentons notre sang chrétien et français se révolter et notre cœur bondir. Il est impossible *à priori* que les choses se soient passées de la sorte, et jamais nous ne croirons, pour notre part, que la Vérité ait été aussi pernicieuse à l'Art. Continuons donc à étudier les monuments de l'antiquité païenne, afin de constater s'ils sont vraiment sans défaut ; puis étudions les monuments de l'Art chrétien, afin de constater s'il est décidément impossible d'y trouver des modèles.

L'autre jour, nous nous promenions au milieu de ces inappréciables richesses de notre Musée des Antiques, et nous considérions avec une attention respectueuse ces statues si bien proportionnées, ces formes si pures, ces marbres si parfaits. Nous étions venu avec le dessein particulier de trouver quelque part, parmi ces monuments d'un art aussi achevé, l'expression d'un grand sentiment ou d'une grande pensée. Eh bien! devons-nous le dire, nous n'avons pas aisément trouvé ce que nous cherchions. L'Antiquité n'a presque toujours exprimé que des sensations : elle a rarement exprimé un sentiment, plus rarement une pensée. Nous admettons volontiers de nombreuses et nobles exceptions; nous savons aussi que les attributs de notre grand Dieu se sont, en quelque sorte, éparpillés sur les traits des dieux antiques. Mais enfin notre première impression nous semble la vraie. O déplorable froideur de ces superbes marbres !

Entrons maintenant, entrons par la pensée dans les catacombes de la primitive Église; entrons dans les basiliques du ve au xe siècle, et contemplons-en les mosaïques; entrons dans les églises romanes ou gothiques qui ont couvert d'une robe si riche la nudité du sol chrétien, et contemplons ces bas-reliefs, ces statues dont les formes sont quelquefois si grêles, si étriquées, si ridicules en un mot. Devant ces œuvres dont M. Ingres ne daigne point parler, nous éprouvons ce que nous n'avons pas souvent éprouvé au milieu des trésors du Vatican ou du Louvre. Nous sommes émus, nous sommes remués jusques dans l'intime de notre âme. Voilà donc enfin de grands sentiments et de grandes pensées qui s'épanouissent sur le visage humain; voilà donc enfin l'amour de Dieu et l'amour des hommes qui monte à ces yeux, à ces lèvres, à ces fronts; voilà donc la chasteté, la virginité qui s'empare de l'art; voilà des regards qui se tournent vers le ciel, des mains qui se joignent, des genoux qui se ploient. Jamais, jamais l'Antiquité ne nous a offert ce spectacle. Et c'est pourquoi nous affirmons que M. Ingres l'a surfaite. L'amour est la vie de l'art, et l'amour ne règne que depuis dix-huit siècles.

Il s'agit donc de savoir si les études de nos jeunes artistes doivent *uniquement* s'exercer sur une époque où l'art ne s'est guères occupé que de la forme et de la sensation. Il s'agit de savoir si, dans l'antiquité même, ces études ne devraient pas s'étendre à l'art hébraïque, et en général à l'art de l'Orient. Il s'agit de savoir si, malgré la première imperfection des monuments chrétiens, les esprits enthousiastes de nos sculpteurs et de nos peintres doivent être condamnés à tout ignorer de ces quinze premiers siècles de notre ère, alors que le sentiment et la pensée ont fait enfin leur entrée dans un art qui d'ailleurs, pendant tout notre Moyen Age, a de plus en plus perfectionné sa forme. Si l'on nous demande ici notre pensée tout entière, nous la dirons. Nous voudrions que les études de nos « apprentis en art » eussent des limites notablement plus larges; nous voudrions avoir le bras assez vigoureux pour en reculer les frontières et pour les étendre, en deux mots, à TOUTE L'ANTIQUITÉ qui a connu l'incomparable perfection de la forme, et à TOUS LES TEMPS CHRÉTIENS qui ont connu l'incomparable perfection du sentiment et de la pensée.

II

Nous avons déjà formulé notre second grief contre le respectable doyen de l'art français : nous l'accusons de ne pas reconnaître avant Raphaël l'existence d'un art chrétien.

Par une série authentique de monuments irrécusables, nous croyons être en mesure de prouver qu'au seul point de vue de la perfection de la forme, l'Art chrétien est né bien longtemps avant Raphaël et avant ce retour inqualifiable de toute une génération catholique aux traditions et aux idées de l'antiquité païenne.

Nous prétendons qu'au plein midi de la civilisation chrétienne, la peinture avait enfin consacré cette alliance indispensable de la pensée et de la forme qui est nécessaire au développement des arts plastiques. Sans doute les bas-reliefs de nos églises romanes nous présentent des personnages raides, immobiles, d'une majesté trop peu vivante ; sans doute les premières statues de nos portails gothiques sont d'une gracilité qui est trop peu anatomique et que nous n'avons jamais consenti à admirer. Mais dès la fin du xiii° siècle et pendant tout le xiv°, la sculpture gothique a produit de merveilleux chefs-d'œuvre dont M. Ingres peut demander la liste à son illustre confrère, M. Viollet-Leduc. Lorsque la Renaissance a brutalement tourné tous les esprits vers le paganisme de l'art antique, le dernier mouvement de l'art chrétien était en voie de s'effectuer. Encore un peu d'anatomie, et cet art injustement méprisé faisait enfin éclater sur des formes parfaites la perfection des sentiments et des pensées. Hélas ! le mouvement a été coupé court, et nous sommes devenus plus païens souvent que les païens eux-mêmes, sans avoir les circonstances atténuantes de notre naissance et de notre milieu.

Les Écoles italiennes, flamandes et françaises du xiv° siècle et celles surtout de la première moitié du xv°, nous serviront plus clairement encore à démontrer notre thèse en ce qui concerne la peinture. Nous affirmons que les Bellini, les Fra-Angelico, les Pérugin, les Nicolas Fouquet et les Hemling étaient dans la vraie voie, dans celle qui, en dehors d'une servile imitation des anciens, devait conduire l'art à une incomparable, indépendante et originale perfection. N'est-ce donc rien que de se devoir à soi-même sa propre conception de la Beauté ?

Nous ne disons rien de l'architecture. Nous ne pouvons croire que M. Ingres partage les idées de quelques-uns de ses élèves sur le style roman et le style gothique. Il serait

le premier, nous en sommes persuadé, à demander qu'on
enseignât enfin ces deux styles à l'école des Beaux-Arts, à
cette école dont il vient de prendre si généreusement la
défense.

Mais d'ailleurs, un esprit tel que le sien a dû souvent peser
les idées que nous venons de lui soumettre. Au lieu d'écrire
cette phrase funeste que « pour arriver au véritable but de
l'art il n'y a qu'un chemin, qui est l'étude classique de la
nature, celle de l'antiquité grecque et romaine, des beaux
temps de la Renaissance, de Raphaël et des grands siècles
de l'Italie, » M. Ingres voudra sans doute exprimer un
autre conseil. Il dira nettement à ces jeunes esprits qui
recueillent si avidement la moindre de ses paroles : « Le véritable but de l'art, c'est Dieu et l'imitation intelligente de la
beauté de ses œuvres. » Et il ajoutera : « Vous avez, pour la
forme, de parfaits modèles dans l'antiquité grecque et romaine,
mais il ne faut pas croire que vos modèles aient été uniquement placés par la main de Dieu dans un temps et chez des
nations qui ne l'ont pas connu. Avant la Renaissance, qui a
été un retour trop brutal à une antiquité trop vantée, vous
avez des modèles heureusement imitables durant tous les
siècles et chez tous les peuples chrétiens. Étudiez la Renaissance sans doute, mais n'oubliez pas les grandes écoles
catholiques des xive et xve siècles. C'est là qu'est l'alliance
de la pensée et de la forme, c'est là qu'est le salut de l'art. »

III

Nous avouons avoir été blessé par les théories de M. Ingres
en notre qualité de français autant qu'en notre qualité de
chrétien. Avant le xviie siècle, avant Poussin, M. Ingres ne

croit pas à l'existence d'un art français. Et telles sont, en effet, les doctrines que l'on enseigne à nos jeunes artistes : priorité de l'Italie en toutes choses.

Eh bien ! c'est à la France, au contraire, qu'appartient cette priorité.

C'est à Noyon, au commencement du xii° siècle, qu'est née l'architecture gothique. Nous possédons son acte de naissance, qui est la cathédrale de cette ville, placée au cœur de la France. Et cette architecture gothique, elle a fait triomphalement le tour de l'Europe chrétienne. Et les Italiens l'ont copiée. Et leurs imitations n'ont pas toujours été heureuses !

C'est la littérature française (car nous faisons entrer l'art de la parole dans le groupe des autres arts), c'est la littérature française qui a donné le branle à toutes les autres littératures. Les épopées de la France, parties de notre pays, ont conquis le monde. Pendant plusieurs siècles, l'Italie les a bégayées, les a traduites, les a imitées ; et encore aujourd'hui, à la porte des églises de Rome et de Florence, on vend les dernières traductions de nos chansons de geste, où figurent nos héros français et qui sont toutes pleines de la gloire française.

Nous affirmons également avoir possédé, sans le concours de l'Italie, une sculpture véritablement nationale. Et si l'on voulait comparer nos maîtres de la Renaissance avec les sculpteurs de l'Italie, il se trouverait peut-être que les meilleurs juges hésiteraient, et que, sans Michel-Ange, la France emporterait le prix.

Nous n'accordons enfin (et encore avec de grandes réserves), nous n'accordons à l'Italie que la priorité dans la peinture.

Pauvre art national, pauvre art chrétien, on vous méconnaît, on vous méprise, et quand vous vous présentez à la porte de nos écoles, on vous les ferme avec une évidente passion et

rigueur obstinée. Mais, courage! Le « temple d'Apollon »
commence déjà à craquer de toutes parts. Nos jeunes intelligences ont soif d'un autre idéal, et ne sauraient se contenter
des immortels chefs-d'œuvre de Rome et de la Grèce. Sans
doute, elles ne sauraient être injustes, et réserveront toujours
une place d'honneur à l'art antique, dont elles n'ont jamais
contesté, dont elles ne contesteront jamais la perfection. Mais
enfin, elles étouffent entre ces barrières; elles veulent, encore
une fois, elles veulent connaître *toute* l'antiquité, connaître
surtout les siècles chrétiens, les aimer et en imiter les modèles.
Elles ne peuvent s'imaginer que, pendant quinze siècles, l'humanité, en possession de la Vérité, n'ait pas été en possession
de l'Art. Et leurs idées triompheront, et un jour viendra où
la porte de l'école des Beaux-Arts ne résistera plus à leurs
efforts. Elle cédera, elle s'ouvrira toute grande, et l'Art chrétien
entrera !

ÉMILE AUGIER

ÉMILE AUGIER [1]

I

Le 14 mai 1844, *tout Paris* s'entretenait de l'heureux début d'un jeune poète à un théâtre où les débuts ne sont pas toujours heureux et ressemblent trop souvent à des obsèques, au « Second Théâtre-Français. » Le poète, disait-on, était vraiment jeune, l'œuvre vraiment charmante. Le poète, c'était M. Émile Augier ; le poème, c'était *la Ciguë*.

C'est du poète que nous allons parler.

M. Émile Augier a l'intelligence facile, vive, brillante. Nulle profondeur, beaucoup d'éclat. Il doit écrire rapidement, même en vers, et son premier jet doit être aussi pur qu'abondant. Par malheur, il gâte, en les retravaillant, ses plus heureuses improvisations. Il y ajoute chaque jour quelque trait d'esprit, quelque mot piquant, et tant d'ornements deviennent fatigants pour le lecteur. C'est comme un tableau qui plaît dans sa simplicité première, et que le peintre a la malheureuse idée de reprendre en sous-œuvre pour y ajouter cent détails inutiles et encombrants. M. Émile Augier est un homme d'esprit, et veut trop qu'on le sache. Il alourdit ses scènes les plus légères en y jetant à poignées des pointes qui sont piquantes, mais qui pèsent.

Indépendamment de cet esprit dont nous venons de signaler

(1) Écrit en 1862.

l'abus, Émile Augier possède ces trois trésors qui deviennent
rares : la jeunesse, la poésie, la vie. Il est jeune, d'une vraie
jeunesse, d'une jeunesse qui se trompe, qui ne voit pas loin,
qui passe devant la Vérité sans la saluer, mais qui du moins
ne l'insulte pas. Dans toutes ses œuvres on sent un cœur
ardent qui bat pour des frivolités, pour des folies, pour des
néants, mais, enfin, qui bat. Il n'est pas compassé ni empesé ;
il n'est pas gravement et froidement immoral. C'est l'étudiant
de 1840 : ce n'est pas le petit jeune homme de notre fin de
siècle, qui, à dix-huit ans, traite et résout en deux mots la
question romaine, la question polonaise, la question hongroise,
la question divine, le tout d'un ton rogue et prudhommien.
Nous n'avons, à vrai dire, de sympathie réelle ni pour l'un
ni pour l'autre de ces petits téméraires ; mais nous estimons
que, pour la jeunesse, les vices de l'ancien régime sont moins
mortels que les défauts du nouveau. L'infortuné qui se laisse
coupablement séduire par quelque Dalila ou quelque Clorinde
de bas étage est encore supérieur, de quelque boue qu'il soit
couvert, à nos matérialistes de quinze ans, à ces petits monstres
qui sont athées avant d'être bacheliers. Nous sommes de l'avis
de Mme de Staël : « Un mauvais livre est pire qu'une mauvaise
action. »

Combien nous préférons les personnages moralistes de
M. Augier à ceux de M. Ponsard ! Se peut-il concevoir rien de
plus radicalement ennuyeux que le Rodolphe de *l'Honneur et
l'Argent*, lequel, hélas ! se retrouve sous un autre nom dans
la Bourse ? C'est l'Ariste de Molière, mais un Ariste qui ne
sait pas parler français et qui est encore moins jeune, si
c'est humainement possible. Tel est, d'ailleurs, le vrai
caractère de Rodolphe, d'Ariste et de M. Ponsard. Ils sont
vieux, affreusement vieux, tandis que le Julien de *Gabrielle*,
le Spiegel de *la Pierre de touche* et Émile Augier lui-même

sont jeunes, radieusement jeunes. Et qui ne se laisserait toucher par la jeunesse ?

Émile Augier est presque toujours poète, Ponsard n'est le plus souvent que versificateur : entre les deux la différence est grande. Le vieillard versifie, le jeune homme peint et *imagine*. Toutes les œuvres d'Émile Augier sont, par là même, des œuvres vivantes; leur vie est singulière, étroite, mesquine; leurs personnages se remuent dans un milieu du XVIIIe siècle, mais enfin ils se remuent. Et l'on me permettra peut-être de me passionner pour le mouvement.

Il faut bien en venir aux défauts de notre poète : il en a plus d'un. Très souvent, trop souvent, il est long et traînant. Ce vice littéraire peut provenir quelquefois, comme nous l'avons dit, d'un trop grand désir de prouver qu'il est homme d'esprit. L'auteur alors se présente en scène; il interrompt l'action de son drame et débite au public son petit répertoire de bons mots. Il y a dans *Philiberte* une scène (c'est la huitième de l'acte premier) où M. Augier s'est vu forcé d'avouer sa préoccupation. Après toute une page de *concetti*, il fait dire à un de ses personnages :

Mais que c'est donc joli tout ce que nous disons !

Trop joli, en effet. L'action en souffre. Les acteurs ne s'en embarrassent plus : ils s'approchent de la rampe, se croisent les bras et disent, à tour de rôle, leur trait piquant. C'est gentil, mais ce n'est pas dramatique.

D'autres fois, M. Augier est long sans circonstances atténuantes. Le second acte de *Ceinture dorée* en serait une preuve que nous ne voudrions pas infliger à la patience de nos lecteurs. Il y a dans ce malheureux acte *dix-huit* scènes dont le seul souvenir nous induit en bâillement. Pas une n'est absolument nécessaire à l'action. Je citerai en particulier un certain M. de Trélan, qui fait trois entrées et trois sorties, dont une seule a un motif à peu près plausible. Il annonce au début de l'acte qu'il va décidément partir pour la Perse, et abuse de sa position pour revenir à trois reprises s'éterniser en adieux. Notez qu'à la fin il ne part pas. Il méritait pourtant ce châtiment.

Le vers d'Augier est en général animé, jeune et vivant comme ses personnages ; on peut même le trouver original et ferme ; mais il est trop souvent négligé et familier à l'excès. Le poëte se donne trop volontiers toutes les licences qu'il croit permises au théâtre et se plaît à briser ce qu'Hugo ne craint pas d'appeler « ce grand niais d'alexandrin. » Mais il n'a pas la main solide d'André Chénier, qui rompait ce vers, qui le domptait, mais qui savait ne point le disloquer.

II

La charpente des comédies et des drames d'Augier est tout au plus passable. Nous avons entendu dire à l'un de ses admirateurs « qu'il est plus *styliste* que *carcassier*. » Pardon de ce style qui est détestable, mais clair. Nous parlions tout à l'heure de *Ceinture dorée* : c'est le parfait modèle d'une pièce mal bâtie. En général, Émile Augier se sert trop facilement des procédés les plus vulgaires, les plus usés. Exemple : le duel. Il y a un duel dans *Diane*, un duel dans *Philiberte*, un duel dans *le Gendre de M. Poirier*, un duel dans *Ceinture dorée*, un duel dans l'*Aventurière*. Autre exemple : les écoutes aux portes fermées, ou dans quelque antichambre « d'où l'on peut tout voir sans être vu. » M. Augier en a effroyablement abusé. C'est ainsi que, dans *Gabrielle*, Julien entend, demi-mort, les entretiens

de sa femme; c'est ainsi que, dans *le Joueur de flûte*, Chalci-
dias apprend que Laïs veut le racheter au prix de toute sa fortune. Remarquez que ces deux scènes sont les scènes capi-
tales des deux drames. L'auteur a été, dans son admirable
Diane, jusqu'à se servir deux fois de ce vieux moyen. C'est
trop.

Un défaut plus grave, c'est l'odieux de certains personnages qu'Augier n'a pas craint de mettre en scène. En vérité,
nous ne comprenons pas que d'honnêtes spectateurs puissent
supporter la vue et le langage de Veline dans *l'Homme de bien*.
Comme nous le sifflerions !

Chose curieuse, nous vivons dans le siècle de la couleur
locale; la couleur locale s'épanouit et triomphe partout...
excepté dans les vers d'Augier. *La Ciguë* n'a rien de profondément grec, non plus que *le Joueur de flûte*. L'auteur n'a
même pas visé à l'archaïsme. Changez les noms et la scène peut
tout aussi bien se passer à Paris, chez Ninon de Lenclos. Ce
n'est pas ainsi, il faut en convenir, que M. Ponsard travaille
ses œuvres : il y met plus d'étude et moins de légèreté. Il use
de la couleur locale, et n'en abuse point. C'est même un de
ses rares mérites et dont il convient de lui faire honneur.

S'il fallait enfin faire notre choix dans le théâtre d'Augier,
nous y aurions quelque embarras. Mais après tout, et si l'on
insistait, nous nous hasarderions à dire que *Gabrielle* nous
semble, en bonne critique, la meilleure de toutes ses œuvres,
Philiberte la plus spirituelle, *Diane* la plus dramatique, *l'Homme
de bien* la plus odieuse et *Ceinture dorée* la plus faible. Pas
une n'est chrétienne.

III

C'est ici qu'il convient d'examiner en chrétien tout ce théâtre;
c'est ici qu'Émile Augier va descendre dans l'estime de nos
lecteurs.

Nous signalons ailleurs les tendances chrétiennes qu'il est
facile de constater dans le théâtre d'Octave Feuillet : nous
n'avons rien de tel à signaler dans celui d'Émile Augier. Il n'y
a pas une seule pensée véritablement chrétienne dans toute son
œuvre. On y trouvera tout au plus quelques traces estimables
de ce qu'on est convenu d'appeler la religion naturelle. C'est
ainsi qu'Augier doit à sa jeunesse de ne pas aimer la finance
et les financiers. Cette haine éclate dans tout ce qu'il écrit :
elle est louable. Cette même jeunesse de l'auteur de *Philiberte*
lui inspire un généreux amour pour les caractères fiers, pour
les âmes dévouées : Julien, dans *Gabrielle*; Antoinette, dans
le Gendre de M. Poirier; Spiegel et Frédérique, dans *la Pierre
de touche*, Diane et Philiberte dans les deux œuvres qui portent
leurs noms. Ce sont là sans doute de belles âmes... pour
M. Augier. Mais qu'elles sont imparfaites aux yeux du chrétien!
Elles ne nomment pas Dieu; elles paraissent ne point le
connaître; elles trahissent gravement leur imperfection par
quelque sottise. Philiberte est à l'égard de Raymond d'une
coquetterie brutale; Antoinette et Diane autorisent le duel,
l'une de son mari, l'autre de son frère. Et ainsi des autres.

Nous avons voulu nous imposer la tâche d'étudier toutes les
femmes d'Émile Augier. C'est dans ces caractères qu'apparaît
surtout la finesse de son talent, mais surtout la faiblesse de ses
conceptions morales. Diane est, avons-nous dit, le type de la
femme forte : elle se dévoue noblement pour son frère, mais en

se faisant passer pour coupable et déshonorée. Une chrétienne se fût dévouée de même ; mais je vous jure qu'elle eût trouvé dans la chasteté de son cœur quelque inspiration plus noble. Cette même Diane ne se contente pas d'autoriser le duel de son frère : elle se fait un moment son professeur d'escrime, et, chose horrible, ce duel coûtera la vie d'un homme. Diane est généreuse ; mais elle *pose*, et nous n'aimons pas les excès de sa virilité. C'est une Romaine, rien de plus, et une Romaine qui a lu Plutarque. Il y a ici-bas quelque chose de mieux : c'est une chrétienne qui lit l'Évangile.

Antoinette, la fille de M. Poirier, a un charme plus profond et est plus *femme ;* elle n'en remet pas moins l'épée aux mains de son mari. Noble créature, d'ailleurs, et qui a dû lire d'autres livres que Plutarque. Philiberte m'inspire moins de respect. Cette jeune fille, qui se croit laide, n'en laisse pas moins tomber certain bouquet pour qu'il soit ramassé par une main trop chère. Une chrétienne, belle ou laide, garde ses fleurs pour elle. Philiberte regarde la laideur comme :

> Le plus laid des fantômes
> Dont jamais femme ait eu l'esprit tyrannisé.

Le plus laid des fantômes, pour une chrétienne, est la laideur de l'âme, et cette laideur-là porte un nom connu : le péché. Philiberte se montre enchantée de l'amour que lui porte un fat, parce que cet amour la persuade qu'elle n'est point laide ou qu'elle a cessé de l'être : une chrétienne n'écouterait pas la déclaration d'un sot, ni celle-là, ni une autre ; la rougeur lui monterait au front et l'indignation à la main.

L'héroïne de l'*Aventurière* désire être honnête, ou du moins passer pour telle ; mais en réalité elle ne désire pas être chaste, et recherche par amour-propre, plutôt que par repentif, l'union avec un vieillard qu'elle ne peut pas aimer. Elle envie les honnêtes femmes, mais n'envie pas ce qui les fait honnêtes. Que dire de Rose dans *l'Homme de bien*, et de cette Laïs, qui croit conquérir l'estime du monde entier parce qu'elle aime enfin quelqu'un « pour lui-même! » Pauvre femme, ton amour n'est pas une expiation, sache-le bien, mais une récompense que tu ne méritais pas sur la terre et qu'il te faudra, avec tout le reste, expier dans la seconde mort. Quant à Juliette de *l'Homme de bien* et à Caliste de *Ceinture dorée*, ce ne sont pas des caractères : elles ressemblent à cent autres, qui ressemblent à une jeune première. Si M. Augier peut un jour, par la grâce de Dieu, savoir ce que c'est qu'une chrétienne, cette apparition l'éblouira. Jusqu'à ce jour, il n'a connu que l'ébauche de la femme : ce jour-là il en connaîtra le portrait.

Nous ne voulons pas nous arrêter à reprocher à Émile Augier le matérialisme grossier de la *Ciguë* et du *Joueur de flûte*. Dans tout ce théâtre le corps est trop volontiers mis en gloire, l'âme est trop souvent laissée dans l'ombre. Nous ne ferons que stigmatiser en passant les abaissements qu'il a infligés au caractère paternel dans *le Gendre de M. Poirier*. Il a livré, dans cette œuvre, où il y a cependant tant de vraies beautés, il a livré un père, *devant sa fille*, au ridicule le plus odieux. Nous vivons dans une époque où toutes les autorités sont insolemment attaquées : était-ce bien le moment de mettre sur la scène un père aussi bafoué et aussi bafouable qu'Harpagon dans *l'Avare*? Harpagon est un des délits de Molière. Si vous voulez imiter Molière, ne l'imitez pas dans ce qui mériterait peut-être de lui attirer cette terrible apostrophe que Bossuet n'a pas craint de placer, en de telles conjonctures, sur les lèvres du Dieu vivant : *Væ vobis qui ridetis.* « Malheur à vous, qui riez et faites rire des pères ! »

Malgré tant de défauts, M. Émile Augier demeure un de nos plus honnêtes et de nos meilleurs poètes; mais il est et sera toujours de second ordre. *Gabrielle*, *Philiberte*, *le Gendre de M. Poirier* et dix autres de ses comédies « resteront au répertoire. » Ce sera tout, et c'est loin d'être l'immortalité.

Nous nous rappelons avoir lu, il y a dix ans, la collection complète du *Répertoire du Théâtre-Français* pendant les deux derniers siècles. C'est long et ennuyeux; mais il y a en tête de chaque volume une Notice qui n'est pas sans intérêt sur tel ou tel auteur dramatique dont on nous offre ensuite la fleur du panier : fleur trop souvent flétrie. Une chose nous a frappé dans la lecture de ces Notices biographiques : c'est qu'après avoir employé vingt ou trente ans de leur vie à combiner de nouvelles péripéties pour hâter le mariage de Dorante avec Lucinde et de Frontin avec Marton, un grand nombre de ces poètes frivoles sont revenus à Dieu sur la fin de leurs jours, et se sont mis, pour la plupart, à traduire les Psaumes. Espérons que M. Augier entreprendra bientôt cette traduction.

GUSTAVE DORÉ

GUSTAVE DORÉ [1]

I

Un jour, le grand compositeur Gounod, l'auteur de *Faust* et de tant d'autres chefs-d'œuvre, me disait avec un enthousiasme et un feu qu'il ne faut pas chercher à décrire : « La Messe, la Messe! Tout est dans la Messe. Après avoir fait dix, vingt, trente Messes en musique, il me reste encore la Messe tout entière, l'éternelle, l'inépuisable Messe. » Ces paroles d'un si puissant artiste sur le sacrifice de nos autels peuvent merveilleusement s'appliquer à la Bible et à tous les artistes qui, depuis l'origine de l'art, ont cherché leurs inspirations dans ce livre inspiré. Lisez, lisez la Bible, sculpteurs et peintres, musiciens et poètes; puis, fermant le divin livre, sculpteurs, taillez vos marbres et faites-en jaillir les statues superbes de ces géants qui s'appellent Moïse, David, Judas Machabée; trempez vos pinceaux dans les couleurs les plus énergiques et les plus brillantes, ô peintres, et jetez sur la toile les grandes scènes de l'Ancien ou du Nouveau Testament, enveloppées pour ainsi parler dans le soleil de l'Orient; poètes, chantez; musiciens, faites chanter les cordes et pleurer les cuivres; orateurs, ouvrez la bouche et parlez. C'est en vain que depuis vingt ou trente siècles vous vous livrez sur la Bible à ce travail qui vous attire toujours et ne vous satisfait jamais : le sujet, l'incomparable sujet demeure toujours entier. Il n'est pas épuisé,

(1) *La Bible.*

il est inépuisable. Et si le monde vivait mille siècles, dans mille siècles les sculpteurs, les poètes, les musiciens, les orateurs, les peintres trouveraient encore, trouveraient toujours dans la Bible des inspirations fraîches et des idées originales. La Sainte Écriture est comme le soleil : on a beau le contempler, l'admirer, le peindre, il est toujours nouveau, et l'aurore est toujours charmante.

Nous avons aujourd'hui l'occasion d'examiner les rapports de la Bible avec la peinture. A ce seul point de vue, l'Écriture Sainte est le livre des livres, et celui de tous qui est le plus fécond, le plus varié, le plus universel. Sachez-le bien : quelles que soient vos idées sur l'art, quel que soit votre *genre*, à quelque école que vous puissiez appartenir, la Bible vous convient. Ouvrez-la, peignez-la. *Tolle, pinge.*

Si vous avez voué vos pinceaux à la seule peinture religieuse, à cette peinture qui très noblement se propose de raconter par la couleur toute l'histoire de l'homme dans ses rapports avec Dieu (ô magnifique, ô incomparable tâche!), ai-je besoin de montrer que la Bible doit être votre conseil, votre inspiration, votre tout? Dans tous les versets de l'Écriture, Dieu se manifeste, Dieu agit. Chaque parole du livre saint nous fait assister à quelque grand mouvement de notre Dieu, et j'imagine que chaque verset pourrait facilement être le sujet de plusieurs tableaux perpétuellement variés et ne se ressemblant jamais....

Le monde n'est pas encore né; il n'a pas encore jailli, frais et beau, du néant : et déjà le peintre peut nous montrer Dieu se suffisant à lui-même dans la société de ses personnes divines et dans la béatitude de son essence. Mais, tout à coup, le Verbe se fait entendre : *Fiat*. A ce seul mot, voici que le néant se met à enfanter, et la lumière, cette amie, ou plutôt cette mère de la peinture, pénètre le chaos de

ses premières clartés. Désormais, le peintre peut entrer en
une grande et interminable joie : les six jours de la création
lui fournissent à eux seuls des millions de sujets qu'il ne
saurait épuiser. Existe-t-il en effet, dans la gamme de nos
couleurs matérielles, un vert assez frais, un jaune assez
tendre, des nuances assez éclatantes et assez délicates pour
pouvoir peindre dignement les magnificences toutes neuves du
monde qui vient d'être créé, et les premiers gazons, et les
premières aurores, et les premiers couchers de soleil, et la
mer bondissant dans le premier reflux, et les richesses exubé-
rantes de cette première et magnifique végétation? Toutefois,
il est temps que l'homme paraisse. Il paraît, chef-d'œuvre
de proportions, d'harmonie, de beauté; et, avec lui, naît la
peinture historique. Sur ce beau front l'intelligence éclate,
radieuse; dès la première minute de son existence, il est
parfait; Dieu se penche vers lui, il se penche vers Dieu,
et ces deux *causeurs* (s'il m'est permis de parler ainsi)
remplissent l'Éden de leurs conversations. Dieu enseigne à
Adam toute la vérité, il lui professe jusqu'au Traité de l'Incarnation. Quelle théologie! quel professeur! quelle leçon!

Et maintenant comparez ces ressources picturales de notre
Bible avec les imaginations d'Horace, de Lucrèce, d'Épicure
et des matérialistes de tous les temps, qui, depuis l'antiquité
la plus reculée jusqu'à M. About, regardent l'homme comme
un singe qui a eu de l'avancement. Aux théories de M. About
un seul peintre peut convenir : Courbet. Qu'il nous représente les premiers hommes velus, hideux, bestiaux, se mordant pour une poire et se tuant pour une guenon. Nous,
chrétiens, nous gardons fièrement notre Livre et le donnons
comme un sûr et merveilleux modèle à tous les artistes qui ne
se sont point passionnés pour le laid.

C'est là encore un coup, que nous trouverons Dieu à chaque

pas, tantôt dans l'exercice de sa miséricorde, tantôt dans les fonctions de sa justice. Il chasse Adam de la béatitude, il aime Abel, il châtie Caïn ; il lance dans le monde les patriarches, ces *præcones*, ces prédicateurs de la Vérité. Il ouvre les cataractes du ciel, et les montagnes d'eau se précipitent sur la terre coupable ; seule, sur l'immense étendue, l'Arche surnage, contenant, avec les débris de l'humanité punie, toutes les vérités révélées, toutes les traditions originelles, toutes les espérances du monde. L'eau vengeresse se retire devant une parole de Dieu, et ce Dieu, de ses terribles mains, disperse à tous les vents du ciel l'humanité qui s'éparpille en nations. Parmi ces nations, il en faut une au moins qui, au nom de toutes les autres, pure de toute superstition, en possession de la Vérité, les yeux et l'âme au ciel, rende à Dieu un culte digne de Dieu. Le Seigneur choisit cette race privilégiée où il élaborera le plan de notre rédemption, où il préparera la place de son Fils. Il met Abraham à l'écart du reste des hommes et, dans une nuit sublime, lui annonce des millions de descendants spirituels. Mais n'allez pas croire que le peuple issu d'Abraham, d'Isaac et de Jacob soit le plus intelligent, le plus spiritualiste, le meilleur de tous les peuples. Non, non ; il est grossier, matériel, parfois abject et presque toujours ingrat. L'Écriture, dix ou onze fois, l'appelle le peuple à la dure cervelle : *gens cervicis duræ*. Il se rebiffe contre la justice et même contre la miséricorde de Dieu. La foudre terrible, formidable, retentit au sommet du Sinaï divinement embrasé : ce peuple, sous cette foudre même, se fait d'affreuses idoles et les adore. Le peintre chrétien aura à nous faire assister à cette lutte entre Dieu qui veut sauver toute l'humanité par ce peuple, et ce peuple qui ne veut ni sauver l'humanité ni se sauver lui-même. Dieu sera vainqueur. Il frappe le sol de son pied : Moïse en jaillit, David en jaillit, les Prophètes en jaillissent, personnages à la stature plus qu'humaine, placés entre terre et ciel, interprètes entre la Vérité souveraine et les hommes faibles ou ingrats. Moïse, c'est la loi ; David, c'est la prière ; les Prophètes, c'est l'espérance. Les uns et les autres ne se préoccupent que de jeter les hommes dans les bras de l'Amour suprême. Dans l'histoire de ce peuple, la lumière appelle la lumière. David, c'est le triomphe de la vérité dans l'Orient ; les Prophètes, c'est la captivité de Babylone qui précède et annonce les luttes héroïques des Machabées ; mais c'est toujours, mais c'est encore le triomphe de la Vérité qui se répand chez les vainqueurs du peuple juif et qui provoque leur espérance en un Libérateur de plus en plus prochain. Si j'étais peintre, il me semble que, jusque dans leurs défaites, je représenterais toujours les Israélites enveloppés d'une certaine lumière qu'ils communiqueraient à leurs maîtres. Mais enfin les soupirs ont cessé, les yeux du monde entier sont tournés du côté de Jérusalem : on attend. Le ciel se déchire, les anges par milliers s'abattent, le Libérateur paraît, les bras tendus ; il veut attirer, il attire à lui le monde entier, et sur sa croix le réconcilie avec Dieu. « Sauver le plus d'âmes possible, » tel est dans toute l'Écriture le plan visible de Dieu, et nous assistons sur le Calvaire à l'accomplissement de cet éternel et adorable dessein....

Voilà les sujets que la Bible fournit très abondamment aux peintres religieux ; mais les peintres d'histoire n'y trouveront pas moins de trésors. Les scènes de la vie des patriarches ; les puissantes migrations du peuple israélite ; les souffrances des fils de Jacob en Egypte ; le châtiment de cette singulière et presque immobile nation ; les mers qui s'ouvrent devant les élus de Dieu et qui se referment sur les maudits ; les grandes, les formidables batailles qui purgent de cent mauvais petits peuples le sol prédestiné de Chanaan ; les chocs entre les

7

envahisseurs et les envahis; les murs qui tombent au son des trompettes, le soleil qui s'arrête étonné dans le ciel; Samson nous faisant assister aux prodiges de la force mise au service de la vérité; les Philistins s'enfuyant, pâles, devant ce poing redoutable armé d'une mâchoire d'âne; les palais qui s'écroulent; les bergers qui deviennent rois; les éblouissements de l'Orient à la vue de la gloire de David et de Salomon; les victoires, les invasions, les conquêtes; puis la division, le schisme; Israël, ce beau manteau, déchiré en deux parties inégales; enfin les défaites et la captivité de ce grand peuple, et tant de lyres suspendues aux saules de ces fleuves; l'opiniâtreté d'une nation qui ne veut pas mourir et qui revient toujours dans ses cités que couvre l'herbe; de nouvelles batailles, et les Machabées, ces géants, ces chevaliers de l'antiquité, ces Rolands d'Israël, prouvant à Rome qu'un petit peuple peut avoir autant de courage que les maîtres du monde; et enfin la destruction de cette Jérusalem qui était rougie du sang de tant de prophètes, le Temple détruit et la dispersion des impérissables Juifs : voilà, voilà, si nous ne nous trompons, de quoi exercer jusqu'à la fin de ce monde tous les pinceaux des hommes.

Les peintres de paysages et ceux qu'on a si mal nommés : « les peintres de genre, » peuvent aussi *illustrer* la Bible sans jamais épuiser leur verve ni voir leur génie en détresse. O paysages de l'Orient, ô riche lumière, ô végétation puissante, ô cieux magnifiques, qui vous peindra jamais dignement? Le Poussin a souvent placé ses scènes historiques au milieu de merveilleuses campagnes : il faudrait imiter cet exemple, et créer en peinture un genre presque nouveau que j'oserais appeler « le paysage sacré. » Quant au *genre*, les tableaux charmants abondent dans la Bible : Jacob chez Laban, Joseph en Égypte, Ruth la glaneuse, le vieux Tobie, ces noces de

Sara qui sont le modèle des noces chrétiennes ; le retour du jeune Tobie ; la vie des vieux Israélites sous la vigne et le figuier ; ces mœurs douces au milieu d'enfants qui sont aussi nombreux autour de la table que les olives sur l'olivier ; cette tranquille jouissance de la Vérité, ces espérances qui éclataient jusque dans la plus humble famille de la Judée, tout cela a tenté et tentera longtemps les artistes que l'histoire effraye, que la famille attire.

Ainsi, à quelque point de vue que l'on veuille se placer, la Bible est une source intarissable. Et je ne veux pas terminer cette première partie de mon travail que je consacre à l'exposition d'idées générales, sans protester une fois de plus contre ceux qui prétendent que la *ligne* est essentiellement chrétienne, que la *couleur* ne l'est pas. Ici je rentre vraiment dans mon sujet ; car c'est Gustave Doré lui-même qui m'a dit à moi-même ces paroles que je communique volontiers à mes lecteurs : « Vous êtes chrétien, vous n'aimerez pas mes dessins. » Nous espérons prouver à Gustave Doré qu'il se méprend sur les idées des chrétiens. De la Bible on peut également tirer des tableaux admirables où domine l'austérité de la ligne, et des tableaux non moins admirables où domine l'opulence de la couleur. Nous les aimons les uns et les autres, et nous les admirons sans parti pris, sans exclusion, comme des œuvres qui reflètent par différents côtés cette si belle et si diverse nature qui a été créée par notre grand Dieu.

II

Si jamais œuvre d'art a pu prêter à la critique, aux sévérités des esprits exclusifs, c'est certes l'œuvre de Gustave Doré. Si nous avions certaines banalités et étroitesses d'intelligence que certains de nos adversaires nous reprochent, nous pourrions trouver mauvais que le nouvel illustrateur de la Bible n'eût pas fait une œuvre plus *traditionnelle*. Ce dernier mot nous paraît juste, mais par malheur il a besoin d'une interprétation. Nous voulons dire que Doré, s'étant proposé de faire une œuvre profondément originale, n'a peut-être pas tenu assez compte de ces traditions respectables d'après lesquelles tel sujet biblique doit être traité de telle façon, et non pas de telle autre. Il est certain que l'artiste a rompu avec la tradition. Il a conçu tout autrement que ses devanciers, et il a traité tout autrement les grandes scènes de l'Ancien et du Nouveau Testament. Il a voulu ne ressembler à personne. Eh bien! quoique cette originalité soit dangereuse, nous n'en ferons pas au puissant dessinateur l'objet de notre critique. Nous ne voulons pas lui reprocher jansénistement cette absence de sens symbolique, cette rudesse rebelle au mysticisme, ce naturalisme vigoureux qui est un des caractères incontestables de son style. Gustave Doré n'a pu changer sa nature en entreprenant d'illustrer la Bible. Il ne faut pas lui demander ce sentiment théologique si profond qui, à travers certaines faiblesses et certaines pâleurs, éclate dans les œuvres des peintres allemands; il ne faut pas lui demander cette science de l'exégèse que possèdent ces peintres, lecteurs assidus des Pères et des Mystiques. Il convient, si l'on veut être juste, de prendre Gustave Doré pour ce qu'il est, c'est-à-dire pour le plus énergique, le plus fécond, le plus pittoresque, le plus étonnant des dessinateurs contemporains, comme le seul artiste peut-être qui pût supporter en France le poids d'une aussi téméraire entreprise.

Gustave Doré est une très vive et très ardente intelligence : il a compris que la Bible nous offre le plus fécond de tous les sujets, et cette seule compréhension atteste chez lui une noble élévation d'idées, une rare justesse de vues. A l'accomplissement de son œuvre, il a consacré plusieurs années d'un travail certainement pénible et que cependant il a toujours aimé. Il y aurait de l'ingratitude à ne pas lui rendre cette justice.

Si le nouvel illustrateur de la Sainte Écriture n'est pas un érudit, s'il n'est pas un mystique ni un théologien, il est incontestablement un peintre des plus puissants. Personne ne possède au même degré le sentiment du pittoresque, l'art de la composition, la science de l'effet. Ce qu'il aime dans la nature, c'est la lutte immortelle, toujours la même et toujours nouvelle, de la lumière avec les ténèbres, du jour avec la nuit, du blanc avec le noir. Avec ces deux seules couleurs (les seules que la gravure puisse rendre), il produit des heurts merveilleux, des effets indescriptibles, des scènes qui étonnent, éblouissent, retiennent le regard. Ce qu'il aime et ce qu'il peint le mieux, c'est le mouvement, c'est la vie. Gustave Doré est le peintre du mouvement, et non pas de l'immobilité. Tous ses personnages ont une vie remuante et superbement animée. Ils marchent véritablement, ils palpitent, ils se précipitent, ils frappent, ils sont atteints, ils meurent. Le dessinateur s'est fait depuis longtemps connaître par sa science de l'anatomie, par sa peinture sauvage des muscles humains. Ses personnages sont non seulement vivants, mais énergiquement vivants. Oui, ces épaules plient bien sous ces fardeaux; ces bras font bien un vigoureux effort; ces mains se crispent naturellement; ces corps se tordent dans les affres de la mort. Appliqués à nos races modernes, grêles et étriquées, ces forts dessins sembleraient peut-être exagérés; appliqués aux grandes races des époques primitives, ils ne sont que vrais. Ces géants, d'ailleurs, se meuvent sur un théâtre digne d'eux : Doré est un paysagiste. Ce n'est pas un de ces peintres sur porcelaine qui « lèchent et pourlèchent » chacun de leurs tableaux, afin que les amateurs éprouvent la délicate jouissance de les considérer au microscope. Non, c'est un dessinateur fougueux devant qui tremble le crayon, qui le saisit d'une main rude et presque colère, qui en jette sur le bois quelques coups formidablement énergiques, et qui ébauche ainsi, avec une rapidité merveilleuse, quelque paysage immense comme celui qui sert de cadre à la *Tentation de Jésus au désert*, ou à l'*Amitié de David et de Jonathas*, ou à la *Lutte de Samson contre le lion*. Au milieu de ces campagnes imaginées par lui, l'artiste, qui a en peinture « la notion du groupe, » éparpille souvent des milliers de personnages, semblable et presque supérieur à ce grand peintre anglais, Martins, qui a peint si pittoresquement le *Jugement dernier* et le *Festin de Balthasar*. Dans la *Scène du Déluge* de Doré, je reconnais un Martins doublé d'un Callot, et je suis encore plus vivement frappé de son *Samson poursuivant les Philistins*, de son *Passage de la mer Rouge*, de son *Retour de l'Arche* et de ses *Habitants de Jérusalem voyant des armées dans le ciel*. C'est grand.

Une autre qualité que possède Gustave Doré, et dont il abuse peut-être, c'est la couleur locale. Il serait capable, comme Gustave Flaubert dans *Salammbô*, de ressusciter toute une civilisation disparue, et sur laquelle aucun historien ne nous a laissé aucun détail. Qui saurait illustrer mieux que lui nos romans du Moyen Age, et en particulier notre *Chanson de Roland*? Qui saurait reproduire plus puissamment que lui les monuments et le costume de tous les peuples à toutes les époques? Vous pouvez croire que dans la *Bible* il s'est donné carrière; il a fait passer sous nos yeux des palais égyptiens et des cités assyriennes dont il est l'architecte créateur. Je suis persuadé que ces peuples n'ont pas trouvé

aussi bien. Que d'hiéroglyphes, que de sphinx! Quels prodigieux chapiteaux ornés d'ailes étranges, quelles singulières
colonnes en forme de cônes renversés! Et ces amphithéâtres,
et ces colonnades immenses, et ces villes tout entières exhu-
mées par l'imagination de l'artiste, et étalées pour le plaisir
de nos yeux à la surface du sol, comme Herculanum et Pompéi. Les costumes présentent le même caractère. Abraham et
les patriarches nous apparaissent revêtus du burnous arabe,
et les Israélites ressemblent à ces bandes de Bédouins du
désert que le pinceau de Vernet nous a fait connaître. Peut-
être y a-t-il dans cette prétention à l'exactitude une certaine
exagération, mais qui ne nous empêchera point de fermer les
yeux à la puissance créatrice d'une aussi riche imagination,
d'un pinceau aussi fécond.

Science du groupe, du paysage et de la couleur locale,
sentiment du pittoresque et de la lumière, art du mouvement
et de la vie, ce sont de rares et précieuses qualités. Ce ne
sont pas les seules de notre peintre.

Nous disions tout à l'heure qu'il n'a rien de mystique, et
qu'il faut surtout voir en lui l'interprète selon la nature d'un
livre écrit selon la grâce. La justice nous force d'ajouter que
Doré a fait de nobles et d'efficaces efforts pour sortir de
son naturalisme. Il s'est battu avec sa propre nature, comme
Samson avec le lion, et il l'a puissamment « retournée. » *Moïse
exposé* est un chef-d'œuvre tout à fait chrétien, et c'est une
idée véritablement mystique qui a conduit le dessinateur à
entourer d'anges le berceau qui doit sauver Israël. Du reste,
les anges ont porté bonheur au peintre. Il a imaginé pour les
peindre un merveilleux procédé : au lieu de les dessiner en
traits noirs, il les ébauche en traits blancs, en traits de lumière,
et donne à leurs corps quelque chose de vaporeux qui ne fait
pas soupçonner la chair sous ces vêtements lumineux. Tel

est l'ange de l'*Annonciation*; tel est ce Raphaël que la famille de Tobie suit de loin dans les airs; tel est cet esprit céleste qui nourrit Élie dans le désert; tels sont les anges d'Abraham et ceux de la Jérusalem céleste.

Parlons sincèrement. Quand, il y a deux ou trois ans, nous fûmes appelé à voir les premières compositions de Gustave Doré dans cet atelier d'où sont sortis tant de dessins, nous eûmes une grande crainte : « Ah! disions-nous, la tête de Jésus-Christ fait peur à ce peintre; il la fuit, il l'évite en tremblant; il ne saura pas en reproduire les traits ineffablement divins. » Eh bien! nous nous trompions. Si, dans plusieurs tableaux (car ce sont bien là de vrais tableaux), le visage auguste du Sauveur est évité, s'il est défiguré dans plusieurs autres, il se présente parfois à nos regards revêtu d'une beauté que le peintre ne nous paraissait pas capable de concevoir ni surtout d'exprimer. Je citerai notamment *le Christ insulté*, qui est peut-être la plus belle planche de tout le recueil; *la Flagellation*, *le Denier de César*, *le Baiser de Judas*, *le Couronnement d'épines*, *le Denier de la veuve*, *le Pharisien et le Publicain*. Je suis moins satisfait des représentations de la Vierge. Je regrette que le peintre, cédant à une erreur trop commune, fasse tomber en pâmoison au pied de la croix Celle que l'Écriture et la Tradition nous représentent debout : *stabat mater*. Je ne suis un peu consolé que par une belle *Fuite en Égypte*, et par cette magnifique composition intitulée *la Vierge couronnée d'étoiles*, cette scène de l'Apocalypse que Gustave Doré a rendue avec le pinceau d'un grand catholique et d'un grand peintre. Somme toute, il n'avait pas dans l'âme cette je ne sais quelle tendresse qui fait comprendre et aimer la Vierge.

III

Il importe ici de nous résumer sur cette œuvre de Gustave Doré, que nous avons essayé de juger avec une véritable et sincère impartialité. Le caractère général de cette œuvre exceptionnelle, c'est LA PUISSANCE DANS LE PITTORESQUE. Il ne convient pas de l'examiner à la loupe, comme on examine un Meissonnier : il faut considérer chaque tableau avec des yeux généreusement épris de l'effet général, et non pas avec un esprit curieux des minuties et du détail. Gustave Doré est, par certains côtés, un Victor Hugo qui dessine ou qui peint : sa main fébrile exécute avec rapidité ce que son cerveau toujours éveillé conçoit avec la même rapidité qui est véritablement prodigieuse. Ses conceptions sont toujours vivantes. Admirez leur ensemble, et ne chicanez pas sur un brin d'herbe mal dessiné, ou même sur une main et un pied disproportionnés que vous serez heureux de découvrir dans un coin du tableau. La vue de chacune de ces compositions laisse dans votre esprit je ne sais quel étonnement singulier, où le sentiment de la grandeur tient, je pense, une large place. Contentez-vous de cet étonnement que peu d'œuvres sont de nature à provoquer ici-bas; contentez-vous de cette grandeur, de cette fécondité, de cette vie, de ce mouvement, de cette science, de cette puissance, de cette couleur locale; donnez à vos yeux sans arrière-pensée, sans préjugé étroit, donnez-leur la fête de ces puissants tableaux intelligemment contemplés. N'exigez pas que le peintre possède à la fois toutes les qualités que vingt peintres ensemble n'ont pas toujours possédées; pardonnez-lui quelques négligences dans l'exécution de tant de dessins, quelques sujets mal choisis, quelques graves et inexplicables lacunes; pardonnez-lui surtout ce que des chrétiens auront le plus de peine à lui pardonner, cette hostilité naturelle de son talent contre la tradition et contre le symbolisme. Devons-nous ajouter ici que nous donnons nous-même l'exemple de cette largeur de jugement? Personne n'est plus attaché que nous à l'école de Dusseldorf, et le seul nom d'Overbeck nous fait battre le cœur; le symbolisme, à nos yeux, est la vie de la peinture chrétienne, et même, pour qu'un peintre soit chrétiennement parfait, il faut, suivant nous, qu'il soit un véritable mystique, que son âme ait des ailes comme celle de sainte Thérèse, qu'elle soit consumée d'amour comme celle de saint François Xavier. Mais enfin le Beau est partout le Beau; il existe dans l'ordre naturel comme dans l'ordre surnaturel. Et c'est pourquoi nous admirons la Bible de Gustave Doré et souhaitons de la faire admirer.

Nous ne saurions, d'ailleurs, mettre la dernière main à ces quelques pages sans reporter encore notre pensée sur l'auteur de ces puissantes compositions où plus d'une fois il s'est trouvé face à face avec la divine figure de Jésus-Christ. Les grands artistes chrétiens, avant de reproduire cette auguste physionomie de notre Maître, avaient coutume de se mettre à genoux et de faire une ardente prière. Nous n'avons pas mission pour pénétrer dans la conscience de Gustave Doré. Mais, s'il ne s'est pas mis à genoux devant son divin Modèle avant de le peindre, il lui reste la ressource de se mettre à genoux devant lui après l'avoir peint. Il l'a fait, ou le fera. Il attachera à son chevet ce *Christ insulté* qui est la plus belle page de son livre, et, un jour ou l'autre, lui criera du plus profond de son cœur : *Ecce venio, ecce curro ad te quem amavi, quem pinxi, in quem credidi!*

MGR PLANTIER

MONSEIGNEUR PLANTIER [1]

I

En 1841, un prêtre à la parole brillante, à la science solide, qui devait, dans la chaire de Notre-Dame, empêcher aisément cet auditoire d'élite de s'apercevoir un jour d'une absence momentanée du P. Lacordaire ; un jeune professeur, plein d'imagination et de zèle, eut la hardiesse de choisir la littérature biblique pour le sujet de ses Conférences à une Faculté de théologie. C'était de la hardiesse : nous ne saurions retirer ce mot. Dans une Préface datée de juillet 1842, l'abbé Plantier croyait en effet nécessaire de donner à ses lecteurs de véritables explications sur la témérité d'un tel dessein : « Il est un travail qu'on n'a pas encore entrepris sur les poètes bibliques : nul auteur n'a tenté pour eux ce que Laharpe a fait au siècle dernier pour les grandes muses de la Grèce et de l'Italie. » Et l'auteur des *Études bibliques* ajoutait qu'il s'était surtout proposé de tracer « dans une même suite de tableaux, les portraits littéraires de tous les écrivains sacrés. » Hâtons-nous de déclarer que cette audace généreuse fut couronnée de succès. Les *Études bibliques* sont un beau livre, plein de feu, de nombre, de mesure. On y sent les ardeurs de l'éloquence plus encore que les froideurs calculées de la parole écrite : ce sont là des discours, et non pas des chapitres. Peu de discours sont plus réguliers dans leurs exordes, dans

(1) *Études littéraires sur les poètes bibliques.*

leur agencement intime, dans leurs péroraisons ; peu de conférences sont plus éloquentes, et nous ne doutons pas que, dans l'auditoire privilégié appelé à les entendre, on n'ait senti, à plus d'une reprise, les frémissements d'un enthousiasme difficile à contenir.

Les *Études bibliques* de l'abbé Plantier furent à la philologie et à la littérature sacrées ce que les Conférences du P. Lacordaire étaient, en ce même temps, à la philosophie et à la théologie catholiques. Il est un style épiscopal : Mgr Plantier en posséda plus tard toutes les magnificences, et elles éclatent dans ses Lettres pastorales qui sont l'œuvre de sa maturité. Je conçois, en lisant ses *Études bibliques*, toutes les espérances qu'ont réalisées ses Mandements ; j'éprouve la joie, en lisant ses Mandements, de voir réalisées toutes les espérances qu'avaient fait naître ses *Études bibliques*.

II

Telles qu'elles sont, les *Études littéraires sur les poètes bibliques* demeurent l'un des manuels les plus complets et les plus originaux, l'une des plus éloquentes encyclopédies de la littérature sacrée. Nous avons singulièrement besoin de tels livres.

Constitué comme il l'est, depuis bientôt trois siècles, l'enseignement des lettres n'a pas laissé de place à la première, à la plus riche, à la plus belle de toutes les littératures. On a laissé la Bible à la porte de nos collèges ; on ne l'a pas jugée digne d'entrer dans l'auguste classe qui s'appelle « la Rhétorique. » On a supposé que la lecture de ce Livre des livres était ennuyeuse, était dangereuse : on a fait expliquer les *Métamorphoses* d'Ovide à ceux qu'on éloignait de la *Genèse* et des *Psaumes*. On a jugé que des cœurs de quinze ans, des intelligences de quinze ans, éprouveraient une volupté vive à savourer les aventures d'un Énée et d'un Achille qui ne nous sont rien et ne nous seront jamais rien; mais qu'elles éprouveraient un insurmontable ennui à se promener sous les beaux ombrages de l'Éden, à converser avec les patriarches, à parcourir l'Orient avec eux, à vivre dans cette riche lumière en écoutant la voix de notre grand Dieu, tout près d'Abraham, de Jacob et d'Isaac qui sont nos vrais pères, tout près de Moïse qui est le législateur de notre race, tout près de David qui en est le poète. C'est une grave erreur et qui a eu de graves résultats. Il importe que nos fils soient aujourd'hui réconciliés avec l'Orient, réconciliés avec la Bible. Il importe que, sur dix mois, trois mois soient consacrés, pendant la classe de rhétorique, à la seule étude de cette incomparable littérature ; il importe que les programmes soient retravaillés en ce sens. Les *Études bibliques* de Mgr Plantier vont hâter cette admirable et nécessaire réhabilitation.

Mais, on le comprend, ces *Études* ne sont pas écrites d'après un programme étroitement déterminé ; elles ne sont pas appropriées à un enseignement élémentaire. Ce sera le livre du maître : ce ne sera pas immédiatement le livre des élèves. Ne serait-il pas temps d'écrire ce Manuel si longtemps espéré, en le mettant soigneusement au courant de toutes les découvertes de la science, en se servant de Lowth et de Herder, sans cesser un instant de demeurer fidèle à toute la doctrine de l'évêque de Nîmes.

C'est le plan de ce livre que nous voudrions donner tout à l'heure. Il n'est pas sans nous avoir coûté un quelque travail.

III

Six conférences pourraient suffire à ce Cours élémentaire de littérature sacrée.

La première serait tout entière consacrée à d'indispensables généralités. On y définirait clairement la littérature ou l'art, puis la parole, et enfin le style. On y établirait que l'Art est l'expression sensible du Beau, et que l'art de la parole soit écrite, soit parlée, n'est pas essentiellement différent de celui de la peinture ou de celui de la musique. Tous ces arts ont également besoin, pour se produire, d'un élément immatériel qui est notre intelligence, notre raison, notre pensée, et de certains éléments matériels, tels que les sons, les couleurs ou le marbre. Quant à la Parole, nous montrerions son origine toute divine, et qu'elle est née, par un beau présent de Dieu, sur les lèvres glorieuses et pures du premier homme, et que Dieu a « causé » avec l'homme, et qu'il a été son professeur de parole comme son professeur de vérité et de morale. Nous ferions rapidement l'histoire de la parole écrite, ou plutôt de l'écriture. Enfin nous emprunterions la définition du Style à un grand écrivain de nos jours, et nous proclamerions avec lui que « c'est l'explosion de la nature intime d'un être. » Cette définition est d'Ernest Hello : elle mériterait d'être plus connue (1).

La seconde de nos Conférences serait divisée en trois parties qui auraient pour titre : *La Bible et l'inspiration biblique.* — *La langue biblique.* — *La poésie biblique.* Il n'est pas utile de s'arrêter ici aux deux premiers points : il est fort

---

(1) V. sur ces questions les *Études bibliques* de Mgr Plantier, Conférences XXXIV et XXXV.

délicat, d'ailleurs, de préciser les limites exactes de l'inspira-
tiou des saints livres. C'est dans cette question difficile qu'il
importe de ne rien enlever à Dieu, tout en laissant quelque
rôle à l'homme. On peut dire en général que l'inspiration
atteint le fond des Écritures, et que la forme varie librement
selon les écrivains, selon leur origine, selon leur temps. Après
avoir scientifiquement établi les différences qui séparent la
famille des langues sémitiques et celle des langues indo-euro-
péennes, on arrivera à exposer rapidement les règles de la
versification de David et des prophètes. Car cette versification
existe : elle a ses règles, qui aujourd'hui sont nettement
déterminées. On connaît maintenant dans leurs plus intimes
détails les lois du parallélisme ; on sait que chaque verset des
psaumes se divise en deux demi-versets qui ont le même
nombre de syllabes, les mêmes pauses, et dont le second
répète, contredit ou continue les idées mêmes du premier.
De là trois espèces de parallélisme : *synonymique, antithétique*
et *continu* (1). Nous avons eu lieu d'en parler ailleurs plus
longuement.

Dans la troisième Conférence, on entrerait *in medias res*,
et l'on étudierait ces livres historiques de la Bible auxquels
Mgr Plantier regrette vivement de n'avoir pu consacrer
assez de discours, assez de temps. Toute l'histoire du peuple
de Dieu peut se diviser en trois grandes périodes, suivant les
missions que Dieu lui a successivement données. Jusqu'à
Moïse, jusqu'à son établissement dans la Terre sainte, il a *préservé* contre mille ennnemis les grandes vérités universellement
menacées ; depuis Moïse jusqu'à David, il les a soigneusement
conservées dans son sein ; depuis David jusqu'à Jésus-Christ,
il les a merveilleusement *propagées* dans le monde entier ;

(1) On se servira utilement pour cette seconde conférence des chapitres de
Mgr Plantier, I-V, XXXII, XXXIV.

il les a propagées par ses victoires, par ses conquêtes, mais bien plus encore par ses défaites ; il a promené la Vérité parmi tous les peuples de l'antiquité dont il a été le maître d'école et le professeur de théologie, en même temps que l'adorateur et le pontife. « Période de préservation; période de conservation; période de propagation; » nous aurions à suivre ces trois nobles étapes de la marche de l'humanité croyante avant Jésus-Christ; et c'est dans cet ordre que nous ferions une analyse complète de tous les livres historiques de l'Ancien Testament. Nous résumerions souvent la Bible, mais plus souvent encore nous la lirions, et nous envelopperions nos auditeurs dans la lumière éblouissante du saint livre (1).

Les livres sapientiaux seraient l'objet de la quatrième Conférence. On y démontrerait, textes en main, qu'ils ont été, qu'ils sont encore la règle de la foi et des mœurs, premièrement pour tous les individus, secondement pour toutes les nations, et en troisième lieu pour l'humanité tout entière, dont ils résument les aspirations, dont ils dirigent la marche, dont ils illuminent le chemin, dont ils hâtent le progrès (2).

Il est temps d'en venir aux livres prophétiques, parmi lesquels nous classerions les Psaumes. Une division toute naturelle s'offre ici à nos intelligences et partage bien cette cinquième et avant-dernière conférence. On étudiera la prophétie en elle-même et les prophètes dans leur vie, dans leurs écoles, dans leurs monastères, s'il est permis de parler ainsi. Puis, les prophéties se sépareront à nos yeux en deux grandes familles, les prophéties de châtiment et les prophéties de bénédiction, les prophéties heureuses et les prophéties terribles. Nous résumerons les unes comme les autres ; nous frapperons l'oreille de nos auditeurs avec les formidables

(1) Consulter les *Études bibliques*, conférences VI-X et XXVIII-XXXVI.
(2) *Études bibliques*, X-XIV.

retentissements de la voix de Jérémie, d'Isaïe et d'Ezéchiel ; nous ferons résonner les foudres épouvantables, nous ferons luire les éclairs effrayants de Daniel et de David en courroux ; puis, pour rassurer les esprits terrifiés, nous ouvrirons ces mêmes livres aux pages qui sont tout de miel, nous lirons l'incomparable série des prophéties messianiques depuis la promesse de Dieu au pied de l'arbre de la chute jusqu'à la voix de Jean-Baptiste criant : *Ecce Agnus Dei, ecce qui tollit peccata mundi* (1)....

Il faut conclure, et nous conclurons dans une sixième étude, dans un dernier discours (2). Nous ferons voir que toute beauté, toute bonté et toute vérité se trouvent dans la Bible, et que les morceaux épars de vérité, de beauté et de bonté qu'on trouve au milieu des peuples enténébrés de l'antiquité, sont des rayons qu'il faut pieusement rapporter à ce soleil de la sainte Parole, à ce foyer central de toute lumière et de toute chaleur. Deux propositions, tour à tour démontrées, formeront la division et la matière de ce dernier travail. En voici les titres

(1) *Études bibliques*, XV-XXVII. Mgr Plantier a étudié les Prophéties plus complètement que les autres écrivains sacrés.

(2) Voici, résumé en quelques lignes, tout le plan que nous venons de développer :

Première Leçon. 1° L'Art; 2° la Parole; 3° le Style.

Seconde Leçon. 1° La Bible et l'inspiration biblique; 2° la Langue biblique; 3° la Versification biblique.

Troisième Leçon. *Les livres historiques :* 1° Le peuple juif considéré comme ayant *préservé*; 2° comme ayant *conservé*; 3° comme ayant *propagé* la Vérité dans le monde ancien.

Quatrième Leçon. *Les livres sapientiaux :* Ils sont la règle de la foi et des mœurs : 1° pour les individus; 2° pour les nations; 3° pour la société humaine tout entière.

Cinquième Leçon. *Les livres prophétiques :* 1° Les Prophéties en elles-mêmes; 2° Prophéties de châtiment; 3° Prophéties de bénédiction.

Sixième et dernière Leçon. 1° Les révélations bibliques ont été répandues partout; 2° Elles ont partout été défigurées; 3° Résumé et conclusion.

Nous avons indiqué avec soin les chapitres des *Études bibliques* qui se rapportent à chacune de ces six leçons.

clairement formulés : *Les Révélations bibliques se sont répandues partout.* — *Elles ont été partout corrompues et défigurées.* Il ne nous restera plus, après cette démonstration scientifique, qu'à saluer la Bible d'un dernier cri de reconnaissance et d'amour, et à remercier Dieu de nous avoir fait naître au sein d'une nation qui est fille de la Bible, et par conséquent fille de la lumière.

Nous aurons cependant un dernier devoir à remplir : c'est de proclamer que nous n'aurions aucunement été capable de concevoir seulement ce plan d'un *Cours élémentaire de littérature sacrée*, si nous n'avions pas eu l'heureuse fortune de rencontrer des livres aussi érudits, aussi éloquents, aussi complets que les *Études bibliques* de Mgr Plantier.

LE FUSILIER KUTSCHKE [1]

Nous avons sous les yeux un document dont l'intérêt n'échappera à personne. Ce document n'est pas français : loin de là. Et c'est véritablement une consolation pour nous de signaler à nos lecteurs un monument insigne de vantardise et de pédantisme qui est dû à nos vainqueurs.

La Prusse, ou, pour mieux parler, l'Allemagne possède un grand nombre d'anciens Chants populaires où éclatent un sincère enthousiasme, une foi vive, un patriotisme ardent. Nous les connaissons, et n'avons pas lieu de cacher l'admiration qu'ils nous inspirent. Ils n'ont pas suffi aux Prussiens de nos jours, qui ont voulu se donner le luxe de nouveaux *lieder*. Pendant la guerre de 1870, des poètes de vingtième ordre se sont laissés aller à leur haine contre la France, et ont épanché leurs colères en des couplets d'une banalité vraiment désespérante. Mais parmi ces Tyrtées, aucun n'a plus facilement conquis la popularité que le fusilier Kutschke.

Je vais parler du fusilier Kutschke.

I

C'était à la fin de juillet 1870 : deux nations, deux races, se jetaient l'une sur l'autre. Il ne paraît guère que ces commencements de grande lutte aient été favorables à la poésie.

(1) *Das Kutschkelied*. Leipzig, 1871.

Alors le fusilier Kutschke se sentit soudainement inspiré, et lança contre la France cinq couplets qui sont aujourd'hui chantés dans toute l'Allemagne et dont nous allons citer la traduction d'après l'opuscule allemand. C'est ainsi que chantèrent autrefois tous les grands poètes des nations héroïques. Du premier coup le « loyal fusilier » est allé se placer entre David et Pindare ; du premier coup il a dépassé les Pythiques et les Psaumes. Écoutez, écoutez :

> Qui rôde dans le buisson ?
> Je crois que c'est Napoléon.
> Que veut-il donc ? Que fait-il là ?
> Cam'rades, chassez-le, hourra !
>
> Pantalons rouges dans les champs
> Ont accouru avec élan :
> Que cherchent-ils dans nos chemins ?
> En avant ! Rossons les coquins.
>
> Avec mitrailleuse et canon,
> C'est un bruit infernal qu'ils font.
> Pourquoi font-ils ce grand fracas ?
> A bas les vils marauds ! A bas !
>
> Napoléon, Napoléon,
> Maintenant tu es en guignon.
> Dieu nous aide, tu es capot :
> L'Empire est un méchant tripot.
>
> Leur tic et leurs fanfaronnades
> A jamais sont anéantis.
> Nous paierons les rodomontades
> De la grrrand'nation à Paris (1).

De telles beautés poétiques n'ont pas besoin de commentaires, n'est-il pas vrai ? Quelle finesse ! quelle délicatesse ! quelle pointe d'esprit ! C'est frais, c'est parfumé, c'est lumineux. Mais la grâce domine.

---

(1) Dans le chant original allemand, les mots *grrande nation* sont en français. Merci, bon fusilier, merci !

II

Que de pareilles platitudes soient sorties du crâne d'un fusilier, qu'elles aient trouvé de l'écho dans les casernes et dans les camps, c'est fort bien. Hélas ! nous en avons entendu bien d'autres en français, voire en parisien. Donc, j'absous Kutschke, surnommé le nouveau Pindare.

Mais je n'absous pas le succès universel qu'a conquis cette ineptie et la complaisance avec laquelle les savants d'outre-Rhin l'ont accueillie, l'ont admirée, l'ont vulgarisée.

Là, devant-moi, est la SEPTIÈME ÉDITION « augmentée » du *Kutschkelied* traduit en toutes les langues de l'univers connues, ANCIENNES ET MODERNES. Tous les universitaires de là-bas se sont attelés à cette besogne. Les hébraïsants, les arabisants, les romanistes, les indianistes, les latinistes, les hellénistes sont accourus de toutes parts pous avoir la gloire de traduire le « loyal fusilier. » Il y a eu des brigues et des intrigues, des jalousies, des haines (et des haines de savants !!). Mais le travail a rapidement marché, et la librairie Brokhaüs, de Leipzig, a pu, dès le mois de janvier 1871, offrir ce chef-d'œuvre à l'admiration de toutes les races, de tous les peuples.

En vérité, s'il y a quelque chose qui nous dédommage de voir nos ennemis si puissants, c'est , en cette occasion du moins, de les trouver si... naïfs. Nous aurions certes pu composer d'aussi méchants vers, mais nous nous serions bien gardé de les traduire en tant de langues. Quelquefois encore nous avons assez d'esprit pour nous taire.

III

Nos lecteurs ne s'attendent pas sans doute à ce que j'analyse ce petit volume. Et pourtant, il est plein de choses désopilantes.

La traduction grecque vient la première. C'est encore un trait malin qui nous est jeté, et l'éditeur ne se retient pas de nous apprendre que *son* fusilier (a-t-il vraiment existé, ce fameux fusilier?) est comparable aux poètes grecs qui ont chanté la prise de Troie. Hum !

D'où cette conclusion que nous pouvons tirer :

Kutschke = Homère

C'est raide. Mais passons, et savourons ce grec. Les mitrailleuses y sont appelées (à l'ablatif) : μιτραλλικαῖς. Ce qui néanmoins a donné le plus de peine aux traducteurs, ce sont ces terribles « pantalons rouges. » L'helléniste s'en est tiré avec un délicieux ρεδωτικαί : c'est ρεδωτικαί, je pense, qu'il faudrait lire ; mais peu importe ; ρεδωτικαί vaut tout un poème. Ah ! pour l'amour du grec, fusilier, permettez que... je passe au latin.

Le latin est orné de variantes innombrables qui toutes sont charmantes, et le second vers de l'avant-dernière strophe n'en offre pas moins de neuf. Quelle richesse, quelle abondance ! Au lieu de : *Oblique fert curriculum*, qui est d'une délicate antiquité, vous pouvez lire : *Jam imminet exitium*, qui est vigoureux ; *non fugies interitum*, qui est vif ; *subvertis tibi solium*, qui est imagé ; *res tua, heu ! it perditum*, qui est ému ; ou bien : *Jam transit solstitium*, qui est érudit ; ou bien : *Non scandis Capitolium*, qui est méchant et fin ; ou bien : *Cursum tenet navigium*, qui révèle les tendances de la Prusse à devenir une grande puissance maritime. Mais, à ce point de vue, je préférerai : *In vada fert navigium*. L'original, d'ailleurs, est bien supérieur à tout cela, et le fusilier Kutschke domine tous ses traducteurs de toute la hauteur de son incontestable talent : « Maintenant tu es en guignon ! » C'est simple, mais c'est beau.

Le latiniste, lui, a été fort heureux avec les pantalons rouges : *Braccis rubet exercitus*. Une armée qui est rouge de braies ! En quels termes galants ces choses-là sont mises ! Ç'est décidément bien supérieur à l'espagnol : *Rojo-calzada gente*; à l'italien : *Gran quantita di brache rosse*; au grec : στρατιωται πορφύρομιτραι; au provençal : *Brajas rojas*, et au vieux français : *Braies roges*. Puisque j'en suis au vieux français, je dois constater, avec une satisfaction mal déguisée, que cette traduction, venue de Strasbourg, est absolument détestable, et qu'elle renferme souvent plus de fautes que de mots. Ce n'est pas Conrad Hoffmann qui eût accepté une telle tâche, et l'eût si mal remplie. Je regrette que Karl Bartsch, un vrai savant, soit entré dans cette ligue, qui n'a rien de poétique ni d'érudit. Son provençal, d'ailleurs, sera prochainement soumis à une analyse que je ne veux pas devancer, et le savant professeur ne gagnera rien à avoir gratuitement offensé une nation à laquelle il doit quelque sympathie, à défaut de reconnaissance. Mais que voulez-vous? Cette poésie de Kutschke est si entraînante !

Nos imprimeries ne sont pas assez riches en caractères étrangers pour que je cite ici le texte des autres traductions (auxquelles d'ailleurs je n'entends rien). Je suis donc obligé de passer sous silence le *Kutschkelied* en hébreu, en arabe, en sanscrit, etc., etc., etc. Si ces traductions ne valent pas mieux que l'interprétation en vieux roman, on a fait là une froide plaisanterie et une triste besogne. On a ravivé la haine sans faire avancer la science d'un millionième de pas. Beau résultat, en vérité, et qui est de nature à satisfaire des esprits scientifiques !

Le plus beau, le fin, le piquant de la chose, est une traduction en caractères cunéiformes et une autre en hiéroglyphes. Celle-ci est digne de servir d'illustration à quelque *libretto* qu'Offenbach mettra en musique. C'est une bouffonnerie épaisse, granitique. L'empereur Napoléon y est représenté entre un buisson (le fameux buisson de Kutschke) et une mitrailleuse ainsi figurée :

Plus loin sont des soldats prussiens avec le casque traditionnel et le fusil à aiguille très égyptologiquement rendu. Quant à la « grande nation, » je ne veux pas dire sous quels traits elle est montrée : ils ne sont vraiment pas à notre avantage. J'y trouve cependant un détail qui me touche : l'égyptologue qui s'est livré à cette mauvaise plaisanterie a mis des larmes dans les yeux de la France. Il a eu raison. Mais, qu'il y prenne garde, le jour où couleront véritablement les larmes de la France, le jour où elle se sera tournée vers la Miséricorde éternelle, où elle aura prié, où elle aura désarmé Dieu, ce jour-là la poésie du fusilier Kutschke n'aura plus de raison d'être. La parole sera au fusilier Dumanet.

Mais nous nous engageons solennellement à ne pas traduire Dumanet en hiéroglyphes, ni en hébreu, ni en grec, ni en provençal, ni même en allemand, ni en aucun dialecte connu ou inconnu. C'est ainsi que se venge la « grande nation. »

MGR DE LA BOUILLERIE

MGR DE LA BOUILLERIE [1]

I

Le chrétien qui se promène au milieu des merveilles de la nature ne subit pas les pensées vulgaires des autres hommes; il s'élève infiniment au-dessus. Prenez un pâtre, un paysan chrétien : à la vue de cette magnificence des trois règnes, il a des conceptions, il a des paroles intérieures bien autrement fortes et nobles que les *Méditations* de Lamartine ou les *Géorgiques* de Virgile. Sa tête se relève, ses yeux parcourent l'horizon avec une modestie qui semble dire : « Je suis le roi de tout cet univers visible, et je rapporte à Dieu ma royauté.»

Mais parmi les considérations du chrétien, il en est trois qui méritent surtout d'être mises en lumière : « La vue du monde matériel, se dit-il, est une preuve évidente de l'existence de Dieu, une manifestation non moins évidente de sa gloire. — Avant le péché originel, il y avait entre l'homme et les autres êtres de la nature une concorde que le péché a détruite, et que les saints rétablissent. — Tous les êtres visibles, toutes les opérations matérielles sont le symbole de quelque opération spirituelle, de quelque être invisible. » Avec de telles pensées, la promenade du chrétien ne peut jamais ressembler à la promenade d'un autre homme. A la vue des beautés et des harmonies naturelles, il a sans cesse sur les lèvres le *Cœli enarrant gloriam Dei.* A la vue des

---

(1) *Étude sur le Symbolisme de la nature.*

oiseaux, il se rappelle la légende de saint François d'Assise et tant d'autres légendes où l'on voit les Saints commander familièrement aux animaux les plus sauvages. Enfin, ses yeux ne peuvent tomber sur aucun objet terrestre sans qu'il en exprime aussitôt le symbole : la lumière dont il est inondé lui représente la lumière divine ; le vent qui fait flotter ses cheveux, c'est le souffle de l'Esprit ; la fumée, c'est la vanité mondaine ; la neige, c'est la virginité céleste. Je ne sais quel naturaliste a dit qu'en prenant entre ses mains une seule touffe de gazon, on y pouvait admirer un million de petites merveilles : le chrétien a le privilège d'y découvrir une foule de merveilleux symboles. Pas une molécule de notre terre, pas un atome de la création matérielle n'est sans analogie avec l'ordre invisible et spirituel.

Nous entendons d'ici l'objection qui nous est adressée : « Le symbolisme, nous dit-on, est, en définitive, créé par l'imagination de l'homme, Il n'a de réalité que dans l'esprit qui le conçoit. » Nous affirmons, tout au contraire, que le symbolisme est constaté par l'homme, et non pas inventé par lui. La réalité du symbolisme est objective, et non pas subjective. Le symbolisme enfin, que l'on peut définir « l'analogie entre les deux mondes spirituel et visible » existe en vertu d'une loi de Dieu qui a décrété cette analogie.

Dieu, sans doute, aurait pu régir les deux univers, invisible et matériel, par deux codes, par deux législations complétement distinctes. Il ne l'a pas voulu. Cette variété de moyens est une preuve de l'infirmité humaine, une attestation de notre impuissance : la simplicité, au contraire, est un des attributs de l'activité divine. Dieu donc a voulu gouverner ses deux créations par des lois, sinon semblables, du moins analogues : le symbolisme et la connaissance de ces analogies.

Oui, Dieu a établi qu'il y aurait dans l'ordre invisible une force, une faiblesse, un effort, un feu, une torpeur, une respiration, une nourriture, une marche, un silence, une agitation, une tranquillité spirituelles, comme il y a une force, une faiblesse, un effort, un feu, une torpeur, une respiration, une nourriture, une marche, un silence, une agitation, une tranquillité matérielles. Nous pourrions indéfiniment multiplier ces exemples.

Et il y a ici-bas une preuve magnifique, évidente, irrécusable de la vérité de ce grand fait : cette preuve, c'est le langage. Et c'est plus particulièrement ce que l'on est convenu d'appeler « le langage figuré. »

A l'aide de l'onomatopée, de l'imitation du bruit ou de l'effort, l'homme n'a pu nommer que les êtres ou les opérations corporelles. Mais quand il a eu à nommer Dieu, l'âme et les opérations de l'âme, qu'a-t-il fait, ce roi de la création ? Ce qu'il a fait? Il a comparé; il s'est demandé à quel être visible ressemblait le plus tel ou tel être invisible ; à quelle opération matérielle ressemblait le plus telle ou telle opération spirituelle. Il n'a pas eu de peine à répondre. Un coup d'œil rapide lui a permis de constater facilement les grandes analogies créées par Dieu entre les deux ordres de ses créatures. L'homme a exprimé sous une forme abrégée le résultat de cette comparaison. Et voilà le langage figuré.

« Mon âme immatérielle a de l'analogie avec ce qu'il y a de plus invisible, de plus impalpable, de plus céleste dans la création corporelle, avec l'air, avec le vent, avec le souffle. Je l'appellerai donc *souffle* ou *vent*, ψυχή, *spiritus*, *esprit*. »

Quand l'homme eut fait un millier de ces comparaisons, il se trouva qu'il avait tout nommé dans la création spirituelle.

Eh bien! ce sont ces mots du langage figuré, ces mots renfermant des images, ces mots constatant des analogies, qui sont l'attestation vivante de la réalité profonde du symbolisme. Bien plus, ces mots sont autant d'expressions nettes et claires de ces symbolismes de la nature. Nous ne pouvons pas parler deux minutes sans faire notre profession de foi à la réalité du symbolisme. Si nous prononçons le mot *âme*, c'est absolument comme si nous disions : « Le vent est le symbole de l'âme humaine. » Si nous prononçons le mot *vertu*, c'est absolument comme si nous ajoutions : « La force physique est le symbole de la puissance morale. » Encore une fois, tous les jours, à toutes les minutes, nous écrivons avec notre parole, nous écrivons involontairement un traité qui ressemble à cette belle *Étude sur le Symbolisme de la nature* dont nous allons maintenant nous occuper plus directement. Mais, avant d'en venir à cet excellent livre, il importait d'en expliquer le titre; il importait d'écrire en quelques lignes la théorie chrétienne du symbolisme. C'est ce que nous avons essayé de faire.

II

Mgr de Bouillerie s'est aperçu qu'il y avait encore de nos jours une tradition chrétienne qui n'avait pas été renouée; qui, depuis deux ou trois siècles, était universellement délaissée; à laquelle on ne pensait plus, ou dont on ne voulait plus; et cette tradition, c'était celle du symbolisme chrétien.

Tandis, en effet, que la vieille théologie était de nouveau assise sur le trône du royaume scientifique et entourée d'hommages unanimes; tandis que la liturgie, le droit canon, l'histoire ecclésiastique se réjouissaient d'une renaissance dont nous sommes encore les témoins, le symbolisme catholique restait dans l'oubli : on ne soupçonnait même pas son existence. L'illustre auteur des *Méditations sur l'Eucharistie*

est un des premiers parmi nous qui aient ramassé à terre le
flambeau presque éteint, qui l'aient rallumé de leur souffle,
qui l'aient fait passer, avec sa clarté joyeuse, entre les mains
de tous les chrétiens. Et c'en est fait : cette lumière n'aura
plus de déclin.

L'évêque de Carcassonne a eu, dans cette chaire du symbolisme catholique, de nobles et d'illustres prédécesseurs.
A vrai dire, tous les Pères de l'Église, tous les Docteurs, tous
les mystiques ont été des professeurs de symbolisme. L'esprit
patient d'un célèbre érudit (c'est de Dom Pitra que je parle)
a pris soin de réunir en un corps d'ouvrage la plupart de ces
textes incomparablement précieux. De cette lecture il résulte
que la science du symbolisme s'était de plus en plus perdue
dans le monde ancien à mesure qu'il s'éloignait des révélations
originelles, et que cette science a été soudainement reconstruite
dans le monde nouveau par l'intelligence mieux éclairée des
générations catholiques. Sans doute les anciens n'étaient pas
étrangers au symbolisme ; ils l'attestaient dans leur langage,
mais sans en avoir conscience. Entre la nature et leur esprit,
il y avait un voile épais : ce voile s'est déchiré en même temps
que celui du temple, au moment de la mort de Jésus-Christ.
Et l'homme alors a compris le symbolisme de la nature à peu
près comme il le comprenait sous les ombrages de l'Éden.

Cependant il y a eu des esprits d'élite qui ont possédé cette
science à un plus haut degré que les autres hommes et qui
l'ont enseignée à leurs frères : Mgr de la Bouillerie est de
la famille de ces esprits d'élite.

Son plan est d'une belle simplicité : il examine l'un après
l'autre les principaux objets de la nature minérale et du
règne végétal ; puis, dans un style imagé, lucide et puissant,
il énumère successivement tous les symboles qui sont contenus
en chacun de ces objets. Voici le lys, par exemple : en une suite

de strophes charmantes (car, bien qu'écrit en prose, ce livre est tout un poème) l'auteur du *Symbolisme de la nature* nous montre que le lys est le symbole de la béatitude céleste, de la virginité de Jésus-Christ lui-même, de l'âme des saints, et enfin de la Vierge Immaculée. Le ton n'est pas doctoral; on ne sent pas la science. Ce ne sont le plus souvent que des textes des Pères délicatement entrelacés; mais quelle aisance, quelle exactitude indépendante, quelle finesse dans ces aimables traductions! Entre la traduction et le texte original, il n'y a pas de ces discordances, de ces couleurs heurtées qui fatiguent, dans ces sortes d'ouvrages, la vue délicate des lecteurs. Tout est harmonieusement fondu et, dans ces cent petits tableaux, nous n'avons pas à relever un seul ton criard. Ce livre est écrit pour tous les fidèles : il convient surtout aux femmes. Il est temps qu'elles quittent, au sujet de la nature, cette sentimentalité maladive qui leur vient du dernier siècle ; il est temps qu'elles abandonnent l'amour du joli pour l'amour du beau. Au lieu de s'extasier devant de « gentilles » petites fleurs en pensant à l'effet qu'elles produiront dans leur coiffure, il serait à désirer que les chrétiennes se demandassent parfois quel est le sens chrétien de ces fleurs. Cette rose, Madame, que vous chiffonnez si agréablement, représente, sachez-le, de grandes et nobles choses auxquelles vous ne sauriez trop penser : elle représente le sang et les plaies de Jésus-Christ; elle représente le sang répandu de tous les martyrs ; elle représente la Vierge Marie, que vous devez imiter. Son parfum est le symbole de la bonne odeur qui s'exhale de la vertu des saints. Ses épines sont le symbole des douleurs humaines et du péché. Vous ne savez pas ces choses, apprenez-les. C'est pour vous, c'est pour tous vos frères et toutes vos sœurs qu'a été écrite cette *Étude sur le Symbolisme de la nature*, dont nous voudrions que la lecture devînt universellement populaire.

III

Nous n'avons qu'une critique à formuler sur ce livre à la fois profond et charmant, et cette critique ne saurait faire aucun tort à nos éloges. Le livre de Mgr de la Bouillerie n'est pas complet.

Dès que nous l'avons tenu entre les mains, nous l'avons ouvert avec précipitation ; nous en avons lu avidement l'Introduction et les notes. Nous avions hâte d'y trouver la mention du livre le plus complet qui ait jamais été écrit sur ces difficiles matières. Nous avons été attristé de ne point trouver cette mention, et nous nous persuadons que Mgr de la Bouillerie n'a pas eu recours au plus utile, au plus indispensable de tous ses auxiliaires, aux tomes II et III du *Spicilegium Solesmense*.

Ces tomes II et III, véritable chef-d'œuvre de l'érudition moderne, portent ce titre, dont le simple énoncé frappera l'esprit de Mgr de la Bouillerie : *In quibus veteres auctores de re symbolica referuntur et illustrantur*.

Prenant pour base la *Clef de saint Méliton*, et adoptant d'ailleurs le même plan que l'auteur des *Méditations sur l'Eucharistie*, dom Pitra a parcouru tous les êtres des trois règnes de la nature, s'est arrêté complaisamment devant chacun d'eux, et a cité à leur sujet tout ce que les Pères et les commentateurs de saint Méliton ont écrit de plus frappant et de plus original pendant mille ou quinze cents ans. On ne peut se faire une idée de la prodigieuse richesse de ces textes accumulés. Que de labeurs, que de veilles Mgr de la Bouillerie se serait épargnés s'il avait eu ces précieux volumes sans cesse ouverts sur sa table de travail ! Que de symboles nouveaux il eût découverts dans les livres des Pères, et mis, par ses belles traductions, à la portée de tous les fidèles ! Que de perles nouvelles il eût jetées sur le tissu déjà si riche de son livre !

Si le savant évêque de Carcassonne eût consulté le *De re Symbolica* de Dom Pitra, il eût ajouté quelques développements à presque tous les chapitres de son œuvre. Son premier chapitre, sur le ciel, est fort beau : notre auteur y établit que le ciel est le symbole de la splendeur divine, du ciel invisible, des saintes Écritures, des apôtres, des anges et des saints, de Jésus-Christ, de la béatitude éternelle, de l'Eucharistie enfin. Le *Spicilège* lui eût encore suggéré d'autres analogies, non moins sublimes. D'après Alain, le ciel est aussi le symbole de l'Esprit-Saint, de l'intelligence humaine, de la raison, et enfin de l'Église. Ce dernier symbole est magnifiquement développé par le *Docteur universel*. « Oui, dit-il (1), la sainte Église est un ciel : elle en a la hauteur, par sa vie et son commerce célestes ; elle en a la solidité, par la constance et la fermeté de sa foi ; elle en a la dilatation, car matériellement elle n'a pas de limites ici-bas, et spirituellement sa charité n'a pas de limites, aussi bien à l'égard de ses ennemis que de ses amis. Elle a, elle aussi, un soleil qui l'inonde de clartés : c'est le Soleil de justice, dont la splendeur lui est communiquée par Dieu et dont elle est tout illuminée ; outre son soleil, elle a aussi sa lune et ses innombrables étoiles, dont elle est en quelque sorte éblouie : c'est la vie des docteurs, ce sont les exemples des saints. L'Église est un ciel, parce qu'elle laisse bien loin au-dessous d'elle tout ce qui est terrestre, et s'attache fortement aux choses célestes par la foi, par l'espérance, par la charité. » Il n'est pas une seule page dans le *Spicilège* qui ne renferme d'aussi vives beautés.

Dans le chapitre qu'il a consacré au cèdre, Mgr de la Bouillerie a omis de développer les symboles de l'Église, de la Foi, de la Vierge, des Anges. Tous ces symboles sont com-

(1) *Spicilegium Solesmense*, II, p. 53, etc.

mentés dans le *De re Symbolica*, par saint Grégoire le Grand, Raban Maur, Pierre de Capoue, l'auteur des *Distinctiones monasticæ* et l'anonyme de Clairvaux.

Le vent n'exprime pas seulement la vanité humaine, l'erreur, les esprits bons et les mauvais, les âmes, les tentations, l'Esprit-Saint et la Grâce : il est encore le symbole du jugement dernier et des prédicateurs de la foi. C'est ce que Pierre de Capoue expose longuement dans un texte qui mérite d'être traduit.

Les éclairs ne sont pas seulement destinés à nous rappeler Satan précipité du ciel, le dernier jugement et le miracle, mais encore les vertus de Jésus et des saints, la splendeur de l'Évangile, la prédication des Apôtres...

Nous ne voulons point passer pour pédant, et nous nous arrêtons. Malgré ces lacunes, d'ailleurs, le livre de Mgr de la Bouillerie mérite et conquerra cette longue popularité que Dieu réserve aux beaux et aux bons livres ; il demeurera comme une des plus généreuses tentatives, comme une des entreprises les plus fécondes de notre temps. Cette œuvre aura de grands effets sur nos esprits et sur nos cœurs. On peut, dès aujourd'hui, lui appliquer ces mots de saint Grégoire le Grand : « Qu'est-ce qu'une parole qui tombe de la bouche des docteurs ? » Ce n'est en apparence qu'un vain son, « et cependant cette parole suffit pour produire dans les âmes la science des vérités divines, la pratique des vertus chrétiennes et l'éternelle félicité. »

OCTAVE FEUILLET

OCTAVE FEUILLET [1]

I

Octave Feuillet existe-t-il ?

C'est ce que nous nous sommes souvent demandé depuis bientôt dix ans. Comment croire, en effet, à l'existence, en pleine bohème des lettres, d'un littérateur rangé, économe, régulier, et qui, *proh pudor !* se plaît, dit-on, à habiter un coin obscur de la province ? Quoi ! un auteur de comédies « qui ont fait la gloire du Théâtre-Français et *même* du Vaudeville, » un homme qui a dû hanter la perfidie des coulisses et vivre dans la conversation journalière de nos dames de théâtre, cet homme étonnant serait en même temps une manière de provincial vulgairement caché durant de longs mois au fond de quelque Saint-Sauveur-le-Vicomte, « où il n'y a pas de théâtre, si ce n'est durant la foire, » et où l'idéal de la volupté est cette éternelle partie de piquet avec le curé, qu'il convient de gagner trois jours de la semaine et de perdre les trois autres jours ! Il y aurait donc une race de littérateurs demi-bohèmes, demi-rentiers, véritables Janus munis de deux faces, ayant sans cesse un visage béatement tourné vers les vapeurs du pot-au-feu, tandis qu'un sourire facile aux divinités de la rampe s'épanouit sur l'autre visage ? Non, non, nous ne pouvions

(1) Écrit en 1862.

ajouter foi à un phénomène aussi prodigieux, et nous avons longtemps considéré Octave Feuillet comme un mythe.

Et cependant, nous avons pris, tout récemment, des informations sérieuses qui nous forcent de reconnaître aujourd'hui l'existence de ce merveilleux homme de lettres, qui a une personnalité si singulièrement double, et dont l'intelligence, honnête par en haut, *formosa superne*, est quelquefois si païenne par en bas, *desinit in piscem*. C'est le portrait de cet esprit léger et sérieux, frivole et moral, chrétien par accident et essentiellement mondain; c'est ce portrait que nous voulons tracer.

II

M. Octave Feuillet est prudent. Il écrit peu. Il a pour sa réputation de petits soins, des attentions fines. Il la cultive comme une de ces fleurs rares qu'on expose rarement à la vivacité du jour. Une fois par an, on le voit sortir de chez lui, un précieux portefeuille sous le bras : et dans ce portefeuille il n'y a, d'ordinaire, que dix ou vingt pages. Et que de ratures dans ces pages! Les anciens corrigeaient leurs tablettes au minium : si M. Octave Feuillet écrivait comme eux sur la cire, ses tablettes seraient toutes rougies par ses corrections, *miniatæ*, disaient les Latins. Mais foin de ce pédantisme! Ne nous arrêtons pas aux dehors; allons au fond.

Certains critiques, pour juger un écrivain, se demandent tout d'abord comment il a traité dans ses livres les caractères de femmes. Le critique chrétien peut aussi commencer de la sorte : car il sait que la dignité d'un écrivain est en proportion directe avec le respect qu'il porte à la mère, à l'épouse, à la vierge. Qui ne respecte pas ces trois noblesses, ne respecte rien, et le chrétien a bientôt fait de le juger. L'auteur du *Village* n'a pas été cet insulteur. Mais il y a mille nuances, d'une délicatesse infinie, dans la peinture de nos jeunes filles ou de nos femmes. Les tableaux de Feuillet sont des pastels : des grains de poussière sur un tissu léger.

Il n'y a guère dans ses premières œuvres (ce sont les plus honnêtes) que trois types notables de jeunes filles : la petite Hélène dans l'*Ermitage*, Marthe la blonde dans *Dalila*, et enfin Mlle du Kerdic dans la *Fée*. Sauf peut-être quelques traits aimables dans le rôle de Marthe, aucune d'elles n'a le caractère qui nous plaît le plus chez une jeune fille, la candeur. Hélène et Mlle du Kerdic ont vécu beaucoup plus que leur âge : celle-ci peut aisément se déguiser en vieille ; elle joue ce rôle au naturel, et n'a guère besoin de dissimuler que son visage ; son âme est, sinon vieille, au moins fort mûre. Hélène est une raisonneuse ; Aurore du Kerdic, une raisonneuse. Que dire de Suzanne, dans *la Clef d'or*, de Suzanne qu'on peut considérer comme une jeune fille ? Quelles âmes belliqueuses ! Quels entendements amoureux du syllogisme ! Quelles petites Romaines !

Quand ces jeunes filles seront mariées, elles raisonneront encore, elles raisonneront toujours. Voyez Clotilde dans *le Cheveu blanc*, la Marquise dans *le Pour et le Contre*. Ces jeunes filles ou ces jeunes femmes entrent dans un raisonnement comme nos chrétiennes dans une église : elles n'en sortent pas aisément. Les fiancés et les maris n'ont qu'à bien se tenir et à se remettre vivement à l'étude négligée de la logique.

D'ailleurs, ces charmantes raisonneuses ne sont pas toujours sans raisonner juste, et nous applaudissons volontiers au triomphe de leur éloquence. Mais combien nous préférons une jeune fille simplement chrétienne, qui sait se taire, coudre et prier, qui est humble et surtout candide. O candeur, ô naïveté, nous ne pouvons nous passer de vos parfums ! Les jeunes filles de M. Feuillet sont des veuves ; nos jeunes filles sont des vierges. Les jeunes filles de M. Feuillet, c'est la maturité du fruit ; les nôtres, c'est le charme de la fleur.

Si nous parcourons d'un œil attentif la galerie plus riche où notre *pastelliste* a suspendu ses portraits de femmes, nous y distinguons facilement trois groupes : les chrétiennes, les demi-chrétiennes, les païennes. Hélas ! les chrétiennes n'abondent point. Toutes les héroïnes de M. Feuillet lui ressemblent : elles ont d'excellentes intentions, mais ont oublié leur catéchisme. Cependant, en y regardant bien, nous découvrons deux femmes, dans ce répertoire marivaudesque, qui peuvent passer, à des yeux peu exigeants, pour de véritables chrétiennes. Nous parlons de Mme d'Hermel, dans *la Partie de dames*, et surtout de Mme Dupuis, dans le *Village*. Il faut remercier sincèrement M. Feuillet de cette dernière « création » qui, sans qu'il s'en doute, est la plus courageuse de toutes les siennes. Il a osé mettre sur la scène une femme raisonnable (et point raisonneuse), qui va bravement, soir et matin, s'agenouiller devant la porte du tabernacle, devant cette petite porte que l'Amour entr'ouvre tous les jours pour descendre les degrés de l'autel et s'abaisser jusqu'à nos lèvres. Nous ne savons pas si l'on entend réellement au théâtre cette petite cloche de l'*Angelus* que le texte de Feuillet mentionne fort clairement : ce serait une affreuse et ridicule profanation. Concevez-vous ce son retentissant dans les coulisses, écouté vous savez par qui ; ce son que l'Église a inventé pour crier au monde entier : « O monde, réjouis-toi, le Verbe s'est fait chair ! » Mais si l'*Angelus* est scandaleux au théâtre, il plaît dans le livre de notre auteur, et Mme Dupuis nous plaît aussi : car c'est vraiment une femme forte, et qui n'en vient à raisonner qu'après trente ans d'une vie pieusement active. Elle sait accepter les plus grandes douleurs et le brisement de son cœur en ce rude moment où son mari va se séparer d'elle. Elle fléchit d'abord, mais se redresse ensuite et reste désormais inébranlable : voilà la chrétienne. Elle aime son mari prosaïquement, mais indissolublement ; son amour est plus grand encore que l'égoïsme de celui auquel elle a dévoué sa vie. Encore un coup, voilà la chrétienne, et c'est la première fois, croyons-nous, que ce type radieux apparaît dans le théâtre contemporain. Nous le disons à l'honneur de M. Feuillet.

Passons aux demi-chrétiennes. Nous avons tort de leur donner ce titre : ce sont des vingtièmes, des centièmes de chrétiennes. Leur foi n'est pas vive : pauvre petite lueur qui éclaire à peine les fâcheuses ténèbres de ces âmes. Elles n'ont d'attachement que pour les vertus de l'ordre naturel : c'est tout le mérite de Clotilde dans *le Cheveu blanc* ; de la Marquise, dans *le Pour et Contre* ; de Suzanne, dans *la Clef d'or*. La Baronne, de *l'Ermitage*, s'élève plus haut, et nous recommandons à nos lecteurs certaine tirade sur l'invocation des saints que l'auteur a placée sur les lèvres, d'ailleurs assez mondaines, de la mère d'Hélène. Ce sont les deux pages les plus chrétiennes que M. Feuillet ait jamais écrites, et la Baronne mériterait peut-être de passer dans la catégorie des chrétiennes, si nous ne lui trouvions au fond plus de superstition que de piété, plus d'imagination que de catéchisme.

Nous avons donné à entendre que toutes les jeunes filles de M. Feuillet ne sont que des veuves : tous ses hommes ne sont plus ou moins que des gens du monde, libertins, corrompus, ennuyés, blasés. Il n'a connu en général que la société des salons, des boudoirs et des eaux : il n'a même pas eu l'idée d'aborder la peinture des mœurs simples et des physionomies campagnardes. Une seule fois peut-être, dans *le Village*, il a esquissé des habitudes bourgeoises. Mais d'ordinaire, il n'a qu'un type, et c'est celui du monde élégant, de ce monde qui se fait parfumer par Guerlain et nourrir par Chevet. Voyez comme se ressemblent Fernand dans *le Cheveu blanc*, le Marquis dans *le Pour et le Contre*, Raoul dans *la Clef d'or*, Maurice dans *Rédemption*. C'est le même homme, ganté de frais, embaumé vif dans l'ambre et dans le musc, ayant bu tout le miel et arrivé à l'amertume de la coupe, ayant *vécu* enfin : car le monde se sert de cette antiphrase pour indiquer que l'âme est morte. Fernand, le Marquis, Raoul sont d'*aimables* Lovelaces, mais des Lovelaces qui bâillent, qui bâillent, qui bâillent. Et quels bâillements ! Ils sont désolés d'avoir l'âme aussi usée que le palais ; il n'y a plus ici-bas de cuisine ni d'amour qui leur semblent appétissants, et l'Orient pour eux n'a plus assez d'épices. Rien ne peut arracher de leurs épaules ce manteau de plomb qui s'appelle l'ennui. Si quelqu'un le pouvait, ce ne seraient pas leurs femmes. Elles en ont pourtant le désir, qui est honnête et louable. Mais elles ne prient point, et ne méritent pas de réussir.

On trouve chez Feuillet un type un peu différent : c'est celui de l'*artiste*, c'est celui de Roswein. Roswein est à Rouvière du *Village*, ou à Carnioli de *Dalila*, ce que la Marquise et Clotilde sont à Mᵐᵉ Dupuis : Rouvière est un bohème, Roswein n'est qu'un demi-bohème. C'est assez pour que Feuillet le livre à la sévérité de son public. La haine de la bohème est le trait caractéristique de son talent et de son cœur : il a si peur de tomber au milieu de ce vilain monde, qu'il s'empresse de le rendre horrible et repoussant. C'est peut-être moins pour en éloigner les autres que pour s'en éloigner lui-même.

III

La haine si légitime que M. Feuillet se fait gloire de professer pour la bohème, s'étend à la bohème des deux sexes, et c'est ici qu'il nous faut parler, malgré nos répugnances, des païennes de son théâtre. Est-ce bien une païenne que la Madeleine de *Rédemption?* Nous n'ignorons pas qu'elle finit par *croire en Dieu* après quatre actes d'athéisme en action. Elle est trop prompte à boire à la sourdine les petites fioles empoisonnées, elle cède trop volontiers à la lâcheté du suicide, pour avoir eu la force de résister durant toute sa jeunesse à tant de séductions que des âmes mieux trempées n'ont pas su toujours repousser assez tôt. Enfin, admettons la blancheur de son innocence et la durée de sa conversion, quoiqu'il soit assez étrange d'arriver dans les bras de Dieu, en s'appuyant ainsi sur les bras d'un jeune premier. Moyen aussi dangereux que singulier !

Nous n'avons pas à faire tant de façons avec la Léonora de *Dalila.* Voilà la vraie païenne, voilà le type dans toute sa franchise insolente, dans toute sa crudité cynique. M. Feuillet est parvenu à la faire détester : c'est fort bien, et il faut l'en féliciter. Mais il reste à savoir si l'exhibition de ces créatures « fatales » n'est pas elle-même un danger pour les mœurs. Quelques femmes au cœur sentimental et faible sortiront peut-être de la représentation de *Dalila* en méprisant profondément la perfidie de Léonora, mais en étant moins éloignées de l'imiter.

A côté de Léonora, M. Feuillet a du moins eu le courage de placer quelques chrétiennes ; mais à tous ses libertins, hélas ! il n'a pas opposé un chrétien, non, pas un seul. Nous espérons qu'il s'enhardira davantage et qu'enfin il osera présenter à

ses lecteurs ce noble type qui n'existe pas encore dans tout
notre théâtre. En attendant, nous constatons sa reculade dans
le passé et ne désespérons pas de son audace dans l'avenir.

Mais, nous dira-t-on, parmi les personnages de M. Feuillet,
n'y a-t-il pas plusieurs prêtres ? C'est vrai : il y en a plusieurs.
Même une fois, dans *Rédemption*, notre *proverbier* a mis
directement un prêtre sur la scène. Ce prêtre (c'est le curé de
Saint-Étienne, à Vienne) n'est pas immoral, nous devons
l'avouer, mais nous persistons à croire que l'auteur de ce drame
étrange ne possède pas les éléments les plus simples d'une
réponse à cette question : « Qu'est-ce qu'un prêtre ? » C'est tout
uniquement, à ses yeux, un officier de morale qu'il faut respecter, et qui n'est pas tout à fait étranger aux conversions
des grandes comédiennes. Mais, si l'on va au fond des choses,
toutes les paroles qu'il met dans la bouche de ses prêtres
ne seraient pas déplacées sur les lèvres d'un ministre anglican,
d'un méthodiste ou d'un quaker.

Pour tout dire, M. Feuillet n'a jamais eu la notion du
Sacrement : il ne voit pas le Sacrement dans le mariage, il ne
voit pas le Sacrement dans le prêtre ; il ne voit pas, de ses
pauvres yeux aveugles, cette onction divine qui est tombée
d'en haut sur le front et sur les mains du prêtre, cette goutte
d'huile, qui n'est qu'une goutte d'huile aux yeux des hommes
médiocres, mais qui éclate, qui resplendit comme un soleil aux
yeux du chrétien ; il ne voit pas, enfin, cette consécration
divine qui fait du prêtre un homme à part, un homme qui
n'est pas comme les autres, un homme qui appartient en quelque
sorte à une race particulière, chargée d'unir la terre et le
ciel dans les augustes mystères de l'autel. Voulez-vous voir
un prêtre ? regardez le curé d'Ars, et comparez-le à ces
pauvres curés de comédie, qui sont si vulgaires, et, passez-
nous le mot, si niais. Le prétendu curé de Saint-Étienne ne

prononce pas une seule fois à Madeleine le nom de Jésus-Christ. Prêtre ignorant, retire-toi : si tu lui avais prononcé le nom de l'Amour, si tu lui avais parlé de la croix du Calvaire et de cette autre Madeleine qui priait au pied de la croix, Madeleine, la comédienne Madeleine n'aurait pas si longtemps attendu pour se convertir, et cette conversion nous inspirerait plus de confiance. M. Octave Feuillet l'a dit en termes énergiques : « Toute femme qui n'est pas au Christ est à Vénus. » C'est vraiment un mot qui est digne d'un Père de l'Église, et je ne sais pourquoi je m'imagine l'avoir lu dans Tertullien.

Avec de telles idées, nous objecteront les mondains, vous transportez l'autel sur le théâtre. Loin, bien loin de nous une pensée aussi sacrilège! Nous éprouvons autant de tremblement respectueux devant l'autel où descend le corps de notre Dieu, que nous professons de mépris pour ce théâtre païen qu'on a appelé avant nous « l'autel de Satan. » Si nous avions un conseil à donner à M. Feuillet, ce serait plutôt de s'éloigner de cette source de tant de scandales, de cette école de tant de vices. Nous le supplierions volontiers d'écrire ses drames, et de ne point les jeter sur la scène. Je vois bien ce qu'il craint : il redoute avant tout d'être ennuyeux, et murmure inconsciemment les vers très odieux de Boileau : « De la foi du chrétien les mystères sensibles — D'ornements égayés ne sont pas susceptibles. » Il serait temps cependant de protester contre ces paradoxes bourgeois qui ont fait un si beau chemin dans le monde. Aux yeux du chrétien, Jésus-Christ est la source de toute joie, et c'est véritablement le blasphémer que de le trouver ennuyeux. Jésus-Christ n'endort pas les intelligences : celui qui les a créées est seul capable de les tenir noblement en éveil. Puis, nous avons toute une littérature qui proteste aussi, et qui proteste énergiquement contre ces axiomes à la Joseph Prudhomme. M. Feuillet ignore peut-être que certains catholiques ont été jusqu'à écrire des « proverbes » où ils ont aisément trouvé le secret d'être à la fois spirituels et chrétiens. L'auteur du *Village* n'a-t-il pas lu naguère, dans la *Revue des Deux Mondes*, certain proverbe intitulé : *La Samaritaine*. Nous le croyons de M. Louis Veuillot. Ce proverbier-là prononce à plus d'une reprise le nom de Jésus-Christ, et nous vous jurons qu'il n'ennuie pas.

IV

Nous avons jugé sévèrement les idées de M. Feuillet : le talent est incontestable.

Le dialogue lui convient mieux que le récit, et quoiqu'il y ait des beautés réelles dans *le Roman d'un jeune homme pauvre* et dans *la Petite Comtesse*, un de ses premiers et de ses plus dangereux ouvrages, les amis sincères de M. Feuillet lui conseilleront de ne pas trop renouveler ces tentatives, quel qu'en soit d'ailleurs le succès financier. Nous nous rappelons que *le Roman d'un jeune homme pauvre* parut à peu près en même temps que *la Maison de Pénarvan*, de Jules Sandeau. Quelle différence entre ces deux ouvrages! Le roman de Feuillet n'est pas *un* : il y a des brisures, des soudures, des tâtonnements, des bégaiements ; celui de Sandeau est d'une seule pièce ; il est vivant et *un*. C'est l'œuvre d'un maître dans la plénitude de sa force ; *le Roman d'un jeune homme pauvre* est le début d'un bon élève.

Mais Feuillet est un maître, lui aussi, quand il a la sagesse de rester sur son domaine. Plusieurs critiques cherchent à rendre incommensurable la distance qui le sépare d'Alfred de Musset. Cette distance nous paraît minime. On s'ébahit volontiers devant le dialogue fin et serré de Musset : certaines scènes de l'*Ermitage* et de l'*Urne* ne sont pas dénuées de ces qualités. Nous ne voyons pas, dans tout le théâtre de Musset, une scène plus achevée que celle de Roswein et de Léonora, dans la première partie de *Dalila*; le poète des *Nuits* n'a jamais eu le sentiment dramatique à un plus haut degré. Le dénouement terrible d'*Alix* en est une autre preuve. Les deux auteurs, du reste, se rapprochent en beaucoup de points : ils aiment également le boudoir plus que le salon, le salon plus que la rue, la rue plus que les champs.. Ce sont deux talents aristocratiques et musqués. Rien de populaire.

Les enthousiastes nous répondront qu'il y avait dans Musset un je ne sais quoi, de la hardiesse, de l'imagination, de la fantaisie, de la poésie, du romanesque, du romantique, et de la couleur locale à revendre. Mais surtout, ajoutent-ils, l'auteur *étincelant* de *Rolla* avait un sel, un mordant, des épices qui font tout à fait défaut au *vénérable* auteur de *Dalila*. En deux mots, Musset est, suivant ces critiques, d'une charmante immoralité: voyez *le Chandelier*; Feuillet est à peu près moral et presque ennuyeux: voyez *le Village*.

En vérité, Feuillet ne mérite pas de tels reproches. Il est souvent original. *La Clef d'or*, où le dialogue et le récit se mêlent si heureusement, nous semble le type d'un genre véritablement nouveau : le début en est si hardi qu'il peut passer pour *shakespearien*. On en peut dire autant de cette *Alix* qui donne la chair de poule. *Dalila* est une œuvre vraiment forte et large, et les chrétiens seuls y trouvent matière à critique. Mais les chrétiens, c'est quelque chose.

Reste donc le dernier, le plus sanglant reproche que des adversaires irréconciliables ne cessent d'adresser à Octave Feuillet. Il paraît décidément qu'il n'est pas assez immoral: c'est affreux. Nous savons à quoi nous en tenir sur cette singulière accusation. Sans doute Feuillet n'a pas légitimé et

encensé l'adultère, le·suicide, le duel ; il n'a pas consenti à
vilipender toutes les femmes ; il s'est souvenu de sa mère,
de sa femme, de ses sœurs ; il ne s'est pas mêlé enfin à
la meute de ces aboyeurs qui essaient de mordre les talons
de l'Église dans sa course superbe à travers le monde. Pour
tout dire en un mot, il n'est pas sans avoir une morale ; mais
nous avons vu tout à l'heure qu'elle n'est point des plus
austères. « La puissante coquetterie que celle de l'honnêteté ! »
a-t-il dit quelque part. Voilà, trop souvent, sa morale : il trouve
que le Bien est coquet !

V

Octave Feuillet a reçu sans doute une éducation chrétienne,
et ses œuvres ont souvent gardé l'empreinte de sa foi. Il y a
de belles traces de christianisme sur ce terrain léger et
mouvant. L'auteur de *Dalila* se contentera-t-il de ces vestiges ? C'est ce que l'avenir nous apprendra.

Sur les frontières de la Vérité et de l'Erreur habitent quelques âmes timides et faibles. Elles se tiennent le plus souvent
dans le domaine de l'Erreur ; quelquefois cependant, à la
faveur du crépuscule et de la nuit, elles franchissent ces limites
et risquent une excursion dans le noble royaume de la Vérité.
Mais cet air est trop fort pour leur faiblesse, et ces pauvres
âmes se réfugient bien vite dans la tiédeur de leur demeure
accoutumée. M. Feuillet est une de ces âmes. Voudra-t-il,
toute sa vie, errer, indécis, sur ces frontières du Bien et du
Mal, également repoussé par les méchants et par les justes ?
Il faut, il faut qu'il se décide.

L'estime sincère que nous avons pour lui, nous fait aujour-
d'hui un devoir de l'exhorter à faire un choix conforme à nos

désirs. Qu'il mette loyalement, sans arrière-pensée, la finesse de son pinceau, la délicatesse de sa plume, la bonté native de son âme, au service de la Vérité méconnue et persécutée. Qu'il ne s'obstine pas à ramper dans le naturalisme, et qu'il ait le courage de s'élever jusqu'au Surnaturel. Là-haut, il verra autrement les âmes et les peindra autrement. Il est vrai qu'il sera couvert de tous les mépris de la bohème; mais ces mépris sont une gloire que de grandes intelligences se réjouiront de partager avec lui.

Le Cardinal PITRA

LE CARDINAL PITRA [1]

Au milieu de cette belle réaction catholique qui éclata en France quelques années après la révolution de 1830, la restauration du grand Ordre bénédictin occupe une place importante. C'était l'heure où le P. Lacordaire jetait aux voûtes de Notre-Dame les premiers échos de sa brillante parole ; c'était l'heure où quelques étudiants chrétiens fondaient, dans l'obscurité d'une petite chambre au quartier latin, ces conférences de

[1] Dans l'étude qui va suivre, nous nous sommes particulièrement attaché à peindre la physionomie du théologien et de l'érudit : nous devons donner ici quelques détails biographiques qui compléteront ce portrait.

Le cardinal Pitra est né le 13 août 1813, à Champforgueil, près de Châlon-sur-Saône. Il commença ses études dans un pensionnat de Cuisery et les acheva fort brillamment au petit séminaire d'Autun. Il entra en 1830 au grand séminaire de la même ville, et fut ordonné prêtre le 17 décembre 1836. Depuis un an il était professeur d'histoire au petit séminaire : il passa alors dans la classe de rhétorique et occupa cette chaire jusqu'en 1841. La découverte à Autun d'inscriptions grecques du second siècle, mit en lumière les remarquables aptitudes du jeune prêtre. Ses premières œuvres furent publiées dans les *Annales de philosophie chrétienne* (1839-1843). Semblable, par ce côté comme par tant d'autres, aux anciens Bénédictins dont il devait plus tard continuer les grandes traditions, il n'avait pas voulu signer de son nom ces pages déjà remarquables. En 1841, il entra à l'abbaye de Solesmes où il fit sa profession moins de deux ans après. Depuis, il n'a cessé de traverser et de retraverser l'Europe en tous sens, visiteur obstiné de toutes les Bibliothèques, joyeux de tenir entre ses mains les plus précieux manuscrits, les lisant, les copiant, faisant mille découvertes. La République française eut l'honneur de distinguer le moine de Solesmes et le chargea, en 1849, d'une importante mission scientifique en Angleterre. Puis, en 1856, les Pères du Concile provincial de Périgueux le firent siéger au milieu d'eux comme représentant le monastère bénédictin de Ligugé, près Poitiers. Le Souverain Pontife, Pie IX, consacra enfin une gloire si laborieusement acquise et enleva cette lumière à la France pour en éclairer la capitale de la chrétienté. Attaché d'abord à la Congrégation de la Propagande, dans la Section créée pour l'étude des affaires d'Orient, Dom Pitra fut revêtu, le 16 mars 1863, de la pourpre romaine. On sait quelle sainte mort a couronné cette sainte vie.

Saint-Vincent-de-Paul, qui sont devenues la plus admirable
et la plus solide institution de ce temps-ci. Un je ne sais quel
frémissement de vie nouvelle animait tous les cœurs : les
catholiques avaient joyeusement conscience de la résurrection
de leur foi. Ils possédaient déjà d'illustres et courageux évêques,
un grand orateur dans la chaire, un autre à la tribune. Des
Écoles chrétiennes de peinture et d'architecture commençaient
à se former sans bruit autour de quelques artistes d'élite...
Heure bénie, heure joyeuse, où l'on savourait les primeurs
d'une véritable renaissance de l'Église, et où l'on ne connaissait
encore ni les âpretés ni les tristesses des jours que nous
traversons. C'est alors que l'on apprit soudain cette heureuse
nouvelle de la refloraison inespérée de l'ordre de Saint-Benoît.
A Solesmes, venaient de reparaître de vrais moines, en robe
et en froc : moines austères, intelligents, travailleurs, qui
bientôt allaient faire parler d'eux. Parmi ces successeurs de
Mabillon, les catholiques surent bientôt distinguer deux esprits
plus richement doués et qui devaient exercer dans l'Église une
influence plus visible. L'un d'eux était l'abbé de Solesmes, ce
savant Dom Guéranger dont nous avons déjà essayé de peindre
la physionomie admirable et complexe ; l'autre était Dom Pitra,
dont nous allons esquisser le portrait.

Qui ne se rappelle avoir vu, dans nos Archives et dans nos
Bibliothèques, cette noble figure monastique penchée sur les
manuscrits grecs et latins, où ses yeux savaient si bien découvrir tant de richesses inconnues ? Par sa science et par sa
modestie, il conquit rapidement l'estime des adversaires de
l'Église et de ceux-mêmes qui haïssaient les moines ou croyaient
les haïr. Il put ainsi poursuivre sa noble tâche au milieu de la
sympathie et de l'estime universelles. Son œuvre devait être
triple. Il était, suivant nous, appelé à régénérer les études
hagiographiques, à enrichir la Patrologie de nouveaux textes

sévèrement critiqués, à hâter enfin cette réconciliation si désirable des Églises grecque et latine, à laquelle tous les véritables catholiques seraient si heureux d'assister.

Tel est aussi le triple point de vue auquel nous allons successivement examiner l'illustre et modeste Cardinal.

I

C'est en 1846 que parut l'*Histoire de saint Léger et de l'Église des Francs au septième siècle*. On l'attendait depuis longtemps avec une impatience qui honorait également le public et l'auteur : cette attente ne fut pas trompée. Le livre de Dom Pitra est une de nos meilleures œuvres hagiographiques, une de celles qui seront dignes de passer longtemps pour un modèle, pour un type à peu près achevé. Notre Bénédictin avait su éviter du premier coup deux écueils où ses prédécesseurs avaient glissé depuis plusieurs siècles : il n'était pas tombé dans la sécheresse et dans le scepticisme de l'École janséniste, ni dans les ignorances et les naïvetés de l'École légendaire. Il avait sur-le-champ trouvé le bon et vrai milieu entre ceux qui ne croient rien et ceux qui croient tout. En tête de son œuvre, avant l'*Introduction* elle-même, il avait voulu consacrer plusieurs pages à « l'indication des sources. » Il avait énuméré, avec des observations critiques, le récit de la Translation de saint Léger écrit par Audulf, vers 681, et le récit presque aussi ancien de sa vie que nous devons à Ursin, abbé de Ligugé ; la biographie de l'anonyme autunois ; le poème inédit de la bibliothèque de Saint-Gall, dont la rédaction fut antérieure à l'année 866 ; la *Vie de saint Léger* qu'écrivit au onzième siècle le moine de Murback, Furland, et qu'il orna de trop de broderies dangereuses pour la vérité ; et enfin, le fameux poème sur saint Léger, un des plus anciens monuments de la langue française, qu'un Allemand, M. Diez, a publié pour la première fois en 1852, et que tant de romanistes distingués ont édité ou commenté après lui (1).

Dom Pitra, d'ailleurs, ne s'est pas contenté d'indiquer clairement ces sources d'une histoire qu'il voulait rendre tout à fait inattaquable. Il a pris le temps de publier la plupart de ces textes précieux à la suite de son propre récit : de là ces longs *Analecta*, qui ne sont pas la moindre parure de cet excellent livre. Le savant auteur a voulu les diviser clairement en deux groupes, en deux familles de documents, *liturgica* et *historica*. Parmi les pièces liturgiques, nous signalons volontiers la belle prose : *Cordis sonet ex interno*, dont le P. Pitra n'a pas connu le véritable auteur, Adam de Saint-Victor (2). Que nos lecteurs, cependant, ne s'étonnent point de nous voir entrer ici dans tous ces détails : à nos yeux, la *Vie de saint Léger* devrait être longuement étudiée par tous ceux qui se proposent aujourd'hui d'écrire la Vie d'un saint. Telle est la méthode qu'ils doivent suivre, tel est le plan qu'ils doivent adopter. C'est ainsi qu'ils doivent indiquer, critiquer et publier leurs sources, et nous avons quelque droit de nous défier de ceux qui oseraient s'affranchir de ces lois de la critique.

Reste le texte lui-même. Dom Pitra s'est trouvé en face d'un problème qui a, plus d'une fois déjà, arrêté la plume des

---

(1) Cf. Bartsch, *Chrestomathie de l'ancien français*, et Gaston Paris, *Romania*, I, 304.

Ne fud nuls om del son juvent
Qui mieldre fust donc à ciels tiemps.
Perfectus fud in caritet,
Fid aut il grand et veritiet,
Et in raisons bels oth sermons ;
Humilitiet oth per trestoz, etc , etc.

(2) V. notre troisième édition des *OEuvres poétiques d'Adam de S. Victor*, p. 197. — Dans ses *Hymni latini medii œvi*, III, pp. 392 et suiv., M. Mone a édité les textes déjà publiés par Dom Pitra. Il y a joint la prose *Jocundetur Ecclesia*.

érudits. Convient-il de présenter froidement à nos lecteurs les
faits historiques que nous avons préalablement entourés de
toutes leurs preuves, et qui ne sauraient plus désormais être
entamés par les morsures de la critique? Faut-il les raconter
avec une brièveté brutale, sans ardeur, sans lumière et sans
vie? N'est-il pas légitime, enfin, de les revêtir de la beauté
d'un style exact et qui n'ait rien de mensonger? Dom Pitra a cru
à cette légitimité. Il n'a pas voulu que sa *Vie de saint Léger*
fût uniquement une œuvre scientifique : il a prétendu en faire
une œuvre d'art. Son style est simple, net, sans prétention,
sans faux éclat, sans paillettes : on sent que l'auteur est imbu
de la bonne littérature des grands siècles. On pourrait lui
demander parfois plus de vivacité dans ses couleurs, plus de
mouvement dans ses récits ; mais il est évident que le souffle
du dix-neuvième siècle a passé sur ce livre. Il est sensiblement
plus animé que ceux d'il y a deux cents ans : on ne l'aurait
pas écrit sous le règne de Bossuet. Ce n'est pas, pour tout
dire, une œuvre absolument *classique*, et nous nous en
réjouissons très sincèrement.

On nous a déjà présenté cette objection : « Dans un livre
d'histoire le style nuit toujours à la précision de la vérité. »
Rien n'est plus inexact, et la *Vie de saint Léger* nous semble
une réponse décisive à cette opinion désespérante. A la suite
de chacune de ces phrases si bien écrites, le savant auteur a
pris soin de placer une ou plusieurs notes pleines d'une érudition solide et qui ne s'étale jamais en s'affirmant toujours.
Il nous est permis de lire uniquement ce texte si vif et si entraî-
nant ; mais nous pouvons également, si nous le préférons,
mener de front la lecture de ce texte si littéraire et celle de
ces notes si savantes. C'est ainsi que tout se concilie, que tout
s'harmonise merveilleusement. La Vérité ne perd aucun de ses
droits, et peut être revêtue de la beauté qui lui est propre.

II

Nous disions tout à l'heure que le livre de Dom Pitra porte le cachet de notre siècle. A chacune de ces pages nous trouverions aisément la démonstration de ce fait, qui nous paraît incontestable.

Notre époque a la gloire de ne pas comprendre l'histoire comme celles qui l'ont précédée. L'historien ne doit pas se contenter aujourd'hui de nous raconter plus ou moins longuement les batailles, les sièges, les massacres officiels, les grands faits de l'ordre politique et militaire. Non, non : nous sommes plus exigeants. Il faut que l'on descende, pour nous, dans les profondeurs de la civilisation à toutes les époques et chez tous les peuples; il faut qu'on nous apprenne, avant toute autre chose, les origines et le développement de nos lois, de nos usages, de notre langue, de notre société, de toutes nos traditions, de toutes nos idées. Ne me dites pas sèchement que les Austrasiens ont battu les Neustriens telle année, en tel lieu, et que trois mille cadavres ont ensanglanté le champ de bataille. Faites-moi savoir quelle était, dans le même temps, la condition de ces esclaves qui allaient devenir des serfs; introduisez-moi dans une famille de paysans, dans un monastère, dans une école. Sous prétexte de m'apprendre l'histoire de France, n'escamotez point l'histoire des Français. Imitez cet excellent Alexis Monteil, qui est un des premiers entré dans cette voie; imitez-le, et vous n'aurez pas de peine à le surpasser. C'est ce qu'a fait l'auteur de la *Vie de saint Léger*. A tout instant il interrompt son récit, et l'interrompt heureusement, pour nous faire quelque attrayante description des mœurs et des coutumes de nos pères les Francs et les Gallo-

Romains. Il nous ouvre les portes de l'École du Palais, et nous fait assister aux leçons des professeurs comme aux travaux des élèves(1). Plus loin, il nous prend par la main et nous conduit aux Écoles monastiques. « Elles avaient, dit-il, l'éclat et la foule d'auditeurs des écoles antiques. Saint-Médard avait cinq cents élèves, et Mici cinq mille ; le vénérable Bède rassemblait autour de sa chaire, à Wiremouth, plus de cinq cents auditeurs parmi lesquels figurait Alcuin (2). » Il entre alors en mille détails qui nous retiennent et nous enchantent, et l'on sent partout combien ce savant aime la science, combien ce lettré aime les lettres. « Sans les lettres, disait un moine de Mici, tout périt, toute société croule et tombe dans la confusion. » Dom Pitra prend prétexte de tous les traits de la vie de son héros pour soulever quelques-uns de ces voiles trop épais qui cachent la société de ce temps-là. Dans ce livre, consacré à un siècle si batailleur et si sanglant, le sang et les batailles n'occupent relativement que peu de place. Et telle est la véritable histoire, l'histoire telle que doit la comprendre une intelligence véritablement chrétienne.

Si l'intimité des récits est un des caractères nécessaires de cette histoire ; si nous y devons trouver une étude approfondie de la vie privée, des mœurs et des âmes de nos ancêtres, il nous faut également y rencontrer sans cesse cette élévation, ce *sursum*, cette philosophie auxquels on reconnaît sur-le-champ une œuvre sincèrement catholique. Ne pensez pas me satisfaire en me racontant une foule de petits faits publics ou intimes, en égrenant devant moi ce chapelet banal. Il importe que vous mettiez en lumière la cause qui a produit ces faits, le lien qui les unit, les desseins de la Providence et le parti qu'elle a tiré de ces événements où notre libre arbitre a tenu tant de place. C'est ce qu'on appelle « la philosophie de

(1) *Vie de saint Léger*, pp. 24, 44. — (2) *Ibid.*, p. 104.

l'histoire, » science incomparable et d'origine catholique. Les
païens ne l'avaient pas seulement soupçonnée, et les Pères
l'ont formulée dans leurs écrits immortels. Elle est particulièrement nécessaire dans la monographie d'un saint. Car les
Saints ont eu sur toute l'histoire une influence décisive autant
que cachée, et il viendra un jour où l'on écrira ce beau livre
que nous rêvons : l'*Histoire d'après la vie des Saints*. Dom Pitra
a compris cette nécessité, et de là cette belle Introduction
qu'il a consacrée à l'Église de France au septième siècle. Elle
est divisée en cinq chapitres admirables dont les titres in-
diquent nettement le sujet : *Le Septième Siècle. Les Papes.*
Les Évêques. Les Moines. Les Saints. Il convient de placer
un tel travail à côté de cette célèbre Introduction de la
Vie de sainte Élisabeth de Hongrie, par M. de Montalembert.
Dans les cent pages de Dom Pitra, la critique est plus ferme
et la poésie moins fraîche. La pensée d'ailleurs est la même,
et c'est une pensée de réhabilitation et de justice.

Aux yeux de notre Bénédictin, le septième siècle est un âge
d'or placé entre deux siècles de fer : c'est un repos du Seigneur,
un septième jour saint et sacerdotal, *septenarius numerus paca-*
tissimus. Avec une vigueur de style qui ne lui est pas habituelle,
avec de rudes et saisissantes couleurs, l'auteur de la *Vie de*
saint Léger nous peint les horreurs des deux siècles précédents :
« Depuis le jour où les océans débordés submergeaient les terres,
il ne s'était rien vu d'aussi formidable que la grande invasion.
Il y eut une date mémorable, enregistrée par tous les historiens,
le dernier jour de l'an 405, où une armée de cent peuples, en
marche depuis dix ans dans la Germanie sur une étendue de
plus de cinq cents lieues, lança ses premières colonnes au delà
du Rhin, par le pont de Bâle, dernière limite entre la vie et
la mort du monde romain. Ils passèrent (1). » Au huitième

---

(1) *Vie de saint Léger*, p. VIII.

siècle, ce fut une autre invasion, d'autres hordes. Au midi, les barbares sarrasins menaçaient les destinées de la chrétienté; au nord et à l'orient, les derniers barbares germains se pressaient aux frontières de l'Austrasie. Mais, entre ces deux barbaries, Dieu, se réserva tout un siècle pour réparer le passé et préparer l'avenir. Il frappa du pied le sol chrétien, et en fit jaillir des milliers de monastères, d'écoles et de saints.

Un grand pape, un géant domine de toute la tête ce siècle qui lui emprunte une partie de sa grandeur : c'est Grégoire le Grand. Il étend son regard sur l'Orient et y fait sentir à l'Église grecque, déjà schismatique, la vigueur de son bras apostolique. Il étend son regard sur l'Espagne, et y hâte la conversion des Visigoths; sur l'Italie, et y ramène les Lombards à la foi; sur l'Angleterre surtout, et y appelle les Angles et les Saxons à la beauté de l'éternelle lumière. Il revendique avec fermeté la suprématie spirituelle sur l'univers entier en même temps que la suprématie temporelle sur Rome et le patrimoine de Saint-Pierre. Cependant il écrit ses immortels *Dialogues*, son *Pastoral*, ses *Morales*, ses *Épîtres* et son *Sacramentaire* enfin, où il fixe « le chant, la langue et les formes dramatiques de la liturgie, cet Évangile figuré du peuple (1). » Il a pour auxiliaires les moines de saint-Benoît, qui essaiment dans tous les pays de la chrétienté comme des abeilles travailleuses ; ils défrichent tous les champs abandonnés, ils défrichent tous les esprits incultes, ils copient les manuscrits antiques, ils multiplient toutes les moissons. Leurs écoles claustrales et leurs écoles extérieures s'ouvrent à la fois pour des centaines de novices et des milliers d'enfants...

Tel est le mouvement du septième siècle, auquel Dom Pitra a consacré les plus belles pages de son livre. On peut dire que sans cet âge merveilleux, tous les efforts d'un Charlemagne

(1) *Vie de saint Léger*, p. XXXIII.

même eussent été inutiles. Si ce génie incomparable n'avait pas trouvé autour de lui de grandes traditions épiscopales et monastiques, s'il n'avait pas rencontré une nationalité dont le germe fut déjà puissant depuis un ou deux siècles, il eût en vain étendu ses bras autour de l'Europe occidentale, il eût en vain tenté d'en faire un beau faisceau catholique, il eût en vain songé à ressusciter le vieil Empire romain qu'il voulut plonger dans les eaux du baptême et vivement christianiser. Sans un Grégoire le Grand, sans un saint Léger, Charlemagne n'eût peut-être été qu'un petit roi des Francs, obscur et inutile.

Une dernière qualité des historiens tels que notre siècle les comprend, c'est la couleur locale. Peindre exactement chaque époque ou chaque peuple ; leur rendre leur physionomie véritable, les habiller de leurs costumes réels ; leur faire parler leur véritable langue ; les faire agir avec leurs mœurs caractéristiques ; nous les montrer en des maisons ou en des palais dont l'aspect architectonique soit vraiment conforme à celui des monuments contemporains, tel est l'un des principaux devoirs de tous ceux qui veulent aujourd'hui faire revivre le passé dans leurs œuvres. On a trop médit de la couleur locale, et certains écrivains ont cru trop aisément qu'il était facile de s'en passer. A force de raconter sur le même ton et de peindre avec le même gris les événements de toutes les époques et les annales de tous les peuples, à force de représenter Pharamond sous les mêmes traits que Louis XIV, et le septième siècle avec la même physionomie que le dix-septième, on en est venu à rendre toute l'histoire effroyablement monotone, ennuyeuse et fausse. Ce fut le défaut du Moyen Age, de la Renaissance et des deux derniers siècles. Dom Pitra est un de ceux qui ont ici donné l'exemple d'une excellente réaction, sans jamais tomber, avec l'école romantique, dans les énormités de l'excès contraire. Il n'a pas voulu ressembler à ces historiens qui deviennent, à force de couleur locale, des peintres décorateurs ou des costumiers d'opéra. Mais, avec cette profonde érudition dont la couleur locale ne saurait jamais se passer, il a fait revivre le siècle de saint Léger tout entier. Il nous en a tout d'abord montré l'âme vivante ; mais il s'est bien gardé d'en négliger le corps et de le laisser enseveli au fond de la tombe. La résurrection a été entière. En lisant ce beau livre, on se promène réellement dans la France du septième siècle, au milieu de ces campagnes qui refleurissent, de ces basiliques qui rayonnent, de ces monastères qu'on bâtit de toutes parts. Écoutez plutôt cette description d'une église : « L'autel, éclatant d'or, d'argent et de pierreries, représente le cœur du Christ ; il est à l'orient, vis-à-vis du point précis où le soleil se lève ; un *ciborium*, soutenu par quatre colonnes, le couronne ; quatre voiles cachent les Mystères ; des cancels l'environnent et trois degrés y conduisent ; au-dessous est creusée une crypte où repose un martyr ; trois, ou sept, ou douze autels sont placés dans l'abside et le long des parois de l'édifice. Déjà les voûtes s'élancent avec hardiesse (1) ; le plus souvent, l'uniforme solfito déploie ses médaillons et ses lambris d'or sur un fond d'azur, semblable à la voûte étoilée du firmament. Des tentures couvertes d'ornements symboliques, des fenêtres garnies de verres, de vastes peintures dissimulent la nudité des murs, instruisent le peuple et rappellent les traditions (2). » Que n'avons-nous le loisir de citer ici une description d'Autun qui rappelle les meilleures inspirations de l'auteur de l'*Esquisse de Rome chrétienne* (3) ? « Tel est, dit Dom Pitra en terminant, tel est le vieil Augustodunum. Il n'y a peut-être que Rome, en Occident, qui ait un horizon plus illustre et plus éloquent. Le

---

(1) Il ne peut être question ici de voûtes en pierre, qui n'ont « généralement » paru qu'après l'an mille. — (2) *Vie de saint Léger,* pp. LXXVII, LXXVIII. — (3) *Ibid.*, pp. 213-215.

sol éduen, comme celui du Latium, porte l'empreinte des
dieux. Ici et là, les monuments, les grandes voies, les collines,
les tombeaux, sont les caractères épars d'un hymne au Christ;
le Labarum plane sur les deux cités; autour d'elles règne le
désert d'un silence imposant, comme si la voix de Dieu venait
d'y retentir (1). »

III

Nous voudrions avoir fait comprendre à nos lecteurs la
physionomie véritable de cette *Vie de saint Léger*. Son plan, qui
est si remarquablement symétrique, sera d'un heureux exemple
pour quelques esprits téméraires et brouillons ; l'Indication
des Sources sera plus utile encore, et persuadera à tous nos
hagiographes contemporains qu'il faut opiniâtrément remonter aux documents originaux, et ne pas se contenter des autres ;
les *Analecta* nous donneront l'idée de publier nos meilleurs
textes avec un soin presque superstitieux ; l'Introduction nous
apprendra à faire dominer tous nos récits par une philosophie
élevée et profondément catholique ; le livre lui-même nous
attestera comment on peut fondre dans une même œuvre la
science et l'art, l'érudition et le style ; comment on y doit
tenir la vie privée des peuples en plus haute estime que leur
vie militaire ; comment enfin la couleur locale donne à l'histoire une vie puissante et une animation nécessaire. Et c'est à
cause de toutes ces qualités si diverses que, malgré quelques
défauts, la *Vie de saint Léger* mérite, encore un coup, de
demeurer comme un véritable modèle.

Quatre années après la *Vie de saint Léger*, le savant bénédictin de Solesmes publiait ses *Études sur la Collection des Acta*

(1) *Vie de saint Léger*, p. 216.

sanctorum (1). Il traçait à grands traits l'histoire de cet incomparable Recueil, nous faisait entrer dans la cellule des Bollandistes, nous initiait à leur méthode, nous développait leur plan et nous donnait enfin la clef de ce prodigieux travail. Dans son Introduction, il parcourait une à une et étudiait critiquement toutes les anciennes Collections hagiographiques. La *Vie de saint Léger* nous avait donné la pratique de l'hagiographie : les *Études sur les Acta sanctorum* nous en fournissaient la théorie.

Mais il est temps de constater l'influence de Dom Pitra sur les études patrologiques, et voici que nous arrivons en face du *Spicilegium Solesmense*.

IV

La Patrologie est une science noble entre toutes les sciences. Mettre en lumière ce qu'ont pensé du Verbe les entendements que le Verbe a le plus profondément inspirés, ce n'est pas la tâche d'un esprit vulgaire. La Tradition catholique qui n'est jamais muette et ne se taira point jusqu'au dernier jour, parle au monde par quatre voix, celle des Papes, celle des Conciles, celle de la Liturgie, celle des Pères. Aux canonistes appartient l'auguste mission d'assurer aux décrets des Souverains Pontifes et aux canons des Assemblées ecclésiastiques une authenticité et une publicité nécessaires ; c'est aux liturgistes de recueillir, sous tous les cieux et à travers tous les siècles, tous les textes et toutes les rubriques du culte sacré ; c'est à eux de les grouper respectueusement autour des textes et des rubriques qui sont à l'usage de l'Église romaine, mère et maîtresse de toutes

(1) En 1850.

les Églises. Et enfin, c'est l'œuvre de la Patristique de chercher dans les manuscrits les œuvres perdues de nos Docteurs
et de nos Pères, de les critiquer, de les dater, de les publier
enfin, et d'illuminer le monde chrétien de ces nouveaux rayons
trop longtemps dédaignés.

Notre siècle, que certains écrivains méprisent avec trop de
légéreté, a eu l'honneur d'aimer la Patrologie et d'encourager
tous les travaux qui ont eu pour but d'enrichir ou de vulgariser cette maîtresse science. Certes, on ne reverra jamais,
dans l'histoire patrologique, rien qui soit digne d'être comparé
au dix-septième siècle. C'est alors que l'on vit les Bénédictins
publier ces incomparables éditions de saint Augustin, de
saint Ambroise, de saint Basile, de saint Jean Chrysostome,
de saint Bernard, et cent autres. C'est alors que parut à
Lyon, la *Bibliotheca maxima Patrum* (1). Heureuse époque,
où, malgré les efforts honorables et féconds des érudits ou
des imprimeurs de la Renaissance, l'on n'avait encore qu'à
étendre la main au hasard dans une bibliothèque pour y
découvrir des textes inédits! De 1601 à 1608, paraissent les
Antiquæ lectiones, de Canisius; en douze ans (2), le P. d'Achery
met au jour les treize volumes de son précieux *Spicilège*;
Martène et Durand nous donnent en 1717 leur *Thesaurus
novus Anecdotorum* (3) et en 1724, le premier volume de
leur *Amplissima collectio* (4). Le grand Mabillon trouve assez
de loisirs pour compiler ses *Vetera analecta* (5) et son *Museum
Italicum* (6). Pez, en 1721, nous fait présent de son *Thesaurus
anecdotorum*, et depuis longtemps déjà nous possédions le
Novum auctuarium (7) et l'*Auctuarium novissimum* (8) de
Combefis. Que pourrait-on comparer à cet admirable mouve-

(1) En 1677; vingt-sept volumes in-folio. — (2) 1655-1667. — (3) Cinq vol.
in-folio. — (4) Neuf vol. in-folio. — (5) 1675-1685. — (6) Avec D. Germain,
1687-1689. — (7) En 1648. — (8) En 1672.

ment? Et n'est-il pas agréable de penser que la plupart de ces beaux travaux sont français? Le centre de l'érudition était alors en France; aujourd'hui il est en Allemagne. Il ne faut pas permettre qu'un tel état de choses se prolonge.

Notre époque, cependant, a eu sa mission qu'il faut tenir en quelque estime et qui a consisté à populariser la Patristique. Aux deux derniers siècles, on ne voulait consacrer à cette science que d'énormes et aristocratiques in-folio, dont le prix était inabordable aux petites bourses. Toutes les grandes bibliothèques étaient, sans doute, pourvues de ces excellentes Collections; mais les bibliothèques de curés de campagne ne possédaient point ces trésors. C'est de nos jours, et de nos jours seulement, qu'on a rendu tant de richesses heureusement accessibles et facilement populaires. La *Patrologie* de l'abbé Migne fait ployer les étagères des plus humbles bibliothèques, et nous avons eu la joie d'en trouver souvent le recueil complet dans les presbytères des plus petits villages. Voilà bien, en effet, le propre de notre temps. Il y a cent ou deux cents ans, dix intelligences seulement avaient le droit d'aborder ces études que mille esprits aujourd'hui peuvent aisément mener à bonne fin. La science se généralise; ce soleil éclaire et échauffe beaucoup plus d'âmes qu'autrefois, et, faut-il le dire? nous sommes de ceux qui se réjouissent de cette diffusion plus universelle. Plus de lumière, plus de lumière encore!

D'ailleurs, nous ne nous sommes pas contentés de vulgariser les textes des saints Pères et de les mettre à la portée de tous. Les catholiques de ce temps-ci les ont encore critiqués avec une sagacité respectueuse; ils les ont vengés avec une indignation scientifique contre toutes les attaques de l'incrédulité moderne. Puis, ils ont ajouté à ce trésor, en découvrant de nouveaux textes et en les publiant avec une incomparable correction. Telle fut surtout la gloire du cardinal Angelo

Maï dans sa *Nova collectio* (1), dans son *Spicilegium Romanum* (2) et dans sa *Nova bibliotheca* (3).

Le cardinal Pitra est le digne continuateur du cardinal Maï et le *Spicilegium Solesmense* peut légitimement passer pour la suite du *Spicilegium Romanum*. La France, grâce à Dieu, peut opposer son Bénédictin de Solesmes au savant cardinal italien qu'aucun palimpseste n'a jamais effrayé.

V

Quatre volumes du *Spicilegium Solesmense* sont depuis long-temps aux mains de tous les érudits chrétiens. Ces quatre volumes peuvent, suivant nous, se diviser en deux séries bien distinctes. Dans la première, nous rangerions volontiers les tomes I et IV qui renferment des Dissertations et des textes inédits des Pères grecs ou latins ; à la seconde appartiennent les tomes II et III, qui composent une véritable Encyclopédie du symbolisme catholique.

Nous aimons parfois à nous représenter la joie vive, pro-fonde et presque enivrante qui doit pénétrer l'âme d'un érudit catholique, lorsqu'en ouvrant un manuscrit du sixième, du huitième, du dixième siècle, il découvre, ô bonheur inespéré ! quelque grande page d'un apologiste, ou d'un docteur, ou d'un poète chrétien. Pourquoi n'ajouterions-nous pas, qu'à notre sens, il doit être particulièrement délicieux de rencontrer de beaux vers chrétiens qui, depuis plusieurs siècles, ont échappé à tous les regards et n'ont fait la joie d'aucune intelligence. Nous sommes de ceux qui pensent qu'après les Saints, il n'est rien de si voisin de Dieu que les Poètes catholiques. Dans le

(1) 1825-1835, dix volumes in-4°. — (2) 1839-1844, dix volumes in-8°. — (3) 1852 et suiv., sept volumes in-4°.

premier volume du *Spicilège*, nous aimerons à mentionner tout
d'abord les beaux commentaires sur les Épîtres de saint Paul
et sur les Psaumes, qui ont été à tort publiés sous le nom de
saint Hilaire ; le beau traité de Nicéphore contre Eusèbe, et
les fragments coptes du premier concile de Nicée, que Charles
Lenormant a tenu à honneur de publier dans le recueil de
Dom Pitra ; mais nous prendrons plus de plaisir encore à
signaler le *Carmen apologeticum* de Commodianus, les petits
poèmes de Juvencus sur les livres de Moïse, et surtout les
beaux vers (1) sur le Christ qui sont attribués soit à l'un,
soit à l'autre des deux Hilaire :

> Salve, vera Dei proles, puer æthere missus,
> Non commune genus, nec moribus edite nostris !

Dans son quatrième volume, Dom Pitra a pu compléter ou
plutôt restituer la fin de l'*Apologétique* en vers de Commodianus. Il y a également poursuivi la publication des *Antir-
rhetica* de saint Nicéphore et, en particulier, nous a donné l'utile
Traité contre les iconoclastes. Les *Commentaires* de Verecundus
sur les Cantiques ecclésiastiques et ses *Opera rhythmica* com-
plètent ce tome précieux, dont le principal ornement est la
belle dissertation de Dom Pitra *De Christianis Carthaginen-
sium titulis*. Notre Bénédictin écrit le latin avec une rare
élégance, et son érudition est toujours revêtue de ce caractère
essentiellement français : la clarté.

Nous avons fait une longue étude de ces tomes II et III,
qui sont consacrés uniquement au Symbolisme catholique, et
dont le véritable titre serait : *De re symbolica*. Il ne sera peut-
être pas inutile d'exposer à nos lecteurs le plan détaillé de
cette partie du *Spicilège* qui forme par elle-même un ensemble
complet. Ce travail sera d'autant plus utile que le Symbolisme

---

(1) *Spicilegium Solesmense*, t. I, p. 107.

revient en honneur. Oui, nous voyons autour de nous des intelligences d'élite s'éprendre d'un amour frais et charmant pour cette pauvre science si injustement délaissée. Il y a plusieurs années, Mgr de la Bouillerie faisait paraître sa vive et poétique *Étude sur le symbolisme de la nature*. Tout récemment, Mgr Landriot publiait le plus profond de ses livres sous ce simple titre : *Le Symbolisme*, et prouvait avec une belle clarté philosophique que le langage humain est un symbolisme réel, quoique trop souvent caché. Le monde spirituel, comme nous avons eu l'occasion de le dire plus haut, est, en effet, gouverné par les mêmes lois que le monde temporel, ou tout au moins par des lois analogues, et il y a véritablement une respiration, un oxygène, un souffle, des ailes, une nutrition, des aliments immatériels, comme il y a une respiration, un oxygène, un souffle, des ailes, une nutrition et des aliments sensibles, visibles, terrestres. C'est ce que l'auteur du *Symbolisme* a démontré d'une façon plus saisissante et plus élémentaire dans ses *Promenades autour de mon jardin*, petit chef-d'œuvre familier et qui est appelé à vulgariser les plus hautes pensées.

Parmi tant d'excellentes œuvres, le *De re symbolica* de Dom Pitra demeure encore le livre le plus précieux et le plus complet sur la matière. Le savant Bénédictin a pris pour base de son travail la célèbre *Clef de saint Méliton*, dont il a entrepris de démontrer l'authenticité et d'établir la date trop souvent contestée. Autour de ce texte primordial, Dom Pitra groupe harmonieusement tous les commentaires symboliques qu'il a trouvés dans l'immense série des écrivains ecclésiastiques du Moyen Age. Saint Eucher, saint Grégoire le Grand, Raban-Maur et saint Bernard tiennent la tête de cette magnifique armée d'orateurs, de philosophes et de poètes ; mais cent autres méritent, après eux, d'y occuper une place

glorieuse. Dans l'orbite de chacun de ces grands hommes gra-
vitent une foule d'esprits de second ordre, dont plusieurs ne
sont pas sans avoir encore quelque gloire. L'auteur du *Spicilegium Solesmense* a voulu, pour nous convaincre de cette vérité,
dresser la liste des symbolistes qui ont suivi plus étroitement
les traces de saint Grégoire le Grand et, parmi ces imitateurs
illustres, il nous montre Isidore de Séville, le vénérable
Bède, Alcuin, Jean Scot, saint Odon de Cluny, saint Léon IX,
Lanfranc, Guillaume de Champeaux, Pierre de Blois et Pierre
Lombard (1). A la suite de saint Bernard marchent d'autres
théologiens, d'autres commentateurs non moins célèbres. A
l'écart, plus indépendants et plus fiers, d'autres esprits se
frayent eux-mêmes leur chemin : tel est Pierre de Riga, auteur
de ce beau poème inédit qui a pour titre : *Aurora*, et dont
rien n'a peut-être égalé la vogue durant tout le Moyen Age.
Ce sont les œuvres de toutes ces intelligences subtiles ou
profondes, ce sont toutes leurs interprétations figurées de la
sainte Écriture (2) que Dom Pitra a réunies autour de chacun
des mots de la *Clavis Melitoniana*. La tâche était immense, complexe, à peu près impossible (3). Mais le mot *impossible* n'est
pas bénédictin, et le *De re symbolica* a été heureusement achevé.

Prenons un exemple qui fasse nettement saisir l'admirable
méthode de notre érudit. Et puisse-t-il aussi donner quelque
idée de la somme prodigieuse de travail que l'illustre Bénédictin
a dû dépenser pour arriver à de tels résultats ! Nous ne
craignons ici que d'alarmer sa modestie.

La *Clef de saint Méliton* consacre quelques lignes fort précieuses au symbolisme du serpent, du dragon, de la vipère (4).

(1) *Spicilegium Solesmense*, t. III, p. xxiii.
(2) Voir le *Syllabus auctorum* publié par Dom Pitra, I, p. lxxxi.
(3) Dom Pitra dit qu'il a dû, pour cet immense travail, utiliser les ressources
d'environ deux cents manuscrits grecs, latins et orientaux, III, p. lxxx.
(4) *Spicilegium Solesmense*, III, p. 88-94.

Dom Pitra nous donne tout d'abord ce texte, qui doit servir de noyau à tous les autres. D'après la Clef, le serpent représente le plus souvent le Démon, l'Antéchrist, les œuvres sataniques. Mais, à cause de deux textes de l'Évangile : *Estote prudentes sicut serpentes* et *Sicut Moyses exaltavit serpentem in deserto*, il est aussi la figure de Jésus-Christ lui-même. Là s'arrête saint Méliton, et la parole est donnée à ses innombrables commentateurs. Dom Pitra cite vingt fois, sur ce seul symbolisme, le *Physiologus* auquel il a consacré une Dissertation si complète et si lucide, et il le cite d'après les textes scrupuleusement indiqués de saint Jean Chrysostome, d'Isidore, d'Hildefonse, d'Hildebert, de Pierre Damien, d'Hugues de Saint-Victor et de Vincent de Beauvais. Puis il cite aussi longuement saint Eucher, saint Grégoire le Grand, Raban-Maur, Pierre le Chantre, Pierre de Capoue, l'anonyme de Clairvaux, l'auteur des *Præfigurationes Christi et Ecclesiæ*, l'anonyme de Troyes, l'auteur des *Distinctions monastiques*, l'*Hortus deliciarum* et surtout l'*Aurora* de Pierre de Riga. Rien n'est plus remarquable, plus fin, plus subtil, plus varié que les cinquante ou cent interprétations symboliques de toutes ces nobles et vives intelligences. Elles varient, d'ailleurs, suivant le génie des hommes, selon l'époque et selon le pays où elles se produisent ; elles varient, disons-nous, et cependant elles conservent toujours une très profonde unité. Écoutez Pierre le Chantre : « Les serpents, dit-il, fuient devant les hommes qui sont nus. Ainsi fait le Démon. Il fuit devant les pauvres qui sont à moitié nus, mais il s'attaque plus volontiers aux riches qui sont mollement et superbement vêtus. *Sic ergo transibit securius nudus quam mollibus vestitus.* » Pierre de Capoue applique au Christ la figure du serpent qui ne meurt pas tant que sa tête n'est point blessée : *Caput autem Christi est ipsius divinitas.* L'anonyme de Troyes raconte comment le serpent parvient à triompher de l'éléphant : il étend sa queue sur la route que suit l'énorme animal, lui enlace les pieds, le renverse et le tue : c'est ainsi que le Démon procède avec nous, employant la ruse quand la force est impuissante : *Quem non potest vincere, ejicit fraude.* Pierre de Riga développe le symbolisme du serpent d'airain : *Sic, cruce suspensus, sanat tua vulnera Christus, — si tua mens fidei lumine tangat eum.* Notez, en relisant ces deux beaux vers, que je n'entends citer ici que des fragments véritablement littéraires, et n'oubliez pas que, sur le seul symbolisme du serpent, Dom Pitra a éclairci plus de trente passages de la sainte Écriture, mentionné tout au long treize ou quatorze auteurs ecclésiastiques, accumulé plus de quarante citations différentes, expliqué, commenté et développé plus de vingt symboles. Et le symbolisme du serpent occupe à peine quatre pages dans les deux volumes du *De re symbolica,* qui contiennent plus de douze cents pages !

Ne vous imaginez pas cependant connaître encore toute l'importance de ces tomes II et III de ce *Spicilegium Solesmense* que nous craignons de louer imparfaitement. Il faut encore tenir compte des *Prolégomènes* qui précèdent chacun de ces deux volumes ; de ces *Dissertationes præviæ* sur l'origine exacte, la date et la valeur de la *Clef* de Méliton (1); sur l'histoire du symbolisme à travers tous les siècles chrétiens (2); sur les sources et la nature du *Physiologus* (3) dont notre Bénédictin a publié un texte grec d'après les meilleurs manuscrits de la Bibliothèque nationale (4); et enfin sur le symbolisme du poisson (ἰχθύς) dans la primitive Église (5). Ajoutez à tant

---

(1) *Spicilegium Solesmense,* t. II. — (2) *Ibid.,* t. III, pp. V-XLVI.

(3) *Ibid.,* t. III, p. XLVII.

(4) *Ibid.,* p. 338. Les manuscrits utilisés par Dom Pitra sont les suivants : lat. 2426, 1140, 2509, 2027, 390 et 929.

(5) M. de Rossi a écrit sur ce sujet une lettre fort importante à Dom Pitra, qui l'a publiée à la suite de ses propres Dissertations. (III, p. 545).

de richesses des Tables nombreuses et abondantes, un *Index locorum Sanctæ Scripturæ*, un *Index codicum manuscriptorum*, un *Index veterum scriptorum*, et enfin un excellent *Index rerum et symbolorum*. Il est à désirer qu'un érudit modeste et patient (ces deux qualités vont bien ensemble) veuille bien consentir quelque jour à nous extraire de ce trésor de science un *Dictionnaire élémentaire de symbolisme catholique*. C'est un livre que nous attendons avec une réelle impatience.

Aurons-nous, d'après la sèche analyse que nous venons de faire subir à nos lecteurs, aurons-nous réussi à leur faire concevoir une assez haute estime des travaux patrologiques du cardinal Pitra (1)? Hélas! nous en doutons, Mais nous aurons exprimé toute notre opinion au sujet du *Spicilegium Solesmense* lorsque nous aurons dit, en toute sincérité, de cette œuvre éminente : « Mabillon n'eût pas fait mieux. »

VI

On a pu dire du cardinal Pitra : « C'est l'homme de France qui sait le mieux le grec. » Sans vouloir ici le comparer à M. Hase, ni à M. Dübner dont le monde érudit regrette encore la perte, ni à MM. Miller et Brunet de Presle, on peut impartialement le regarder comme un de nos plus solides hellénistes. Or la science du grec est une de celles que nous sommes très activement occupés... à oublier et à perdre.

---

(1) Il nous faut encore signaler deux articles très remarquables publiés dans le *Correspondant* (t. XXX; p. 513, et t. XXXI, p. 317). Les *Regesta romanorum pontificum* de Ph. Jaffé sont le sujet de cette belle et consciencieuse étude. Dom Pitra y raconte avec sa lucidité ordinaire toute l'histoire des Recueils d'actes pontificaux, et en particulier du Bullaire. Puis il critique avec sévérité le travail de Jaffé, lui signale de graves omissions et revendique solidement l'authenticité de certaines pièces que l'érudit allemand avait injustement reléguées dans la série honteuse de *litteræ spuriæ*.

Il semble cependant que les catholiques doivent, par-dessus tous les autres, donner l'exemple d'une application obstinée à cette étude, et que ce soit un de leurs devoirs les plus *actuels*.

On nous demandera, sans doute, pourquoi nous attachons tant de prix à cette connaissance approfondie de la langue grecque. Certes, n'eût-elle que cet avantage de nous initier aux beautés trop ignorées que recèlent les écrits des Pères grecs, ne nous procurât-elle que le délicieux loisir de lire dans leur langue originale et de savourer les beaux vers d'un Grégoire de Nazianze et la forte prose d'un Jean Chrysostome, nous devrions déjà faire estime de cette science et la mettre au nombre de celles qui méritent le noble nom d'ecclésiastiques. Dans ce magnifique « Office de la consécration d'un autel » au *Pontifical romain*, on trace en forme de croix, sur la pierre sacrée, les lettres de l'alphabet grec et celles de l'alphabet latin. Ce rite solennellement mystérieux nous permet de penser que les deux langues ont rendu à la Croix et sont appelées à lui rendre les mêmes services. Il nous apprend, en outre, que nous ne devons pas séparer dans nos travaux ces deux dialectes privilégiés, ces deux voix de l'Église catholique.

Mais tel n'est pas le point de vue auquel nous voulons nous placer pour justifier notre ardent désir de voir les études grecques prendre parmi nous de plus considérables développements. Nous disons que notre avenir politique et notre avenir religieux dépendent, dans une certaine mesure, de ces progrès de la science. Il convient d'expliquer notre pensée.

En ce moment, la face du monde politique se renouvelle presque complètement à nos yeux plus épouvantés que surpris. Trois grandes hégémonies, trois empires immenses sont en train de se former : l'hégémonie et l'empire d'Orient, qui peut tomber aux mains de la Russie ; l'hégémonie et l'empire de l'Occident, dont la Prusse voudrait se saisir ; l'hégémonie et l'empire de l'Amérique, qui appartient ou appartiendra aux États-Unis, quelque forme qu'ils soient destinés à subir.

Tout favorise la formation de ces trois Empires. Une alliance intime unit entre elles ces vastes ambitions, qui présentement n'ont rien a redouter l'une de l'autre. Le monde est menacé par une triple tyrannie; l'Église en particulier a tout à craindre de ces trois absolutismes. Joignez à cela qu'un des deux empires du vieux monde est sans doute appelé à dévorer l'autre et que la Russie peut-être dominera avec sa verge de fer l'ancien continent tout entier... qui aura mérité un tel châtiment.

Or la Russie est ici l'ennemi le plus irréconciliable, le plus intime de la Vérité catholique; elle s'est prise contre l'Église romaine d'une haine, ou plutôt d'une véritable rage dont rien ne peut éteindre les ardeurs. Lorsqu'elle trônera sur les rives du Bosphore, elle en voudra chasser tous ces nobles éléments latins que tolère le Turc immobile. L'Eucharistie, que l'on peut aujourd'hui porter librement dans les rues de Constantinople, sera reléguée, comme à Saint-Pétersbourg, dans le fond de quelque petite chapelle de consulat. La Vérité sera opprimée.

Mais au nom de quel principe religieux prétend agir la Russie? Et sur quelle base veut-elle bâtir l'édifice de son omnipotence religieuse? Elle prétend parler, sachez-le bien, au nom de l'antiquité chrétienne; elle déclare qu'elle représente l'Église primitive. Oui, ce césarisme fait de l'érudition: il se pavane dans les Collections des conciles; il cite les Constitutions apostoliques; il se croit tout fraîchement sorti des Catacombes, lui qui ne cesse d'y plonger les catholiques; il accuse le Pape d'être un novateur; il trouve à nos dogmes et à nos rites je ne sais quelle mauvaise apparence de jeunesse. Nous avons, à ses yeux, « falsifié la pureté du christianisme primitif, » et ce christianisme n'a plus ici-bas qu'un représentant digne de lui et un défenseur désintéressé, un seul : la Russie !

C'est à ce titre de « champions de l'orthodoxie » que les Czars veulent mettre le pied sur la Turquie et l'écraser comme saint Georges a écrasé le dragon ; c'est à ce titre qu'ils veulent s'annexer tout le schisme grec et donner une prépondérance universelle au Saint-Synode qui est leur trop docile instrument. Ils affirment hautement que le Pape de Rome est hétérodoxe, et que la souveraineté religieuse doit résider dans la personne bottée et éperonnée des Empereurs. Et le pire est que ces prétentions, appuyées par la force, sont couronnées de quelque succès.

Vous nous direz qu'il est un moyen d'arrêter ces progrès du despotisme et du schisme universels. C'est de leur courir sus avec quelques cent mille hommes et de recommencer la guerre de Sébastopol. Mais un tel argument est loin d'être toujours opportun, toujours efficace, toujours à la disposition des défenseurs de la Vérité et du Droit. Puisqu'il s'agit d'idées pacifiquement religieuses, ne serait-il pas préférable d'avoir recours aux raisonnements scientifiques ? Si nous pouvions mathématiquement démontrer à nos frères les Grecs, qu'ils se laissent aveugler par l'erreur : qu'ils ne sont pas les continuateurs exacts de l'Église apostolique ; qu'on peut leur reprocher, et non pas aux Latins, cet esprit d'innovation qui a été si fatal à la Vérité ; qu'on retrouve aisément dans les monuments les plus anciens de la Tradition, l'affirmation de ces dogmes nécessaires du Purgatoire, de la procession du Saint-Esprit et de la suprématie du Pape : oui, si nous pouvions, avec une tendre et charitable énergie, leur fournir cette démonstration et leur ouvrir enfin les yeux, croyez-vous que nous n'aurions pas fait, avec notre érudition et nos textes, une meilleure et plus durable besogne que celle du sabre ?

Nous pourrions alors nous approcher de ces frères autrefois séparés et rentrés dans l'Unité catholique, et nous pourrions leur dire : « Venez à nous et restez avec nous. Puisque nous avons le même lien religieux, ne demeurons pas désunis sur le terrain de la politique. Voudriez-vous continuer à servir ici-bas les intérêts de ce despotisme russe qui menace toutes les libertés, et en particulier, celle de l'Église romaine? » Et peut-être parviendrions-nous à empêcher un jour la formation de ce trop redoutable empire.

Voilà ce qu'aspire à faire, du fond de son cabinet, un humble savant tel que le cardinal Pitra, en compulsant des in-folio, en alignant des textes. Et qui peut dire jusqu'où s'étend et où s'arrête la puissance de son action sur le monde?

VII

Pie IX est un des Papes qui se sont le plus obstinément tournés vers l'Orient. Il n'avait pas de bataillons à jeter sur la Russie, mais il avait des savants à lancer contre le schisme, et il leur a dit : « Allez. » Le cardinal Pitra est de ce nombre.

Déjà, en 1858, quand il signait encore ses ouvrages : « Dom J.-B. Pitra, religieux bénédictin de la Congrégation de France, » l'auteur du *Spicilège* avait abordé l'étude du droit ecclésiastique des Orientaux. Il avait publié dans l'*Univers*, et réuni en brochure, plusieurs articles sur les *Canons et collections canoniques de l'Église grecque*. Ce qui avait donné naissance à ce travail, c'était le Σύνταγμα, publié, de 1854 à 1856, par MM. Rhalli, président de l'Aréopage d'Athènes, et Potlis, et imprimé sur l'ordre exprès du Saint-Synode de l'Église hellénique. Dom Pitra, clair et substantiel bibliographe, prit dans cet excellent livre l'occasion de passer en revue tous les

travaux sur les Canons grecs qui sont antérieurs à celui de
M. Rhalli.

Dutillet avait eu le mérite de l'initiative, lorsque, en 1540,
il avait publié la première Collection des Canons apostoliques
et de treize Conciles, d'après un manuscrit grec de Saint-Hilaire
de Poitiers. En 1572, Edmond Bonnefoi avait imprimé chez
Henri Estienne son livre si grotesquement surfait : le *Droit
oriental*, où, suivant Dom Pitra, « l'appareil scientifique est
nul, les notes insignifiantes, la traduction peu sûre. » Le
Droit gréco-romain de Leunclave, en 1596, et le *Code de
l'Église universelle* de Christophe Justel, en 1610, ne font pas
davantage avancer la science. Mais il n'en est pas de même du
Synodicon (*Pandectes des Canons des saints Apôtres et des Conciles reçus par l'Église grecque*), qui parut à Oxford en 1672
et eut pour auteur Guillaume Beveridge, plus tard évêque de
Saint-Asaph. Néanmoins, il était temps que l'érudition catholique intervînt plus glorieusement et nous donnât enfin une œuvre
magistrale : ce fut le rôle d'Assemani dans sa *Bibliotheca juris
orientalis canonici et civilis*, dont la seule préface est contenue
en cinq gros volumes... et n'est pas achevée. Par malheur, un
incendie consuma toutes les notes d'Assemani et « dévora cinquante années de travaux. » Malgré les efforts des érudits
modernes et, en particulier, du cardinal Maï dans sa *Collectio
nova*, on ne put reconstituer les éléments de ce gigantesque
travail, et le recueil de M. Rhalli est le premier livre qui mérite
réellement d'être cité après celui d'Assemani.

Mais l'œuvre du président de l'Aréopage, si utile qu'elle
fût, pouvait être surpassée, et Dom Pitra n'a pas reculé devant
cette généreuse et immense entreprise. De là ce beau livre que
Pie IX a jadis demandé au savant Cardinal, et dont le premier
volume a paru : *Juris ecclesiastici Græcorum historia et monu-
menta.*

Les *Canons* et les *Constitutions apostoliques*, ornés d'un nouveau commentaire ; les Canons des conciles de Nicée, d'Ancyre, de Néocésarée, d'Antioche, de Sardique, de Gangres, de Laodicée, de Constantinople, d'Éphèse et de Calcédoine, que le nouvel éditeur a voulu accompagner soit de ses notes, soit de celles des meilleurs commentateurs ; les *Épîtres canoniques* de saint Denys et de saint Pierre d'Alexandrie, de saint Grégoire de Néocésarée, de saint Athanase, de saint Basile, de saint Grégoire de Nysse, de Timothée et de Théophile d'Alexandrie, de saint Cyrille et de saint Grégoire de Nazianze, tels sont les éléments de ce nouveau Recueil, qui commence par une Histoire abrégée du droit des Grecs depuis le premier jusqu'au sixième siècle. Nous avons déjà vanté la clarté translucide de l'érudition du cardinal Pitra. Elle éclate surtout dans cette *Introduction* latine, qui se comprend plus aisément que le français de tant d'érudits contemporains. Les voici donc, ces textes précieux, les voici dans leur rédaction originale, et, tout à côté, en voilà la traduction latine. Chacune de ces pages savantes, où s'épanouissent à la fois les deux langues latine et grecque, nous apparaît comme le symbole de l'union future, de l'union prochaine des deux Églises. Car ces lois ne sont autres que les lois universelles de tout le monde catholique, et une telle universalité est bien faite pour frapper enfin les yeux des Grecs. Ce Recueil sévère et presque abrupte ressemble étrangement à un Traité de paix : vienne seulement un vulgarisateur qui, en quelques pages, résume tant de gigantesques travaux et répande dans tout l'Orient cet impartial et catholique abrégé.

Le centre réel de cette collection, ce sont les fameux canons de Sardique, où la suprématie de l'Église romaine est si nettement attestée, si triomphalement proclamée. Osius dit : « Que si un Évêque, après avoir été jugé, se tient tellement assuré de son bon droit qu'il veuille être jugé de nouveau, honorons, si vous le trouvez bon, la mémoire de l'apôtre saint Pierre. Que ceux qui ont examiné l'affaire, *écrivent à Jules*, ÉVÊQUE DE ROME ; s'il juge à propos de renouveler le jugement, *qu'il donne des juges* ; s'il ne croit pas qu'il y ait lieu d'y revenir, *on s'en tiendra à ce qu'il aura ordonné*. Cela plaît-il à tout le monde ? » Le Concile répondit : « Cela nous plaît. » Et, plus loin, les Pères du même Concile s'écrient : « Si un évêque a été déposé par le jugement des évêques du voisinage, on n'en ordonnera point un autre à sa place JUSQU'A CE QUE L'ÉVÊQUE DE ROME AIT JUGÉ SA CAUSE. » Et plus loin encore : Si l'Évêque de Rome croit connaître suffisamment l'affaire et pouvoir porter la sentence sur l'Évêque appelant, il FERA CE QU'IL JUGERA A PROPOS DANS SA SAGESSE. » Ainsi parlaient en 347 les évêques d'Orient réunis à Sardique, pour donner au concile de Nicée un complément devenu nécessaire ; ainsi attestaient-ils hautement la primauté du Siège romain. Je sais que ces textes décisifs déplaisent au Schisme, je sais qu'on a fait mille efforts pour les effacer de la mémoire des peuples ; mais Photius lui-même a été forcé de les insérer textuellement dans le Droit Canon de l'Église grecque. Et ils sont là comme une pierre d'attente, ils sont là sur la dernière assise de cet édifice inachevé de l'union des deux Églises !

Vingt textes aussi éloquents parleront un jour sur la procession du Saint-Esprit et sur tous les points que le Schisme met en litige. Il faut bien espérer que cette voix sera entendue, et qu'elle sera victorieuse. La gloire d'une telle réconciliation reviendra fort légitimement aux érudits qui, comme Assemani et le cardinal Pitra, ont mis en lumière ces témoignages de l'antiquité chrétienne. Leurs critiques, leurs commentaires, leurs notes qui passent aujourd'hui à peu près inaperçus, auront un jour cette récompense éclatante et délicieuse. Que ne peut-on attendre, par exemple, d'une lecture sincère des *Constitutions apostoliques*? Je n'ignore pas que cet admirable Recueil ne remonte qu'au commencement du quatrième siècle, et que, d'après les conclusions du cardinal Pitra, il fut sans doute écrit dans l'Église d'Antioche entre les années 312 et 325. Mais, en vérité, tout le christianisme primitif respire, frémit dans ces pages cent fois trop ignorées des chrétiens de notre temps. C'est une de ces œuvres qu'on ne peut lire sans une émotion profonde; c'est, en quelque manière et malgré certaines imperfections, la continuation très vivante de l'Évangile. Je ne veux pas me demander si les schismatiques s'y trouvent à l'aise; mais il est certain que les catholiques promènent un regard ravi sur ce chef-d'œuvre véritablement catholique, et qu'ils se sentent chez eux. Pourquoi n'imiterions-nous pas les Allemands, qui, depuis quelque temps, se mettent à publier de petites éditions portatives des Pères de l'Église? Pourquoi le cardinal Pitra ne réunirait-il pas lui-même en un volume compacte les six premiers livres des *Constitutions apostoliques*, et n'en ferait-il pas une sorte de Manuel, de *vademecum* à l'usage de tous ceux qui aiment le premier rayonnement du christianisme dans le monde ancien, à l'usage aussi de tous ceux qui désirent l'unification religieuse de l'Occident et de l'Orient. « *Tolle, lege*, dirions-nous volontiers à chacun de nos frères de Constantinople, d'Athènes ou de Saint-Pétersbourg. Ne reconnaissez-vous point là notre Jésus-Christ et notre Église? Comment se fait-il que nous admirions tous deux la beauté chrétienne de ces pages sans pareilles, et que nous ne soyons pas encore tombés aux bras les uns des autres? »

Il est à espérer que Dom Pitra nous donnera bientôt le second volume de son admirable Recueil. Cette publication aura, dans le monde savant, la portée d'un événement.

VIII

L'éditeur des Canons de l'Église orientale n'a point cru que sa tâche fût achevée par cette utile publication : il s'est dit que ces textes de droit et de discipline ecclésiastiques ne suffisent pas pour hâter l'heure de la grande Réconciliation. Au secours de la jurisprudence et de la théologie, il n'a pas craint d'appeler la poésie ; de là ses récents travaux sur l'hymnographie grecque (1).

Il ne manque pas aujourd'hui d'intelligences médiocres qui dédaignent la poésie et ne lui trouvent aucune utilité religieuse et sociale. C'est faire preuve d'une véritable myopie d'entendement. Lorsque la poésie est véritablement populaire, lorsqu'elle est chantée pendant des siècles entiers par la voix de tout un peuple, soyez certains qu'elle est l'expression sincère d'une croyance. Dès lors, tous les historiens des dogmes religieux se trouvent dans la nécessité de consulter ces documents jadis si méprisés. Et tel est le cas de la poésie liturgique des Grecs.

Le cardinal Pitra, qui nous a promis depuis quelques années un Recueil complet des hymnographes grecs (2), a voulu, dans sa Dissertation préliminaire sur l'Hymnographie, nous faire vivement sentir le puissant intérêt que présente une telle étude. Jusqu'ici l'opinion la plus accréditée consentait à admettre, au nombre des cantiques réguliers de l'Église grecque, « ceux seulement qui ont conservé les mètres de la prosodie classique. » Mais, comme l'observe le savant litur-

(1) *Hymnographie de l'Église grecque, Dissertation accompagnée des Offices du XVI janvier, des XXIX et XXX juin en l'honneur de S. Pierre et des Apôtres,* publiés par le cardinal J.-B. Pitra. Rome, imprimerie de la *Civiltà cattolica,* 1867.

(2) *Nova veterum Ecclesiæ græcæ hymnographorum Collectio.*

giste, « il en résulterait que toute l'hymnographie grecque se réduirait à trois canons de saint Jean Damascène, réservés aux fêtes de Noël, de l'Épiphanie et de la Pentecôte (1). » Le cardinal Pitra n'a pas voulu recevoir aveuglément une doctrine aussi rigoureuse, et il est vaillamment parti à la découverte d'un nouveau système, qui fût le vrai. Ses efforts ont été couronnés de succès. Dans un manuscrit grec de l'église dominicaine de Sainte-Catherine, à Saint-Pétersbourg, l'illustre Dominicain trouva huit cantiques sur Notre-Dame des Ibères. Dans ces cantiques ou canons, « certains points rouges placés aux mêmes intervalles, dans chaque strophe, mesuraient *le même nombre de syllabes* jusqu'à la fin de chacun des huit cantiques. » L'auteur du *Spicilège* comprit la valeur de ces points précieux et se trouva, comme il le dit lui-même non sans quelque joie, « en possession du système syllabique des hymnographes. »

» Presque toutes les hymnes grecques sont syllabiques, » tel est le résultat auquel est parvenu le cardinal Pitra après les plus pénibles et les plus longues études ; tel est aussi le résultat auquel nous sommes parvenu nous-même après plusieurs années de travail sur la versification latine du Moyen Age : « C'est à force de déformer la versification antique, fondée sur le mètre ou la quantité, qu'on est parvenu à la transformer en notre versification moderne, fondée sur la consonnance et le nombre des syllabes. » Mais ce n'est pas ici le lieu de développer ce principe, que nous nous proposons de remettre prochainement en relief. D'ailleurs, comme le dit l'auteur de l'*Hymnographie grecque*, « nous accordons que le plus petit côté de cette question est le point de vue littéraire(2). » C'est la théologie qui mérite ici, comme partout, d'occuper la

(1) *Hymnographie de l'Église grecque*, p. 3. — (2) *Ibid.*, p. 25.

première place, ou plutôt c'est la charité, c'est l'amour pour nos frères séparés, c'est notre ardent désir de l'union des deux Églises.

A nos yeux, la partie la plus vivante du dernier livre du cardinal Pitra, c'est cette riche collection de Cantiques sur saint Pierre et saint Paul ; ce sont ces longs et précieux Offices des 16 janvier, 29 et 30 juin. Écoutez, écoutez quelques-uns de ces précieux témoignages de l'Orient sur le premier Pape de Rome ; écoutez ces beaux accents de la voix des hymnographes grecs : « O Pierre, base de tous les fidèles, prince souverain des Apôtres ; ô tête divine et sacrée (1) ; » ô pierre de la foi ; τῶν ἀποστόλων πρωτόθρονε (2) ; toi dont les chaînes ont délivré le monde tout entier (3) ; pierre et base par excellence ; κλειδοῦχος τῆς χάριτος ; patron et suprême magistrat de l'Église ; véritable solidité de cette Église, ἡ στερρότης Ἐκκλησίας ; à qui appartient la primauté des choses célestes : Ῥώμης ὁ πολιοῦχος, καὶ τῆς βασιλείας ὁ ταμιοῦχος ; fondement très stable de l'Église catholique ; toi qui, devenu le premier évêque de Rome, es véritablement le soutien de l'Église (4). » Voilà comment parle la liturgie grecque ; voilà ses hommages au prince des Apôtres. Serait-il aisé d'en trouver de plus éclatants dans les trésors de la liturgie latine ?

Et remarquez que tant d'éloges admirables ont passé dans la liturgie de l'Église russe. Il y a quelques mois, le P. Tondini, barnabite, publiait sa première étude sur *la Primauté de saint Pierre prouvée par les titres que lui donne l'Église russe dans sa liturgie* (5). Et il y établissait que le premier des prédécesseurs de Pie IX reçoit, dans ce culte schismatique, les appellations les plus conformes à la doctrine catholique. Pierre, en effet, est appelé par les Russes : « La base fondamentale de la Foi et de

(1) Office du 30 juin. — (2) Office du 16 janvier. — (3) *Canon sancti Andreæ Cretensis.* — (4) Office du 29 juin. — (5) Paris, 1867, in-8.

12

l'Église; la base des Apôtres et leur suprême fondement; la
base inébranlable des dogmes; le siége de la Foi; le suprême
par excellence; le « plus que suprême » des Apôtres; le divin
coryphée; le président de l'Église; le chef des théologiens; le
pasteur et le docteur de tous les Apôtres; le commencement
des chrétiens; le commencement de l'orthodoxie; le porte-
clefs de la grâce et du royaume des cieux (1). » Tel est le
langage de l'Église gréco-slave, et le P. Tondini, à côté de la
douceur de la langue grecque, nous fait entendre dans son livre
l'âpreté de la langue slave. Il cite, dans les deux langues, ces
étonnants témoignages du schisme en faveur de l'Unité.

Le P. Tondini (2) est digne de marcher à côté du cardinal
Pitra dans cette voie de la Réconciliation. Il faut bien espérer
qu'ils entraîneront après eux tous les schismatiques vers le
bercail de l'Église romaine. Et le grand Recueil hymnologique
de notre savant bénédictin hâtera l'heure de cette Unité si
désirable.

IX

On reproche quelquefois aux moines « de n'être pas de leur
siècle, de n'être pas *actuels*. » Reproche injuste. N'est-il pas
vraiment au cœur de nos questions contemporaines, cet humble
religieux que la pourpre romaine n'empêche pas de se tourner
obstinément du côté de l'Orient pour le jeter dans les bras de
l'Occident, et qui calme ainsi les appréhensions des politiques
en même temps qu'il réjouit le cœur de tous les chrétiens?
N'est-il pas de son temps, celui qui a proposé à notre génération inconsistante l'exemple d'un saint tel que saint Léger,

(1) Tondini, pp. 6-28. — (2) Il a publié dans la *Rivista universale* (janvier 1868) un article intitulé : *Associazione de preghiere per la Russia*. On
voit qu'il poursuit toujours le même dessein.

modèle admirable de fermeté politique et de courage religieux ? Les textes des Pères eux-mêmes sont-ils aujourd'hui inopportuns, et Jésus-Christ a-t-il vieilli, ce Jésus vers lequel nous conduisent tous les écrivains ecclésiastiques dont le texte enrichit le *Spicilège* de Solesmes ?

En commençant cette longue Étude, nous nous étions promis de montrer dans le cardinal Pitra un de ceux qui ont restauré parmi nous la science difficile de l'hagiographie, qui ont relevé l'étude trop abandonnée des saints Pères, qui ont préparé le retour de l'Orient à la Vérité libératrice.

C'est à nos lecteurs de juger si nous avons tenu cette triple promesse (1).

(1) Depuis que ces lignes ont été écrites, le cardinal est mort avec l'humilité, la douceur et la résignation d'un Saint.

M. DUPIN

M. DUPIN [1]

Pluie de brochures. Avalanche, inondation, déluge de brochures... « Et sur quelle question? » va-t-on nous demander. « Est-ce sur le nouvel emprunt, sur l'alliance des républiques américaines, sur l'attitude du ministère espagnol? La question d'Orient soulève-t-elle de nouveaux orages? Verserait-on de l'encre pour l'infortunée Pologne, qui plutôt aurait besoin d'un peu de sang versé pour elle? Enfin, quel est le grand problème qui tient en ce moment tout Paris attentif, et avec Paris le monde entier? »

Ce problème n'a rien de politique, et cependant il nous intéresse au plus haut degré. *Nostra res agitur.*

Il s'agit de savoir en effet si les femmes sont réellement coupables, notamment depuis plusieurs années, de se livrer, au grand préjudice de la bourse conjugale ou paternelle, mais surtout au grand préjudice des bonnes mœurs, de se livrer, dis-je,

---

[1] *Opinion de M. le procureur général Dupin, sénateur, sur le luxe effréné des femmes.* Cet opuscule n'a guère été que l'occasion des pages qu'on va lire. Nous espérons un jour esquisser l'étrange figure de M. Dupin. Homme d'esprit en sabots; voulant paraître grossier pour affecter d'être indépendant; trop prompt à servir tous les gouvernements sous le prétexte de servir son pays; singulier mélange de philosophe dédaigneux, de politique gouailleur et de chrétien sincère; un des derniers laïques qui aient été résolument gallicans et amoureux de l'Assemblée de 1682; savant jurisconsulte et collectionneur érudit de textes judiciaires et même de textes sacrés; faisant des calembours et traduisant la Bible; avocat de toutes les causes qui lui pouvaient donner quelque éclat, et n'en ayant peut-être perdu qu'une seule devant l'opinion publique qui aime par-dessus tout les hommes entiers, une seule : la sienne.

à tous les excès d'un luxe insensé, d'un luxe qui menace de tout envahir, de tout corrompre, de tout anéantir parmi nous.

Il s'agit de savoir si , décidément, la consommation du velours et de la soie, des diamants et des pierres fines, des cachemires et des dentelles, est en harmonie réelle avec la fortune des pères et des maris, et surtout avec les grands et austères devoirs dont Dieu a confié l'accomplissement à la femme.

Il s'agit de savoir si c'est un spectacle bon, utile, salutaire, que celui qui tous les jours nous est offert dans nos rues, dans nos champs et jusque sur les bords de notre mer : le spectacle de ces femmes travesties plutôt que vêtues, se réjouissant de balayer le sol avec la scandaleuse longueur d'un velours à trente francs le mètre, se pavanant chargées de faux cheveux et de vrais diamants, changeant cinq fois de toilette par jour et en étant fières ; si elles sont duchesses, cherchant à égaler les reines ; si elles sont bourgeoises, cherchant à éclipser les duchesses ; si elles sont moins que bourgeoises, cherchant à faire mourir de dépit et de jalousie reines, duchesses, bourgeoises, et le monde féminin tout entier.

Voilà ce qu'il s'agit de savoir, et je dis que ce problème est d'un singulier intérêt. Encore une fois : *Nostra res agitur.*

Nous comprenons donc que tant de brochuriers se soient donné carrière. Un vieillard malin avait d'ailleurs attaché le grelot : qui ne connaît aujourd'hui le discours de M. Dupin ? Mais ce grelot est devenu une cloche qui sonne le tocsin d'alarme.

Nous avons parcouru ces brochures, et, devons-nous le dire, nous avons été particulièrement attristé de leur lecture. Pas une d'elles n'a posé, suivant nous, la question sur son véritable terrain ; pas une d'elles n'est franchement catholique. Il en est de voltairiennes, il en est d'athées, il en est d'honnêtes.

Quelques-unes sont spirituelles, certaines ont eu l'intention de l'être. Généralement on s'est borné à traiter le problème économique : « Nos femmes nous coûtent décidément trop cher, » ont dit les brochuriers : « Nos maris sont des ladres, » ont répondu les brochurières. Le meilleur de tous ces petits opuscules, signé : « Marquise de Saint-Céran, » conclut en ces termes : « Nous serons trop heureuses, Messieurs, de vivre tout entières pour vous, quand nous serons certaines que vous vivrez un peu pour nous. » C'est bien dit, c'est exactement raisonné, mais... mais ce n'est pas chrétien. Cet incident, auquel le nom de M. Dupin a donné une certaine importance, nous prouve une fois de plus que nous vivons en plein naturalisme, puisqu'une question de morale a pu être traitée par vingt, par cinquante intelligences, sans qu'on ait seulement prononcé une seule fois le nom de Jésus-Christ.

Et cependant, nous le savons, ces femmes dont on attaque aujourd'hui le luxe effréné avec tant de virulence, ces femmes elles-mêmes sont souvent des chrétiennes. Du moins, on les voit à l'église. Même elles sont sincères. Mais elles sont parvenues, par une pente insensible et malheureusement trop rapide, à concilier très bien dans leur intelligence mal éclairée les toilettes de plusieurs milliers de francs avec l'*Imitation de Jésus-Christ*, le velours avec le *Chemin de la Croix*, la soie et les diamants avec la *Vie des Pères du désert*. Pauvres femmes dont la foi n'a rien de profond, dont l'espérance n'a rien de solide, dont la charité n'a rien d'ardent! Je me rappelle avoir vu, il y a quelques années, à Paris, chez un confiseur à la mode, certaine boîte fort riche, à laquelle je comparerais volontiers nos chrétiennes aux cinq toilettes. Cette boîte était chargée de bonbons exquis et fort chers, et sur son couvercle on avait placé comme ornements... vous ne devineriez jamais?... On y avait placé, délicatement sculptés en bois doré, les instruments de la Passion de Notre-Seigneur ; oui, les clous, la couronne d'épines, l'éponge, la lance, la croix enfin ! J'ai vu cela, je l'ai vu. Symbole de ces chrétiennes qui aiment la croix, pourvu qu'elle soit en bois de rose ; la couronne d'épines, si elle est en soie ; les clous de la Passion, s'ils sont en velours.

Hélas ! il y a toujours eu de ces chrétiennes là. Écoutez plutôt le portrait qu'en trace un grand écrivain dont je me réserve de vous révéler tout à l'heure et la date et le nom : « Il y a des femmes perpétuellement occupées à se créper les cheveux, à s'oindre les joues, à se peindre les yeux, à se teindre les cheveux, et à se procurer ainsi, par un art coupable, une seconde mollesse. Elles apprétent véritablement leur chair comme un cuisinier apprête une sauce. Elles passent le jour tout entier à cette occupation ; elles ne sortent pas avant le soir. Mais le soir cette beauté fausse sort enfin de son antre et se montre : *Tanquam ex antro ad lucernam prorepit hæc adulterina pulchritudo.* Car rien n'est plus favorable qu'un demi-jour à ces apprêts, à ces incrustations de leur peau. Elles délaissent d'ailleurs tout le soin de leur maison, toute l'administration de leur famille. Peintes comme un tableau, elles ne sont bonnes qu'à être vues. » Qui parle ainsi ? Est-ce un moraliste de 1865 ? Non, c'est Clément d'Alexandrie, qui vivait au second siècle et mourut en 217 (1). Ces fortes paroles valent mieux sans doute que tous les *concetti* de M. Dupin.

Voyant aujourd'hui ce que voyait Clément d'Alexandrie, nous devons condamner ce qu'il condamnait : nous le condamnons.

Et néanmoins, nous ne ferons pas un long traité : dans une question de toilette, il importe de n'être pas accusé de

---

(1) Lire sur la question qui nous occupe tout le troisième livre de son *Pédagogue.* Rien n'est plus actuel.

pédantisme. Nous dirons seulement que le meilleur remède au luxe effréné des femmes n'est pas dans la tête de M. Dupin, ni dans les indignations trop intéressées ou dans les répressions trop vives des maris et des pères, ni encore moins dans les systèmes de tous les faiseurs ou faiseuses de brochures. Le remède est infiniment plus simple. Il consiste, non pas seulement dans la récitation, mais dans l'accomplissement de ces quelques paroles qu'une chrétienne récite ordinairement deux fois par jour : « Mon Dieu, je vous aime de tout mon cœur, et j'aime mon prochain comme moi-même pour l'amour de vous. » Ces quelques syllabes, bien méditées, bien comprises, bien pratiquées, feront, d'ici à très peu de temps, diminuer notablement la consommation du velours, de la soie, des volants de dentelles, des rivières de diamants et de toutes ces inutilités qui effraient l'économiste et scandalisent le chrétien.

Aimer Dieu, c'est l'imiter, et, pour une chrétienne, c'est imiter Dieu d'abord et ensuite la mère de Dieu. Or tous les chrétiens savent que la sainte Vierge se tenait à la maison, modeste, cachée, inconnue de tous, excepté du cœur de son Fils et de saint Joseph. Ils savent, en un mot, qu'elle vécut sans cesse dans une très noble et très belle simplicité. Je n'ai plus besoin, Mesdames, de vous montrer le Fils après la Mère, ni de vous faire voir le Calvaire après Nazareth : vous ne supporteriez peut-être pas ce grand spectacle. Tâchez seulement de comprendre le titre d'un livre qui est certainement dans votre bibliothèque, et que je vois souvent entre vos mains à l'église, délicieusement relié et orné de riches fermoirs : l'*Imitation de Jésus-Christ*.

Aimer son prochain, c'est lui faire du bien. Or votre toilette scandaleuse ne lui fait que du mal. Et tout d'abord elle fait du mal à son âme. Un honnête écrivain, connu par quelques livres charmants et inoffensifs, s'est singulièrement mépris à cette occasion. Il a publié quelques pages sous ce titre : *Eloge du luxe effréné des femmes.* Il y établit que le mal ne vient pas des mauvais exemples qui sont donnés en haut lieu, mais de la jalousie des classes inférieures, qui veulent sortir de leur condition. Aveu naïf. C'est de cette jalousie, en effet, que nous nous plaignons, et cette jalousie est surtout provoquée par vos toilettes tapageuses. Avez-vous jamais considéré dans les rues de Paris le visage étonné, puis tourmenté, puis envieux de la jeune fille qui débarque de sa province, innocente, candide, plein de bon vouloir? D'un œil où l'hébétement fait bientôt place à la curiosité, et la curiosité au désir, elle contemple ces immenses circonférences de soie aux couleurs éclatantes, ces chapeaux effrontés qui sont inventés pour laisser voir tous les cheveux qu'on a et surtout ceux qu'on n'a pas, ces étoffes brillantes et chères sur le dos de petites bourgeoises sans fortune et sans mine, ces bijoux vrais ou faux, mais tous prétentieux et éblouissants, ces allures surtout, ces allures vulgaires, pour ne rien dire de plus. Voilà ce que peut voir une pauvre provinciale tous les jours et à toutes les heures du jour. Et vous croyez qu'une telle vue ne produira aucun effet sur la faiblesse de cette âme! Elle voudra être belle, elle aussi ; elle voudra, elle aussi, avoir de grandes robes très étoffées ; elle ne voudra pas que les autres aient le monopole des fausses nattes, des fausses couleurs, des faux sourcils ; elle jettera son petit bonnet campagnard, et aspirera au chapeau-Empire : elle s'arrêtera enfin béante, avide, devant les magasins des joailliers, et connaîtra le supplice de l'envie.

En vérité, vos robes, vos bijoux, vos travestissements, ont déjà perdu des milliers d'âmes. Le velours et la soie dépeuplent le ciel.

Ils dépeuplent aussi la terre. Pour se livrer à ce luxe effréné, il faut songer à diminuer les autres charges de la famille. Plus on s'habille coquettement, moins on aime les enfants, moins on en demande à Dieu. Les enfants n'épargnent pas les plus riches toilettes : ils déchirent la robe de moire avec autant d'aisance que le peignoir d'indienne ; ils sont sans pitié pour les tapis d'Aubusson ; ils ouvrent, ils brisent, « pour voir ce qu'il y a dedans, » toutes les curiosités coûteuses qui chargent l'étagère des salons ; leurs petits pieds trépignent avec autant de joie sur le manteau de cour que sur le tablier de toile, et ils jetteront par la fenêtre le collier de diamants aussi bien que le jouet de cinq sous, toujours *pour voir.* Alors que fait-on ? On se prend d'horreur pour les enfants ; on en souhaite le moins possible ; on va jusqu'à les redouter. Mais on continuera à faire bonne figure dans le monde et, durant toute une saison à Vichy, on ne mettra pas deux fois la même robe !

Puis, tout cet argent donné au luxe est réellement volé aux pauvres. Oui, VOLÉ AUX PAUVRES : et je ne puis partager ici l'avis de nos économistes prétendant que tout achat, même de l'objet de luxe le plus inutile, est profitable aux classes misérables. Rien n'est plus faux. J'achète pour un bal travesti un costume de trois mille francs ; le chiffre, hélas ! n'est pas exagéré. Croyez-vous, la main sur la conscience, que ces trois mille francs auront fait autant de bien aux deshérités de ce monde que si je vais les distribuer de mes mains à des vieillards sans ressources, à des infirmes sans travail, à de pauvres mères dont le sein est desséché, à de pauvres enfants qui grelottent, à de pauvres malades qui sont dans les affres de la mort ? Ah ! votre costume si brillant, si beau, si frais, pèserait bien lourdement sur vos épaules, si vous pensiez à tout cela. Mais vous n'y pensez pas.

Une autre considération, c'est que par les excès de votre luxe, par la continuité et le raffinement de vos plaisirs, vous

donnez à toutes les classes de la société cette persuasion
fatale « qu'on est ici-bas pour s'amuser. » Vous effacez de
plus en plus la notion du devoir, la notion du sacrifice. Les
hautes classes, sachez-le bien, devraient donner un exemple
tout contraire. Le bourgeois qui voit son voisin le duc ou le
marquis prendre les eaux d'Ems et se ruiner à la roulette, le
bourgeois se précipite à Bade et essaye de se ruiner, lui aussi ;
mais surtout il prétend avoir chevaux, voitures, livrées ; il
parie, il fait courir ; loge à l'Opéra, campagne, eaux des
Pyrénées, bains de mer, table ouverte, il veut tout, il a tout ;
il s'amuse. L'ouvrier qui voit le bourgeois « se payer ses
aises, » dépense un franc de plus tous les jours et met tous
les jours un franc de moins dans la caisse aux économies : il
veut avoir un aussi vaste appartement, des meubles aussi
riches que ceux du bourgeois, le même luxe enfin ; déjà il
achète du terrain à Saint-Maur où à Malakoff pour s'y bâtir
une villa ; l'an prochain, il conduira sa femme aux bords du
Rhin ; il s'amuse. L'ouvrière se sert pour ses robes du même
patron que la bourgeoise, la bourgeoise du même patron que
la princesse : toutes trois achètent la même étoffe taillée dans
le même coupon ; toutes trois vont aux mêmes théâtres, aux
mêmes courses, aux mêmes fêtes. En résumé, nul ne veut
plus se priver de rien. C'est à qui s'occupera le plus de la
terre, des choses terrestres, des biens terrestres. Le sens
céleste disparaît de plus en plus ; il n'y aura bientôt plus que
les prêtres et les religieuses qui songeront au ciel.

Il est temps d'en finir. On nous reprochera peut-être d'avoir
mis trop de noir au tableau, d'avoir fait un trop long sermon.
Quelques-uns seront même tentés de nous trouver un tantinet
jansénistes. Aucune accusation ne pourrait nous être plus
pénible. Non, nous ne sommes pas étroit à force de vouloir
être sévère. Non, nous ne sommes pas insensible à la beauté

vraie, à la grâce « plus belle encore que la beauté », à l'élégance même quand elle est enveloppée de modestie. Non, nous ne rêvons pas une terre idéale, où tous les visages devraient être cachés dès qu'ils ne seraient pas laids, où tous les yeux seraient hypocritement fermés, où toutes les toilettes seraient légalement horribles. Non, nous ne désirons pas l'extinction du vrai luxe, du bon luxe, du luxe véritablement et profondément artistique. Nous pensons, au contraire, qu'il appartient aux classes élevées de former le goût public en suspendant de belles toiles, en fixant de beaux marbres, en faisant entendre de belles mélodies ou de beaux vers dans leurs demeures harmonieusement construites et délicatement décorées. Nous pensons qu'un beau visage est une belle œuvre de Dieu, et que même on peut l'admirer chrétiennement, avec des yeux franchement ouverts, avec une âme toute pure et toute détachée des sens. Nous pensons, d'après saint Paul, que la femme peut et doit se parer pour plaire à son mari. O les charmantes parures que celles d'une chrétienne ! Elles sont simples, mais si pleines de tact et de goût, si *convenables*, si appropriées à sa condition dont la chrétienne se garde bien de sortir. Quelle que soit la dureté des temps, nous avons pu voir, nous avons vu de ces femmes chrétiennement gracieuses et gracieusement chrétiennes, et nous trouvons à leur simplicité un charme que ne nous ont jamais fait éprouver les toilettes tapageuses de Trouville et de Vichy. Leur beauté est douce, recueillie, tranquille : elle fait penser à Dieu. Qui ne vous respecterait, qui ne vous admirerait, femme qui vous levez avant le jour pour remplir vos fonctions d'administrateur général de la maison, pour lever vos enfants, pour être leur médecin et leur garde-malade, pour gouverner vos domestiques avec un sceptre plein de douceur, pour dresser l'actif et le passif de votre comptabilité intérieure, pour conseiller les économies, pour les réaliser, pour sourire au travail de votre mari, pour l'encourager s'il se désespère, pour le relever s'il tombe, pour lui pardonner s'il a besoin de pardon? Qui ne vous admirerait, épouses et mères qui nous apparaissez toutes charmantes au milieu du groupe charmant, au milieu de la couronne de vos enfants : *Matres filiorum lætantes?*

SIMÉON LUCE

Nous ne saurions avoir le dessein de raconter ici la vie de notre vieil ami, Siméon Luce, qui, le 14 décembre dernier, au matin, nous entretenait encore de ses plus vives préoccupations et de ses plus chères espérances, et qui, le soir de ce même jour, s'affaissait soudain dans la rue et tombait pour ne plus se relever, foudroyé par l'apoplexie. Cette modeste et noble existence trouvera quelque jour un biographe plus autorisé, et nous nous proposons seulement de crayonner, en quelques traits, la physionomie de celui que nous avons si prématurément perdu.

Le titre même d'un livre que nous étions, hélas ! destiné à publier après sa mort, ce titre : *La France pendant la guerre de Cent Ans*, nous apprend fort lucidement et en peu de mots l'objet principal des études de Siméon Luce et la période de nos annales à laquelle il a consacré ses rares qualités d'historien. Personne n'a mieux connu cette désastreuse époque, personne ne l'a mieux jugée. On peut dire qu'il fréquentait personnellement tous les acteurs de ce grand drame, et qu'il était jour par jour au courant de leur moindres affaires. Il y a là un luxe de détails et une minutieuse érudition dont on pourra se rendre compte en lisant ses dernières pages sur Jeanne Paynel et sur Louis d'Estouteville. Ces personnages qui lui étaient si familiers, il avait en outre le talent de les faire mouvoir sur un terrain dont il avait la notion la plus précise, et rien n'égale, particulièrement pour la Normandie, l'exactitude de ses descriptions topographiques. Mais ce sont là de petits mérites si on les compare au sens historique que possédait si profondément l'auteur de la *Jacquerie* et dont il a surtout fait preuve dans ces merveilleux Sommaires du *Froissart* qui peuvent légitimement passer pour son chef-d'œuvre. Il savait grouper les événements, les ramener à leur cause réelle, en déduire les vraies conséquences. Il n'ignorait ni les passions qui agitent les hommes ni les mobiles qui les font agir. Au milieu de ces abominables luttes entre les Armagnacs et les Bourguignons, il démêle aisément les motifs qui ont entraîné tel grand seigneur ou tel aventurier et les ont jetés dans une de ces factions plutôt que dans l'autre. Il lit dans ces âmes, il leur rend la vie, il converse avec elles. Tant d'éminentes qualités ne suffiraient pas néanmoins à former, sans le style, un historien digne de ce nom. C'était le sentiment de notre ami, et nous l'avons entendu bien des fois protester, avec une certaine animation, contre ceux qui dédaignent cet élément nécessaire de l'histoire telle qu'il la comprenait, telle qu'il faut la comprendre. Siméon Luce a été un écrivain et a contribué à dissiper cet injuste préjugé qui sévit encore contre tant d'érudits qu'on félicite volontiers de bien savoir dater une charte, mais qu'on accuse de ne pas savoir tenir une plume.

Siméon Luce a eu cette heureuse fortune de rencontrer sur son chemin les deux plus lumineuses figures de ces siècles si noirs; mais le mot « fortune » manque ici d'exactitude et, en réalité, rien ne fut laissé au hasard. Le futur auteur de la *Jeunesse de Bertrand* et de *Jeanne d'Arc à Domremy* eut le mérite d'aller de lui-même au-devant de ces belles âmes, et son choix, son très libre choix, fut le résultat d'une réflexion approfondie et d'un amour intense pour la Patrie française. Nous n'avons jamais rencontré quelqu'un qui aimât plus vivement son pays, et il avait l'art très naturel de concilier sans peine son ardent amour pour « la grande patrie » avec la tendresse touchante qu'il conserva toujours pour sa province natale, pour sa chère Normandie et son bien aimé Cotentin. Il était Normand jusqu'aux moelles, et ne parlait jamais sans émotion de ses beaux herbages, de ses plages de sable et de ses pommiers en fleurs ; mais dès qu'il entendait prononcer le mot « France », il s'élevait soudain à de belles hauteurs, et s'emportait contre ces esprits mal informés et étroits qui prétendent que l'amour de la Patrie ne remonte chez nous qu'à la fin du dernier siècle. Il fallait l'entendre, en ces heures de véritable éloquence, alors qu'il racontait, de sa voix forte, le patriotisme admirable des habitants de Rouen durant le siège de leur ville par les Anglais, et surtout quand il parlait d'*Elle*. La pensée de Jeanne d'Arc a vraiment rempli et animé ses derniers jours, et il s'occupait encore, la veille de sa mort, de cette chapelle de Vaucouleurs où la pauvre Pucelle avait prié au début de sa mission, de ce véritable reliquaire, de ce monument national, dont nous devons peut-être la conservation à celui qui vient de mourir.

Les xive et xve siècles n'ont pas été l'unique objet de l'activité de Siméon Luce, et ce serait bien mal connaître cet excellent esprit que de le croire capable de se confiner en ces limites, si larges qu'elles puissent paraître. Tout le Moyen Age était un aimant qui l'attirait, mais principalement toutes les annales de la vieille France. Lorsqu'il fut nommé professeur à l'École des Chartes, il lui fallut pénétrer soudain en des siècles dont il n'était pas coutumier et remonter aux sources de notre histoire durant les deux premières races. Luce avait alors cinquante ans, et c'est l'âge où l'on n'entre pas volontiers en de nouveaux chemins : il y entra d'un pas résolu. Il ne savait pas l'allemand : il l'apprit, et se sentit bientôt de force à comprendre les érudits d'outre-Rhin et même à les combattre. Ce cours de l'École des Chartes, qui n'avait pas été sans l'effrayer un peu, il ne tarda pas à le posséder en maître, et on l'entendit bientôt parler de Charlemagne avec la même sûreté que de Charles V, et de Grégoire de Tours ou d'Eginhard aussi pertinemment que de Froissart ou de la Chronique du Mont-Saint-Michel. Toute notre antique histoire fut rapidement logée et classée en son cerveau. Dans ses leçons qui sont un modèle de critique solide et pénétrante, comme dans ses livres eux-mêmes qui sont si scientifiquement construits, on ne saurait guère adresser à Siméon Luce qu'un reproche, et nous entendons ici parler d'une tendance trop vive à des généralisations trop absolues. Ce défaut n'est peut-être pas sans danger.

L'étude et l'amour de la vieille France avec ses quatorze siècles de douleurs et de gloire ne suffisaient pas encore à l'activité de ce studieux et ardent esprit, et il n'était pas de ceux qui s'enfouissent dans le passé. La France moderne ne le passionnait pas moins chaudement, et il n'est pas une seule de ses luttes et de ses tendances, de ses désastres et de ses résurrections qui l'ait jamais trouvé indifférent ou sceptique. Il aimait son pays avec un enthousiasme exempt de chauvinisme : il l'aimait et ne le flattait pas. En toutes choses il voyait juste et jugeait sans passion. Dans ces bonnes et fraternelles conversations que nous nous sommes donné la joie d'avoir ensemble durant tant d'années, il nous est rarement arrivé de nous trouver en désaccord; mais, quand le cas se présentait, nous avions soin de nous réfugier bien vite sur le terrain de cette ancienne France que nous chérissions à l'envi, et l'accord ne tardait pas à se faire. Siméon Luce était d'ailleurs très bon et se montrait fort indulgent pour les vivacités de ses amis. Il faisait mieux que les pardonner : il les oubliait.

On a trop souvent une singulière idée de ceux qui se consacrent à l'étude spéciale du Moyen Age et auxquels on décerne, non sans quelque dédain, l'épithète de « chartistes. » On se les représente volontiers avec quelque parchemin sous les yeux, qui absorbe toute leur intelligence et dévore tout leur être. Il n'en est pourtant pas ainsi, et si belle prison que soit le Moyen Age, nous prétendons n'y pas rester enfermés. Siméon Luce donnait ici l'exemple à ses amis comme à ses élèves : il avait l'entendement large, et aimait aussi vivement son siècle que les plus beaux de notre histoire. La plupart de ses lecteurs s'étonneront sans doute d'apprendre qu'il était en peinture un connaisseur des plus fins et qu'il faisait surtout estime de l'art contemporain. Nous n'osons pas dire qu'il avait « découvert » Millet ; mais il est certain qu'il avait intimement fréquenté ce grand artiste durant les jours les plus âpres de sa très noble vie. Parmi les lettres qu'il avait reçues du Maître, il en est une que notre ami mettait au-dessus de toutes les autres et qu'il aimait à nous relire : c'est celle où le peintre de l'*Angelus* analyse et juge lui-même cette incomparable toile et où il déclare en bons termes qu'il s'était avant tout proposé d'y exprimer le sentiment religieux dans ce qu'il a de plus sincère et de plus profond. Siméon Luce, d'ailleurs, n'avait pas pour Millet une admiration exclusive, bien qu'il lui ait toujours conservé un amour de préférence : il se plaisait à visiter les ateliers et y était recherché. Chose curieuse : il n'avait aucun goût pour la peinture historique, sans doute parce qu'avec son regard d'historien, il jugeait l'art trop inférieur à la réalité : il ne se plaisait qu'aux paysages, à la condition qu'ils ne fussent pas « embellis. » Il y avait à la fois chez lui du campagnard et de l'érudit : il aimait les arbres et les champs pour eux-mêmes. Cet amour du réel, il l'avait transporté dans ses jugements littéraires, et il y avait plaisir à l'entendre parler de l'auteur de *Salammbô*. On ne saurait nier d'ailleurs qu'il ne fût, comme Flaubert, très difficile pour ses propres ouvrages. Il les ciselait.

L'homme, comme nous l'avons dit, était foncièrement bon,

et le succès, chose rare, l'avait encore rendu meilleur. Ses débuts avaient été rudes, et il en avait longtemps souffert. Il n'arriva qu'assez tard à ces heureuses fortunes qu'il méritait si bien et qui furent la joie et l'honneur de ses dernières années. Ce qui dominait en lui, c'était la droiture : toute iniquité le révoltait. Il ne lui en coûtait pas de rendre pleine justice à ses adversaires ou, pour mieux parler, à ceux dont il regrettait de ne pas pouvoir partager les convictions ou les idées. Cette impartialité ne nuisait en rien à sa finesse d'observation, qui était de nature normande : il était en même temps très observateur et très bienveillant, très réservé et très « en dehors. » A l'Académie, où tant de qualités lui avaient conquis une légitime influence, bien peu de séances s'achevaient sans qu'il présentât à la Compagnie quelque publication récente, sans qu'il lui offrît la primeur de quelque nouveau mémoire. Il avait trouvé le secret de se faire toujours écouter par un auditoire aussi difficile, parce qu'il parlait de la France et qu'il en parlait bien. Sa conversation de tous les jours ne ressemblait pas à ses livres qui ont un caractère généralement grave et parfois un peu solennel : il s'attaquait volontiers à tous les sujets et les traitait à la française, avec une lucidité qui n'avait rien de banal. Nous avons beaucoup appris à l'écouter, et nous estimons que bien d'autres pourraient lui rendre le même témoignage.

Nous ne saurions aborder ici la vie privée, ni dire avec quelle tendresse il aimait les siens, avec quelle émotion il nous en parlait quelques heures avant sa mort. Quant à l'affection qu'il portait à ses amis, nul ne l'a connue mieux que nous et n'en a gardé un souvenir plus ému.

Son éloge peut se résumer en quelques mots :

Siméon Luce a été un homme de bien qui a su écrire l'histoire : *Vir bonus, historiæ peritus.*

Louis VEUILLOT

LOUIS VEUILLOT

Au plus vaillant, au plus fier de tous les livres qui ont paru depuis plusieurs années, je dois ici le salut de l'épée.

C'est ainsi que le soldat salue son drapeau, quand il passe devant lui. Mais c'est chose rare de trouver aujourd'hui un livre qui soit véritablement digne d'être comparé à un drapeau.

J'ai cependant la joie d'avoir trouvé ce livre : c'est le *Jésus-Christ* de Louis Veuillot. Je le salue.

Et je pense à l'auteur ; et je parcours en imagination toute sa vie, toute son œuvre.

Il y a environ trente-cinq ans que paraissait le premier livre de Louis Veuillot. C'était ces *Pèlerinages de Suisse*, œuvre presque parfaite d'un peintre déjà achevé, tableau charmant, ou plutôt charmante galerie de tableaux, où vivaient cent paysages, mais où fleurissait surtout la pensée catholique dans toute la fraîcheur de son nouveau printemps. Le style était net, ferme, robuste, et l'on y sentait l'influence vivante du dix-septième siècle ou de Joseph de Maistre, avec je ne sais quel souffle plus chaud. *Rome et Lorette* suivit, et le lecteur chrétien y trouva le récit modeste de la conversion de l'auteur. Mêmes paysages, d'ailleurs, et même printemps. Mais je ne saurais me taire sur certain petit livre de 1844, presque oublié aujourd'hui. Connaissez-vous les *Nattes* ? Il y a là des perles fines dont rien n'égale l'éclat lacté, et dans les derniers livres du Maître, je ne connais rien qui vaille l'*Épouse imaginaire*, le *Vol de l'âme* ou les *Histoires de Théodore*. O modèles, charmants modèles de toute littérature sincèrement catholique !

Cependant il taillait sa plume pour de plus âpres besognes. Il s'agissait bien, en vérité, d'écrire de petits romans comme *Pierre Saintive?* En 1844 les catholiques n'étaient rien : Louis Veuillot voulut qu'ils fussent quelque chose ; il voulut même qu'ils fussent tout. Il se dit, avec une fierté magnifique, qu'ils étaient l'élite, oui, la véritable élite du genre humain racheté par le Christ. Et il se jeta dans la grande mêlée. Qu'il ait alors (comme depuis) donné quelques coups d'épée peu mesurés, j'en conviendrai aisément ; mais ce fut un vaillant champion, comme le Turpin de la *Chanson de Roland*. Plus batailleur, plus soldat que de Maistre, il fut plus mêlé que lui à toutes les péripéties de la lutte. On peut aujourd'hui lui reprocher plus d'un excès ; mais nos reproches sont chose aisée, et la lutte fut chose rude. Au milieu d'un combat, le soldat couvert de sang, ivre, furieux, farouche, commet parfois de ces « excès » qu'on lui pardonne après la victoire et même après la défaite. Tel fut Louis Veuillot. La postérité jugera peut-être avec quelque sévérité quelques-unes de ses tendances et quelques-uns de ses livres ; mais elle n'oubliera pas qu'il a créé parmi nous le parti catholique. *Parti* est un vilain mot qui me déplaît : mettons *école*. Mais voilà une création qui honore un homme.

Son arme fut le journal, et ses vingt volumes de *Mélanges*, ne sont, comme ses *Libres penseurs*, qu'un recueil d'articles, une sorte de carte où l'on peut suivre pas à pas la marche et les opérations du petit corps d'armée catholique. Donc, il fut surtout journaliste, et le type presque accompli du journaliste ; mais j'enrage quand on me dit, d'un air confit, qu'il n'a été que cela. A vrai dire, ses meilleurs articles ne sont point ce qu'il a fait de plus achevé. Je me souviens encore du jour où j'osai lui dire (c'était en 1863) : « Maître, savez-vous quels sont vos deux chefs-d'œuvre ? — Non. — C'est le *Lendemain de la Victoire* et *Corbin et d'Aubecourt*. » Et en effet, le *Lendemain de la Victoire* est un drame véritablement digne de Shakespeare, et *Corbin* est un roman par lettres qui serait digne d'avoir été écrit, comme nous l'avons dit ailleurs, par la plus spirituelle et la plus chrétienne de toutes les jeunes filles..., laquelle vaut bien Shakespeare, j'imagine.

Néanmoins le jour où son journal fut brisé, le Maître aussi parut brisé. Ce fut en janvier 1860, et *Çà et Là* avait paru en décembre 1859. Or, *Çà et Là* est un paysage où l'on trouve des feuilles mortes et des aspects mornes, mais aussi des matinées de printemps et de la rosée. Pour rencontrer un livre aussi frais, il faudra désormais attendre quelques années. Je connais toutes les beautés sévères, je connais surtout toutes les intentions sublimes qu'il y a dans le *Parfum de Rome* ; j'ai sous les yeux une lettre que le Maître m'écrivit alors, et je m'en assimile volontiers toute la pensée : « Je me remettrai à ce livre jusqu'à ce que j'aie jeté quelques strophes, sinon quelques chants, du poème qui est en moi. Rome fait le charme et le tourment de ma pensée. Je suis, à cet égard, comme un homme qui ne vivrait réellement qu'en rêve, et qui, éveillé, se sentirait les troubles, les confusions et les avortements du rêve. La voix me manque : ce que je crois saisir échappe, et le bel édifice a croulé. » Je n'ose pas dire mon appréciation intime sur les *Odeurs de Paris*, auxquelles le public a fait un succès que la *Petite Philosophie* aurait vingt fois mieux mérité.

Mais ce qui mérite d'être rappelé, c'est l'admirable soudaineté de la résurrection de ce grand esprit. Dès qu'en 1867 il eut retouché le sol du journal, il reprit, comme le géant de la fable, toute sa vigueur qui avait pu paraître endormie. Il n'a jamais été en possession de sa jeunesse comme durant ce siège de Paris, où il a véritablement honoré l'Église de Dieu. Honorer l'Église ! Je ne sache pas de plus grand éloge.

Pendant les loisirs que lui avaient faits les rigueurs de l'Empire, il avait employé de longs mois à écrire une *Histoire de Jésus-Christ.* On ne pouvait guère lui reprocher que d'y avoir été trop timide et d'avoir redouté à l'excès d'y être original. Il avait suivi les commentaires des docteurs et s'était contenté de les revêtir de son grand style comme d'un manteau splendide. En réalité, il était permis d'oser mille fois davantage, et c'est ce qu'il a fait en remaniant son œuvre.

Le *Jésus-Christ* peut passer aujourd'hui pour un livre nouveau.

« Jésus-Christ attendu, Jésus-Christ vivant, Jésus-Christ continué dans l'Église, » telles sont les trois parties de cette œuvre ainsi transformée. Il est à peine utile d'ajouter que la troisième partie n'est, à vrai dire, qu'une histoire de l'Église. De 1860 à 1867, on ne cessait de répéter à M. Veuillot : « Écrivez, mais écrivez donc une *Histoire de l'Église.* » Il vient de prouver qu'il en était capable, et d'accroître nos regrets.

M. Louis Veuillot prépare en ce moment la publication de ses *Œuvres complètes;* mais nous ne pensons pas que cette publication modifie profondément notre jugement sur l'écrivain et nos idées sur l'homme. Assurément, il est un grand nombre de questions graves et délicates où nous n'avons pas la joie de nous trouver d'accord avec l'auteur du *Jésus-Christ :* Nous ne portons pas sur le siècle actuel des jugements aussi sévères ; nous sommes plus en pente vers la miséricorde ; nous faisons plus d'estime de la science, de l'économie sociale, de l'ordre naturel ; nous creusons un abîme plus large entre la politique et la religion ; nous sommes moins amoureux du dix-septième siècle et préférons Lamartine à Boileau. Mais toutes les fois qu'il nous arrive de prononcer le nom de Louis Veuillot, nous ne manquons jamais de le faire suivre de ces trois ou quatre mots qui résument très sincèrement toute notre pensée : « C'est un grand chrétien. »

Peu d'écrivains ont mérité à ce point une aussi noble épithète.

Je retrouvais tout à l'heure, au fond d'un tiroir, ces quelques lignes que j'écrivais sur Louis Veuillot en 1860 (1), après la suppression de l'*Univers*, et que j'avais alors destinées au *Monde*, où l'excellent M. Du Lac ne jugea point prudent de les laisser paraître : « Je regrette, disais-je, qu'il y ait en France un seul homme auquel soit aujourd'hui fermé le journal et interdite la presse. Je regrette surtout, que cet homme, plus sévèrement traité que les plus coupables écrivains, soit précisément ce grand cœur et ce grand esprit dont je crains de n'avoir point parlé avec assez d'éloges. Et mes regrets, j'en suis certain, seront partagés par l'équitable postérité. »

Malgré toutes mes réserves, que je maintiens, il me semble qu'en 1895 je n'écrirais pas autrement. C'est mon salut de l'épée.

---

(1) On en trouvera le texte *in extenso* dans notre *Littérature catholique et nationale.*

ALEXANDRE BIDA

I

Je sais toutes les objections que plusieurs de mes frères dirige-
ront demain contre le livre que je vais louer aujourd'hui, contre
« l'*Évangile* illustré par Bida ; » je connais toutes les difficultés, toutes les délicatesses de ma tâche. Tout d'abord, on ne
manquera pas d'observer que ce n'est point là de l'art chrétien
et qu'il n'y a rien de traditionnel dans le génie de Bida. On
prononcera le mot « d'Évangile bédouin, » et l'on croira avoir
fait justice, en deux traits de plume, d'une œuvre colossale,
que l'artiste a travaillée durant la plus longue partie de sa
vie, et que la postérité considérera à coup sûr comme un des
travaux les plus étonnants de notre siècle. Quelques critiques
iront plus loin, et je crois les entendre : « La ligne seule est
chrétienne, et la couleur ne l'est pas. » Et ils ajouteront que
la couleur locale est, en particulier, une qualité de vingtième
ordre et qu'il ne convient pas de tenir en trop grande estime.
Voilà les exagérations regrettables par lesquelles nous avons
trop souvent contristé des artistes de bonne volonté et de
grand cœur.

Il est certain que, pour parler la langue aride des écoles, le
spiritualisme doit toujours être la *dominante* de l'Art. L'Art
doit rayonner dans tout le corps et trouver sur le visage humain
son épanouissement le plus lumineux. La sensation, c'est bien ;
le sentiment, c'est mieux ; la pensée, c'est plus encore. L'Art

peut exprimer toutes ces choses ; il peut, dès cette terre, préluder à cette glorification de notre chair qui sera pour les élus le principal caractère du suprême Jugement. Je veux que le sculpteur et le peintre me montrent des visages qui prient, des corps qui soient domptés par l'âme, et des âmes enfin qui soient en quelque manière visibles et tangibles. Je sais ces choses : je les ai souvent exposées de mon mieux et très vivement défendues. Cette thèse, qui est la thèse chrétienne, se résume en cette proposition : « Le Surnaturel doit dominer la Nature. »

La dominer, oui ; la supprimer, non.

Bida, je le veux bien, est surtout l'homme de la couleur locale, du paysage, de la lumière. Mais, depuis quand le paysage, la lumière et la couleur locale sont-ils des éléments anti-chrétiens ? N'est-ce pas le Verbe de Dieu qui, de sa main divinement féconde et souple, a ciselé notre terre et y a splendidement étalé la beauté des montagnes, la beauté des forêts et la beauté des eaux ? N'est-ce pas lui qui a répandu partout ces torrents de la lumière naturelle où il faut voir l'image la plus parfaite de la lumière divine ? Quant à la couleur locale, c'est Dieu qui est le guide des nations, le *meneur* des peuples. Leurs mœurs, leurs costumes, leurs maisons attestent une certaine époque soit de la barbarie qui les éloigne du Bien et du Vrai, soit de la civilisation qui les rapproche de Dieu. Donc, tous ces éléments ne sont pas anti-chrétiens par eux-mêmes, et peuvent, à tout le moins, être aisément christianisés. La nature a sa place légitime dans l'art chrétien. Jésus est le centre de la nature et du surnaturel ; il est le centre de toute lumière et de tout paysage ; il est le centre de l'Art.

II

L'œuvre de Bida est consciencieuse : je le dis simplement et sans fracas d'épithètes. C'est le premier droit qu'elle ait à notre estime. Que de longs voyages, que d'excursions rudes, que de nuits sans sommeil supposent ces cent vingt-huit dessins! Il a fallu parcourir tous les chemins de la Terre-Sainte et se frayer un passage là même où il n'y a pas de chemins. Il a fallu s'arrêter, crayon en main, devant tous les accidents de paysage, devant tous les tableaux de mœurs, devant tous les spectacles que peuvent offrir là-bas la nature et les hommes. Le moindre détail du costume a été scrupuleusement relevé ; l'intérieur des maisons a été profondément fouillé. Pas de gland de burnous, pas de fenêtre ou de perron qui n'ait été dessiné avec une minutieuse exactitude. Il a fallu entasser les croquis sur les croquis, et rapporter de Jérusalem un album chargé de mille dessins. Ce n'était que le commencement du labeur; ce n'étaient que les matériaux de la maison. Il restait à composer CENT VINGT-HUIT TABLEAUX, oui, de véritables tableaux, dont chacun suppose la science de la composition, celle du groupe, celle de la lumière. Puis, penché sur l'œuvre des aquafortistes, le dessinateur a dû l'analyser d'un œil inquiet, la contrôler toujours, la corriger souvent, et se poser enfin cette terrible question familière aux sculpteurs et aux peintres : « A-t-on bien rendu ma pensée? » Ces angoisses n'ont pas duré moins de dix ans. Tel est le sort de l'artiste qui fait une grande œuvre. Il y dévore, il y brûle sa vie. Quand l'œuvre est achevée, la santé est brisée, l'âme est usée, la vie n'a plus qu'une petite lueur, et cette lueur s'éteint parfois le jour même où le dernier coup de crayon est donné au chef-d'œuvre. C'est l'histoire du « Portrait ovale » d'Edgard Poë.

Tant de travaux et de douleurs devraient mériter à eux seuls l'attention et la bienveillance des critiques, alors même que l'œuvre, si longuement étudiée, ne se recommanderait point par des qualités brillantes ou solides. Je regrette qu'il n'en soit pas toujours ainsi. J'ai entendu des raphaélistes enthousiastes, qui prenaient plaisir à dénigrer l'œuvre de Bida... sans l'avoir vue : « Je n'ai pas besoin de voir ça. Ça ne m'apprendrait rien. » Je ne dis rien des préraphaélistes, que j'estime particulièrement, mais qui sont parfois d'une singulière étroitesse de vues : l'*Évangile* que j'analyse leur paraîtra un blasphème, ni plus ni moins, et je ne saurais m'en étonner depuis que j'ai entendu un préraphaéliste (excellent chrétien d'ailleurs) traiter devant moi Pérugin et son école de paillards et de misérables. Faut-il parler du camp des médiévistes ? il en est qui ne veulent pas admettre d'art véritable, dans toute l'histoire de l'humanité, si ce n'est entre les années 1204 et 1300. L'un d'eux refusa un jour de me serrer la main parce que je n'avais point placé certaine statue du treizième siècle, fort médiocre, au-dessus de l'Apollon ou du Moïse. Quelle douleur cependant que de limiter ainsi son admiration à un seul siècle ou à une seule école ! Dieu nous a donné, en vérité, une intelligence assez vaste pour contenir toutes les admirations, tous les enthousiasmes. Il est doux de pouvoir aimer tout ce qui, sous tous les cieux et dans tous les temps, porte le reflet pur de la Beauté naturelle ou surnaturelle. Je m'estime heureux, quant à moi, de pouvoir admirer, en même temps, la Diane de Gabies, le magnifique portail de saint Étienne à Notre-Dame de Paris, les fresques de Giotto à Padoue, le Jugement dernier de Fra Angelico, la *Transfiguration* de Raphaël, l'*Assomption* du Titien, la *Guerre* de Rubens, les *Théories* de Flandrin à Saint-Vincent-de-Paul, et... l'*Évangile* de Bida.

III

L'œuvre présente d'incontestables qualités, et la première de toutes, c'est cette « couleur locale », dont je ne veux pas médire. Telle est certainement l'aptitude spéciale du grand dessinateur. La collection de ces eaux-fortes est un véritable Traité d'archéologie orientale. On ne pourrait en faire un reproche à Bida, et les juges les plus sévères ne sauraient refuser au peintre d'imprégner de couleur locale le cadre tout au moins et les accessoires de ses tableaux. C'est un droit, et, dans certains cas, ce serait presque un devoir. Bida n'y a pas manqué. Les *Dix Lépreux* nous offrent une rue de ville juive, étroite, ensoleillée, charmante. Dans le *Mauvais Riche*, nous quittons la rue pour visiter la cour intérieure d'une maison orientale : voici les étages à galeries ouvertes, voici les danses et tout le mouvement de cette vie où la joie revêt une sorte de caractère solennel. Ne restons pas là et franchissons hardiment le seuil de la porte : dans la *Paix de la Maison*, Bida nous offre le type parfait d'un intérieur à Jérusalem. Et voici, dans le joli tableau qui a pour titre : *Jésus mange avec les Pêcheurs*, voici que nous assistons à un repas à l'orientale : les convives sont assis par terre et mangent avec une gaîté grave. Dans les deux merveilleuses eaux-fortes qu'il a consacrées à l'histoire de l'Enfant prodigue, Bida fait encore passer sous nos yeux des vues de maisons qui ont peut-être le défaut d'être un peu trop arabes pour être tout à fait juives. Mais nous voilà redescendus dans la rue : arrêtons-nous un instant devant cette boutique si naturellement, si méticuleusement rendue dans la *Vocation de saint Mathieu*. Quel est ce monument, là-bas, si vaste et qu'on aperçoit de si loin ? C'est le

Temple. Il y faut pénétrer, et Bida nous en a offert plusieurs vues où, malgré tout, la fantaisie reprend ses droits, mais dont l'architecture est tout au moins vraisemblable. Sous ces portiques, à travers ces rues, dans ces maisons, mille personnages se meuvent, qui, plus que tout le reste, ont été longuement et scrupuleusement étudiés. Il est évident que Bida a examiné là-bas le crâne et la contexture osseuse des Juifs qui habitent aujourd'hui la Syrie et la Terre-Sainte. L'infatigable artiste les a crayonnés dans tous les actes, dans toutes les attitudes de leur vie. Il faut bien avouer que, plus d'une fois, il les a trop « bédouinisés ». Les personnages qu'il veut représenter n'ont certes pas été, durant leur vie, aussi uniformément, aussi exactement sémitiques. L'exactitude physiologique elle-même, et aussi celle du costume, pourrait à la longue fatiguer les plus courageux. Néanmoins, l'ensemble est des plus heureux, à la condition toutefois de réserver le visage divin du Christ. Les portraits des évangélistes sont trop uniquement humains et judaïques ; mais le dessinateur est tout à fait à l'aise, quand il esquisse les Scribes et les Pharisiens. Il n'y a là aucun inconvénient à accentuer les types, parce que, sur ces faces pâles, le rayon de Dieu n'a point passé. Toutes les difficultés se résolvent ici par le sens du Surnaturel et du Divin.

Cette admirable précision de couleur locale n'est en réalité qu'une qualité secondaire et dont le génie peut se passer ; mais elle serait stérile et vaine, si elle n'était pas accompagnée de dons plus solides. Or, ces qualités, Bida les possède au plus haut degré, et personne ne lui contestera, par exemple, cet art de la composition et du groupe dont nous avons parlé plus haut. Parmi ces cent tableaux, il en est fort peu qui, à ce point de vue du moins, soient envahis par l'horrible médiocrité. Je supplie « ceux qui ont le goût difficile » de vouloir bien considérer, pendant quelques minutes, l'admirable page intitulée le *Centurion* : il y a là matière à une toile immense que ne désavouerait pas un grand maître. Il n'est pas de femme qui ne passerait volontiers plusieurs heures à contempler la *Mère et le Nouveau-né* ou le *Laissez venir à moi les petits enfants* : ce dernier dessin est purement un chef-d'œuvre. Bida s'y attendrit ; ce dessinateur sévère y devient gracieux. Partout il est original. A l'exception de deux ou trois sujets, il n'en est pas qu'il ait traité à la façon de ses devanciers. Ce n'est pas là de l'art réduit à des formules, comme nous avons lieu de le constater trop souvent dans les œuvres des quinzième et seizième siècles. A cette époque, on comprenait toujours de la même manière une « Nativité », un « Mariage de la Vierge », un « Saint Jean à Pathmos ». Les grands maîtres eux-mêmes n'échappaient pas à ce défaut, qu'ils rachetaient par de sublimes qualités. Je voyais l'autre jour, au Musée des copies, ces deux « Mariages de la Vierge » qu'on a placés à dessein l'un à côté de l'autre : l'un du Pérugin, l'autre de Raphaël. C'est exactement la même composition, la même formule ; au fond, paraît le même petit temple à pans coupés, et nous l'avions déjà vu figurer dans nos miniatures du quatorzième et du quinzième siècles. Notre époque a réagi contre cet abus de l'uniformité, et, par ma foi, elle a bien fait. Personne n'a mieux compris cette réaction que Bida. Son originalité profonde n'est jamais affectée ni « précieuse ». Il est neuf, et ne pose pas pour la nouveauté. Dans le silence de l'étude il a longuement médité chacune de ses scènes ; il s'est abstrait de tout le passé ; il a résolument chassé de son esprit tous les souvenirs importuns, et il est enfin arrivé à ce désirable et magnifique résultat que tout artiste devrait envier et poursuivre : « il est resté lui-même. »

Le paysage n'est pas moins original dans l'œuvre de

Bida : il est original parce qu'il est vrai et que la convention n'y tient aucune place. Ces vues des environs de Jérusalem, elles ont été crayonnées avec une précision intelligente qu'on ne pourra jamais exiger de la photographie. Il est à croire, hélas ! que toute cette campagne a bien changé depuis le temps où le Sauveur parcourait les rives des lacs et les sentiers des vallons. Le bois des Oliviers ne devait pas alors offrir cette pauvreté d'ombrages que Bida constate avec son exactitude ordinaire, mais que, sans inconvénient, il eût pu embellir. Cette inexactitude aurait même été plus exacte. Il m'est agréable de louer sans réserves ces incomparables paysages et marines : *Jésus pleure sur Jérusalem; — La pêche miraculeuse; — Jésus marche sur les eaux*, et vingt autres. On s'oublie à regarder ce petit chemin creux où se tiennent, en suppliants, les deux aveugles de Jéricho, et le délicieux sentier que se fraie à travers les blés l'âne de saint Joseph, portant la Mère et l'Enfant divin. La lumière ruisselle partout et elle est cependant distribuée partout avec une admirable sagesse et économie. Je n'hésite pas à reconnaître que cette science de la lumière et de sa distribution précise n'a jamais été plus complète chez aucun artiste. L'incomparable Rembrandt a sa lumière à lui, qu'il invente et fait sortir d'où il lui plaît. Bida se contente le plus souvent de la lumière du bon Dieu, et produit avec elle les effets les plus variés et les plus inattendus. Les excellents graveurs qui l'ont aidé dans sa tache lui ont ici rendu de précieux services ; car la lumière, dans l'eau-forte, tire sa beauté de l'œuvre du graveur autant et plus que de celle du dessinateur. Dans l'*Évangile*, tout est parfait.

On ne saurait dire de l'œuvre de Bida que le paysage y est gâté par l'homme. Ce dessinateur puissant sait poser et faire vivre tous ses personnages. Il connaît l'anatomie de l'homme; mais il n'abuse pas de cette science pour donner aux muscles un relief excessif. Il sera peut-être permis de lui reprocher seulement une certaine exagération dans la figuration des mains, dont il montre volontiers tous les détails et fait parfois compter tous les os. Ces corps exactement esquissés sont recouverts de draperies minutieusement traduites. Tous ceux qui ont habité l'Orient ont été frappés du rôle de la draperie chez ces peuples aux vêtements amples. La laine est la matière de ces habits, auprès desquels les nôtres paraissent étriqués et ridicules. Ce que Bida a donc le plus longtemps étudié, ce sont les plis de la laine. Pas d'incorrections, pas d'à-peu-près : c'est la réalité. Mais ces détails ne sauraient suffire, même avec une telle perfection, pour illustrer une œuvre telle que l'Evangile. Toute la vie extérieure de l'Evangile doit être exprimée par le peintre sur le visage de ses personnages. L'art chrétien se concentre dans la tête de l'homme, et Bida l'a compris. Toutes les fois qu'il se propose de traduire une sensation ou un sentiment de l'ordre naturel, il se sent maître de son crayon, et réussit au-delà de sa propre attente. Cette tête de la femme adultère est d'une beauté calme et repentante ; ces aveugles sont d'un naturel incomparable...

Mais enfin, il a dû arriver, ce moment, ce fatal et terrible moment, où Bida s'est trouvé aux prises avec le Surnaturel. C'est en de tels instants que Fra Angelico se jetait à genoux ; c'est alors aussi que la théologie est bonne à quelque chose. Je doute que Bida ait jamais lu le Traité des Anges : il y aurait lu, par exemple, que les Anges sont des créatures augustes et ayant dans le plan divin une fonction déterminée ; qu'ils forment chacun une Espèce et s'étagent les uns au-dessus des autres, suivant qu'ils sont plus ou moins près de Dieu, suivant qu'ils connaissent et reflètent plus ou moins exactement la beauté du Soleil divin. Le dessinateur qui sait ces grandes vérités se sent animé soudain de très hautes pensées. Or, dans l'œuvre que nous étudions, les Anges sont presque partout vulgaires et médiocres ; ce sont des adolescents qui paraissent gênés de leurs ailes. De même pour le corps de Jésus, après la Passion. Si Bida avait lu cette page splendide de la sœur Emmerick, où elle nous représente le Corps divin lançant des rayons de soleil dans le sépulcre où l'on vient de le coucher, s'il s'était pénétré de ces fortes images, il aurait compris autrement son *Joseph d'Arimathie*. Nous avons dit plus haut qu'il y avait dans cette œuvre immense bien peu de planches véritablement médiocres : la *Transfiguration* est de celles-là, et le Sauveur ne s'y élève en l'air que par une sorte de magnétisme trop naturel et qui fait mal à voir. La Transfiguration, aux yeux du chrétien, est un résumé de l'histoire du monde : Moïse y représente la Loi, Elie la Prophétie, les Apôtres l'Église, et Jésus les domine et les enveloppe tous dans le rayonnement de sa Divinité. Ah ! si Bida avait lu là-dessus nos Pères et nos Docteurs ; *si sciret donum Dei !*

Ce « don de Dieu », il a cependant tendu la main vers lui, et il l'a conquis plus d'une fois. La tête du Christ, cet unique et redoutable foyer de lumière, qui effraie et fait reculer tous les peintres, il en a saisi, en certaines heures, toute la beauté délicieuse. Dans le *Vide pedes*, il est même arrivé à la notion du « corps glorifié », et le plus rude catholique n'oserait, devant cette apparition translumineuse, l'accuser encore de réalisme. Néanmoins, c'est dans le *Denier de César* que j'irais chercher sa représentation de l'Homme-Dieu la plus chrétienne, la plus divine. Dans la *Tentation du Christ*, on ne voit pas le visage de Jésus ; mais son attitude est celle d'un Dieu, et l'on devine la beauté de la face cachée. Tel est le plus haut sommet où se soit élevé le génie de Bida. Le peintre chrétien ressemble à un voyageur qui s'élève sur une grande montagne et qui est obligé, à toute heure, de lutter contre mille ennemis divers. Il en triomphe; mais, arrivé au dernier pic, il trouve le Christ, et il est forcé de lutter, comme Jacob, avec ce Dieu vainqueur. Parfois il arrive à dérober la beauté de son antagoniste céleste et à en fixer les traits incomparables. C'est ce que Bida a pu faire, deux ou trois fois, dans les tableaux les mieux inspirés de son immortel chef-d'œuvre.

J'ai dit « immortel » et ne veux pas effacer ce mot. J'ajoute et je répète que ce livre est une des gloires de notre temps. Et il me semble assister à l'enthousiasme de nos petits neveux qui feuilleteront ces nobles pages et s'écrieront malgré eux : « On faisait beau en ce temps-là. »

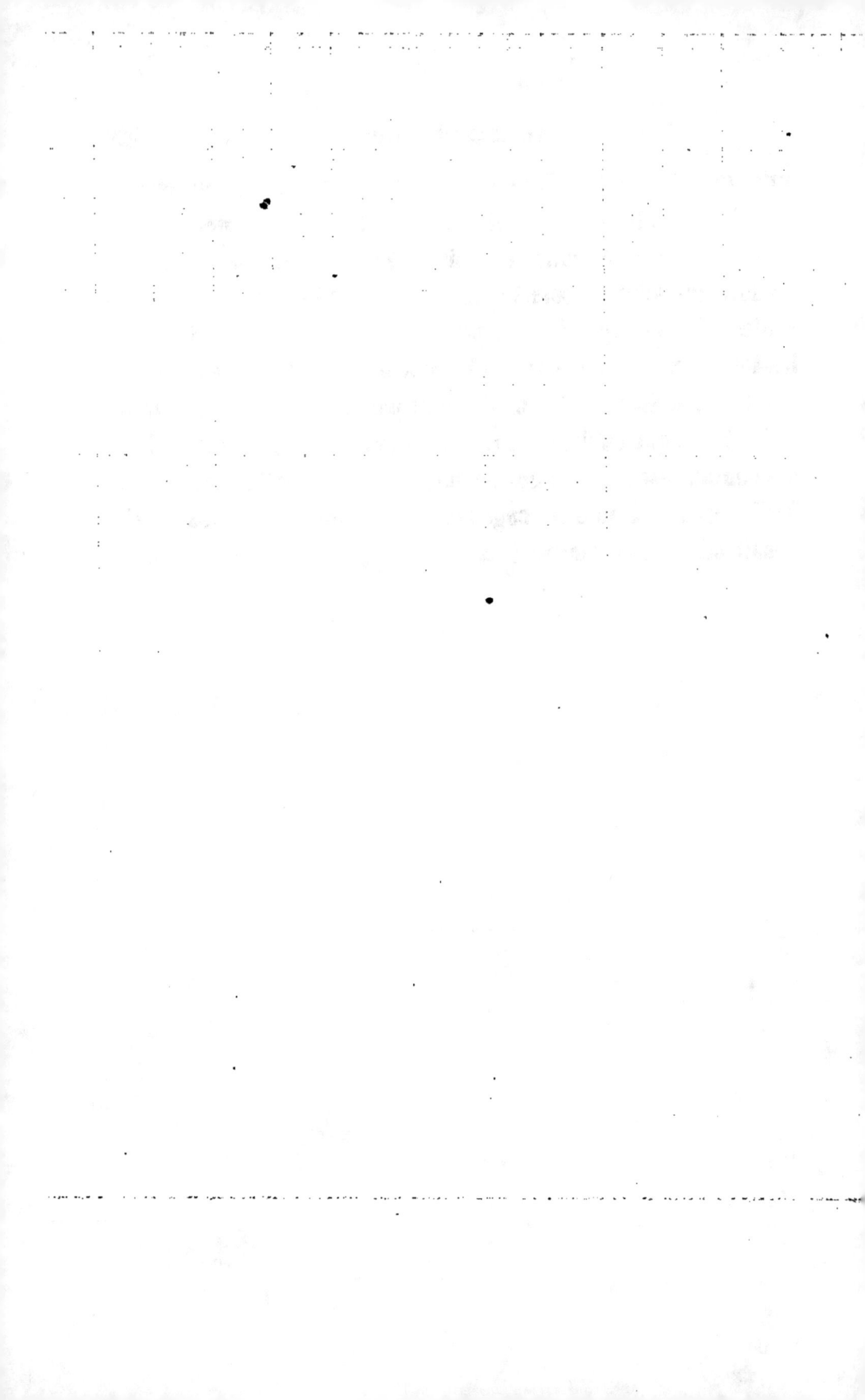

ARNAULD D'ABBADIE [1]

I

Cette parole tant de fois citée : *Instaurare omnia in Christo*, est véritablement d'une application universelle, et il est très certain que toutes les choses naturelles peuvent et doivent être surnaturalisées. Le Christianisme est un système, dans la meilleure acception du term: : tout s'y tient, tout prend une face nouvelle en y entrant, et tout peut y entrer. Prenez au hasard tel ou tel fait de la vie privée ou sociale : vous lui trouverez chez les peuples païens une physionomie tout autre que dans les intelligences chrétiennes. L'idée de « voyage, » pour ne parler aujourd'hui que de celle-là, éveille dans un esprit catholique une foule d'autres idées qu'un païen n'aurait pu concevoir. Aux yeux de ceux que n'avait pas éclairés l'Évangile, le « voyage » était le plus souvent une nécessité que les migrations des peuples antiques attestent fort éloquemment; c'était encore un plaisir délicat réservé à quelques rares privilégiés; c'était le plus souvent la ressource du négoce avide, que rien ne rebute, que rien ne fatigue; c'était quelquefois la préparation d'une conquête prochaine; enfin, et pour les entendements les plus avancés, c'était la téméraire satisfaction d'une curiosité scientifique qui n'avait rien d'ailleurs que de très légitime. Lisez la *Collection des Voyageurs anciens*, et vous n'y rencontrerez pas d'autres mobiles de tant d'entreprises hardies que nos explorations modernes ont, du reste, si évidemment surpassées.

[1] *Douze Ans de séjour dans la Haute-Éthiopie.*

Le Christ paraît : tout aussitôt l'idée de « voyage » s'ennoblit, se dilate, s'élève. Les trois dernières années de la vie de Jésus n'ont été qu'un voyage, et ce divin itinéraire peut être considéré comme le type parfait et l'idéal incomparable de tous les voyages de l'homme sur la terre. Les dernières paroles du Sauveur ont fondé ici-bas cet immortel voyage qui s'appelle la prédication de l'Évangile : *Docete omnes gentes*, et l'Église peut être considérée comme la Voyageuse par excellence. Depuis le jour de l'Ascension jusqu'à notre temps, la terre tout entière a été sillonnée par des voyageurs qui sont les Apôtres et les Missionnaires, et c'est pour eux que l'Église chante : *Quam pulchri sunt pedes evangelisantium pacem !* Est-ce que les païens se sont jamais élevés à de telles hauteurs ?

Il semble que l'on pourrait écrire aujourd'hui la « Théologie des voyages, » s'il est permis de se servir d'une expression qui est en apparence si singulière. On y pourrait montrer que le voyageur chrétien est revêtu de quatre incomparables qualités, ou qu'il doit, en d'autres termes, remplir quatre grands devoirs. Il est appelé à être le propagateur de la vraie lumière, le témoin de l'Église, le préparateur de la paix future, l'augmentateur de la science.

Tout voyageur est, par certains côtés, un missionnaire qui est strictement tenu à prêcher la Vérité catholique parmi toutes les nations. Tandis que les anciens ont été étrangers à la notion du prosélytisme, tandis qu'on voit leurs mythologies odieuses se donner le plus souvent la main et s'embrasser en s'unissant, le chrétien, lui, ne rêve que de convertir le monde entier à sa foi lumineuse. Il se hâte, il craint que les âmes ne puissent être assez tôt lavées avant de paraître devant le tribunal du Juge, avant de s'être unies à la grande rédemption du Calvaire. Il se dit qu'il est responsable du salut de ses frères, et, plein de cette idée, il marche, il marche plus vite encore, tantôt dans la lumière dangereuse du jour, tantôt dans les ténèbres de la nuit qui ne sont pas moins périlleuses. Il laisse un peu de son sang à tous les buissons; il ne consent pas à prendre une heure de repos; il arrive enfin haletant, pantelant, demi-mort dans la région de l'erreur et de la mort : il ouvre ses lèvres blémies, prêche l'Évangile, instruit quelques catéchumènes, puis certain jour sent la grosse main du bourreau sur son épaule. On le saisit, on le décapite, et l'on croit que tout est dit. Mais, quelques années après, une église fleurit au milieu de ce paganisme vaincu, et cette église a été fondée par le voyageur dont nous parlions et qui est un Saint. Voilà le premier devoir, voilà le premier honneur du voyageur catholique.

Tous n'ont pas cette vocation extraordinaire, cette mission presque « divine, » et voici que, près du missionnaire, j'aperçois le savant chrétien. Il ne prêche pas l'Évangile celui-là : il le prouve. Est-il philosophe? il recueille avec soin tous les dogmes des peuples qu'il traverse; il les analyse, il les trie, il les divise en deux grandes catégories : ce sont, d'une part, de belles vérités naturelles ou traditionnelles qui ont été plus ou moins altérées; ce sont, ailleurs, de monstrueuses erreurs qui sont dues à l'imagination abêtie de nations dégradées et barbares. Les unes et les autres attestent la vérité du Christianisme; les unes et les autres démontrent que certaines croyances nécessaires se retrouvent partout, mais qu'en dehors de l'élément chrétien elles se corrompent partout. Rien n'est plus clair.

Notre savant est-il philologue? il analyse et approfondit les idiomes si étrangement multipliés des terres inconnues où il pénètre le premier, afin de ramener un jour ces dialectes à leur unité primordiale. Est-il naturaliste, est-il géologue? il cherche autour de lui de nouvelles preuves de l'unité de notre race, des bouleversements produits par le déluge universel, des grands faits attestés par Moïse. Témoin sincère et loyal, il ne craint pas de constater les phénomènes qui paraissent le plus contraires à la foi : il est trop croyant pour s'effrayer de ces anomalies apparentes. Comme Christophe Colomb, il fait le signe de la croix dans l'air, et marche en avant.

Le voyageur chrétien est un augmentateur de la science, mais il a une fonction encore plus auguste, et il faut voir en lui, comme nous le disions plus haut, « un préparateur de la paix future entre tous les peuples. » C'est là une de ses plus belles missions. Tout chrétien doit énergiquement détester la guerre, tout chrétien doit énergiquement aimer la paix et en préparer ici-bas le règne universel. Or le voyageur peut contribuer à cet avènement si désirable, si, comme M. Arnauld d'Abbadie, il montre avec une bienveillante sincérité quelles sont les vertus réelles de tous les peuples qu'il étudie. On se figure trop aisément, surtout en France, que tous les autres peuples sont barbares, féroces, odieux, et le jour où quelque voyageur nous affirme qu'il n'en est rien, qu'avec telle ou telle nation les relations sont commodes et même agréables, on se sent tout près d'en être prodigieusement étonné. Les âmes alors s'adoucissent, le vieux levain disparaît, on tend la main à ces nations inconnues contre lesquelles on préparait déjà ses fusils et ses mitrailleuses. On commence à s'aimer enfin, et c'est ainsi que le voyageur accomplit parmi nous, quand il comprend sa vocation, la plus belle de toutes les OEuvres de miséricorde....

II

M. Arnauld d'Abbadie, dans son excellent livre sur la Haute-Éthiopie, a bien répondu à tout ce qu'on peut légitimement attendre d'un voyageur chrétien. C'est le plus rare et le plus grand éloge que nous puissions lui faire.

Il se mit en route à la fin de décembre 1837, généreusement animé de deux grandes ambitions. Il était catholique, il
était Français, et ne rêvait que d'étendre au loin la double
influence de son pays et de sa foi. On verra plus tard comment il y réussit. Tout d'abord la Providence, et non point le
hasard, le mit en relation avec un saint prêtre qui peut être
regardé comme le fondateur de la mission du Tigraïe. Notre
voyageur pénétra dans la Haute-Éthiopie avec le P. Sapéto
et avec son propre frère, qui devait, durant quelques
années, partager ses fatigues. Il entra dans ce pays, si mal
exploré avant lui, par le port de Koucayr, qui est situé sur
la côte occidentale de la Mer Rouge. Le 17 février 1838, il
arriva dans l'île de Mossowa dont il nous a laissé une description charmante. Mais Mossowa, qui a si longtemps appar-
tenu à l'Éthiopie et qui a été jadis terre chrétienne, est aujour-
d'hui musulmane, et son gouverneur dépend du pacha de
l'Hedjaz. Certaine mosquée à double dôme, nommée Cheik el
Hammel, est, suivant les Éthiopiens, l'ancienne église bâtie
par leur premier apôtre Frumentius. O douleur! de penser
que l'ancien tabernacle de Jésus-Christ soit ainsi devenu un
temple de l'erreur, et comme il est désirable que la messe soit
bientôt chantée sous les coupoles de Sainte-Sophie et dans
toutes ces anciennes basiliques qui ont été volées aux chrétiens et travesties en mosquées!

M. d'Abbadie mit enfin le pied sur la vraie terre éthiopienne et entra dans le Tigraïe. Une telle entreprise n'était
pas sans hardiesse. L'immense empire éthiopien est divisé en
un certain nombre de grands fiefs à la tête desquels sont placés
de véritables tyrans féodaux, les Dedjazmatchs. Or notre
Français se trouvait avoir devant lui l'un de ces vassaux
redoutables, le dedjaz Oubié, gouverneur du Tigraïe. En
quittant le sol musulman, où sévit encore un despotisme plus

ou moins régulier, il tombait en pleine féodalité et allait ressentir les rigueurs de cet organisme politique pour lequel certains historiens se montrent trop indulgents. Le dedjaz Oubié, loin de l'Empereur, faisait le petit roi, et placé sur les frontières de son pays, s'attachait surtout à en éloigner les étrangers : les Européens excitaient sa défiance et certains missionnaires protestants, dont M. d'Abbadie nous fait un tableau pris sur le vif, ne l'avaient que trop confirmé dans ces sentiments haineux. Malgré tout, nos voyageurs purent un jour entrer dans la petite ville d'Adwa. Ce fut leur première halte vraiment importante. Il faut lire, dans le livre que nous analysons, au prix de quels efforts pleins de noblesse et d'habileté Arnauld d'Abbadie parvint à établir dans Adwa le P. Sapéto malgré d'anciennes et sanguinaires prohibitions. Mais il eut plus de peine à pénétrer auprès du dedjaz Oubié. Appartenant à la race chrétienne, qui est la plus fière de toutes les races, M. d'Abbadie ne voulut pas courber la tête sous les humiliations multiples que les Éthiopiens infligent à des étrangers trop soumis : il se révolta hardiment, refusa de payer vingt contributions arbitraires, et alla même, témérité dangereuse, jusqu'à frapper l'huissier du Dedjazmatch. Ce courage ne déplut pas au prince qui reçut notre compatriote dans son camp et se fit soudain son protecteur inespéré. Mais Adwa n'était qu'une étape. C'est à Gondar que M. d'Abbadie voulait aller, c'est de Gondar qu'il voulait faire le centre de ses opérations. Si l'on jette les yeux sur la bonne carte d'Abyssinie qui se trouve à la fin des *Douze ans en Éthiopie*, on se convaincra aisément que Gondar est pour un Européen la meilleure de toutes les positions. Elle est tout près du grand lac Tzana, au milieu de tout ce vaste empire et sur le passage des caravanes; mais, surtout, elle est le siège de cette ombre de gouvernement impérial, qui garde encore quelques traces de son

antique majesté. Il fallait aller à Gondar, y séjourner longtemps, et de là étudier avec soin tout le pays. C'est ce que fit
M. d'Abbadie.

Le 29 mai, il arrivait à Gondar et y recevait l'hospitalité chez
un des grands dignitaires de l'empire, le Likatskou. De la
bouche de cet homme intelligent, il apprit toute l'organisation
de cet empire en décadence ; mais il ne voulut pas se contenter de ce témoignage. Il prétendit tout voir de ses yeux
et toucher tout de ses mains, et se fit successivement présenter à l'Empereur, à l'Itchagué qui est le chef de tout le
clergé régulier, à tous les fonctionnaires, à tous les notables
de la ville. Il prit peu de notes, mais grava dans la plus
puissante des mémoires la physionomie politique et sociale de
ce peuple si mal connu. De cette étude sont sortis les remarquables chapitres de son livre que M. d'Abbadie a modestement intitulés : *Aperçus géographiques, ethnologiques et historiques.* Nous allons essayer d'en donner un résumé qui fixe
l'attention de nos lecteurs.

III

Les Éthiopiens, fidèles à une légende qui n'est pas fondée
sur des preuves raisonnables, mais qui après tout ennoblit
leur race et lui donne une fierté généreuse, prétendent descendre de Menelik, fils de Salomon et de la reine de Saba.
Rien n'est plus mal trouvé, d'après M. d'Abbadie, que le
nom d'Abyssins, sous lequel les géographes les désignent le
plus souvent. Le mot ABECKI ou HABECKI s'emploie en arabe
pour qualifier un ramassis de familles d'origines diverses et
de généalogie inconnue ou altérée. Parmi les races sémitiques, l'injure la plus mortifiante que l'on puisse adresser à

un homme ou à un peuple, c'est de lui dire qu'il ignore sa généalogie ou qu'elle est entachée de promiscuité. Ce vil adjectif « Habecki » a été un jour déformé par les Portugais, et est devenu Abexim, d'où « Abyssinie. » Voilà donc un grand peuple qui se trouve aujourd'hui désigné par un sobriquet injurieux, par un nom dont il a horreur. Notre géographie abonde en traits de ce genre, et il est désirable que l'enseignement de cette science soit reconstitué sur des bases nouvelles. Pourquoi n'y travaille-t-on pas? Pourquoi nos rédacteurs de Traités élémentaires, au lieu de se copier effrontément les uns les autres, ne se décident-ils pas à ouvrir les bons livres, comme ceux de M. d'Abbadie, et à en offrir aux jeunes intelligences une analyse colorée et vivante?

A toutes les pages de l'œuvre de M. d'Abbadie s'épanouissent des paysages radieux, et le charme n'est absent d'aucun de ses tableaux. Il nous prend par la main; il nous conduit dans cette chère Éthiopie, qu'il a traversée et retraversée dans tous les sens; il nous en montre toutes les vallées, toutes les montagnes, toutes les beautés. Les pays élevés s'appellent « Deugas, » les plaines « Kouallas, » les contrées d'altitude moyenne « Woina-Deugas ». Ces trois terres ne se ressemblent en rien, et c'est cette diversité qui a fourni à M. d'Abbadie la matière de trois pages admirables qui mériteraient d'être citées parmi les meilleures de notre langue. Les habitants de ces différents districts ont entre eux certains traits communs que notre explorateur a bien su distinguer; mais d'autres traits sont particuliers aux gens des montagnes ou à ceux des pays-bas. « L'homme des Kouallas a la physionomie expressive, le regard mobile et ardent; ses gestes et sa démarche trahissent la vivacité de ses impressions; aussi manque-t-il de cette dignité de maintien résultant de la possession de soi-même. Il est abrupte dans ses façons, original dans ses habitudes, persiffleur, goguenard et tapageur; il parle haut; son élocution est rapide et figurée; son organe est vibrant, souple et musical; sa prononciation claire et sa voix blanche. Il passe pour être imprévoyant, susceptible, colère, franc, charitable, ostentateur, fantasque, actif, indolent par accès, peu soucieux de la vie et impétueux au combat. L'homme des Deugas, au contraire, est sobre de paroles et de gestes; il manifeste moins bruyamment les mouvements de son âme; sa physionomie et son maintien sont graves; le regard est plutôt contemplatif, l'organe lourd, voilé; il parle souvent en fausset; sa diction est lente; il affecte la rudesse, et aime les formes concises, sententieuses; il a la réputation d'être patient, mais de ne pas oublier l'injure, d'être calculateur économe, défiant et âpre au gain; il est moins querelleur, moins hospitalier, moins vain, plus orgueilleux, plus processif, plus fourbe. Ses sentiments religieux sont moins démonstratifs, mais il est peut-être moins encombré de superstitions. »

Il serait difficile de mieux dire, ou plutôt de mieux peindre.

En résumé l'Abyssin présente un type difficile à saisir, singulier mélange de chrétien civilisé, de barbare, de nomade, d'homme primitif et d'homme de la décadence. Il est initié à ces grandes vérités de la religion qui soutiennent le monde : il tient à sa foi et la défendrait jusqu'à la mort. Cependant il est subtil comme un Grec du Bas-Empire, et les superstitions foisonnent dans son âme: il est tout chargé d'amulettes et de pierres magiques. Il offre certaines apparences de civilisation avancée, et n'est par certains côtés qu'un demi-sauvage, plein de défiance à l'égard de l'étranger, et se plaisant à vivre loin de l'univers entier. Son imagination d'ailleurs est des plus vives : il a pour la poésie l'amour que les anciens Grecs avaient pour les chants des rapsodes et nos pères du XIIe siècle pour les œuvres des trouvères : il tient le milieu entre les

contemporains d'Homère et ceux de la *Chanson de Roland.*
L'hérésie l'a singulièrement amoindri, et l'a condamné à un
lamentable et périlleux isolement. Malgré tout il y a là une
grande et noble nation que l'Église et la France ne voudront
pas livrer à l'Angleterre ni au schisme. Les montagnards de
l'Éthiopie forment une race puissante sur laquelle on peut
compter pour régénérer le pays. Il faut s'appuyer sur eux et
sur Dieu.

IV

L'organisation politique de l'Éthiopie a été particulièrement
étudiée par M. d'Abbadie et c'est là peut-être la partie la plus
remarquable de tout son livre.

Rien de plus beau, rien de plus profondément chrétien que
l'Éthiopie durant les premiers siècles de l'Église, après sa
conversion au vrai Dieu. Tout son régime politique était
alors fondé sur la famille et la commune : l'Empereur ou
l'Atsé était considéré comme le délégué, comme le chargé
d'affaires de toute la nation. « A l'origine, dit excellemment
M. d'Abbadie, le mot Atsé était considéré comme impliquant
l'idée de protection et de gestion suprême; mais, de même
que celui d'*Imperator* chez les Romains, il est devenu, par
corruption, le synonyme de despote. » Les pouvoirs de l'Empereur n'étaient pas nécessairement héréditaires : il les parta-
geait avec les Dedjazmatchs, véritables délégués du peuple et
dont l'élection était valable pour une année seulement. C'était
avec eux qu'il décidait de toutes les grandes opérations mili-
taires ; c'était avec les quatre Likaontes et les quatre Azzages
qu'il rendait la justice ; c'était avec eux encore et avec quelques
grands dignitaires qu'il réglait toutes les affaires politiques.
Nulle place dans tout ce système pour l'absolutisme qui

dégrade et corrompt les meilleures nations. Un tel état de choses ne devait pas durer longtemps.

D'où vint cette influence détestable, qui changea cette constitution patriarcale, libre et chrétienne? Elle vint comme chez nous du droit romain, et principalement du code Justinien. Lorsque cette législation, amie du despotisme, pénétra dans notre France du xiie siècle, elle excita aussitôt l'enthousiasme de nombreux légistes, qui poussèrent la royauté sur la pente du Césarisme. Il en fut de même en Éthiopie. Enivrés par les séduisantes exagérations du droit romain, les Empereurs en vinrent à supprimer sans vergogne le principe électif et, avec lui, la liberté de leurs peuples. Ils s'attribuèrent la plénitude de tous les pouvoirs. Ils n'étaient que mandataires : ils s'érigèrent en dieux tout-puissants. Une telle révolution triompha par la corruption plutôt que par la force. Les Dedjazmatchs furent attachés à la cause des nouveaux Césars par mille privilèges qu'on leur abandonna. On alla jusqu'à leur conférer, dans une certaine mesure, la puissance militaire et le droit de justice criminelle. Bref, l'absolutisme en Éthiopie créa pour ses besoins une féodalité menaçante qui devait l'écraser un jour. Cependant on mettait joyeusement le pied sur toutes les indépendances légitimes, sur celles de la famille, sur celles de la commune. Le divorce pénétrait dans le mariage qu'il déshonorait, les bonnes mœurs se perdaient, les armées devenaient permanentes ; le clergé lui-même, qu'on avait alléché par de riches donations, se discréditait par un honteux silence. Tout conspirait à hâter la décadence.

Ces malheurs étaient depuis longtemps consommés, lorsqu'au xvie siècle, Dieu envoya à ce peuple corrompu une grande épreuve qui, tout en le châtiant, pouvait le relever. Une épouvantable invasion de Musulmans vint compromettre un instant la puissance de ces Empereurs, qui ne se croyaient plus d'égaux sous le soleil. Un aventurier, Ahmed-Gragne, battit les troupes Éthiopiennes, triompha de l'Atsé, brûla les églises et les bibliothèques, s'établit dans le pays comme dans son domaine, et ne fut vaincu que par une poignée de Portugais, vengeurs du nom chrétien. Les Éthiopiens n'avaient en somme résisté que très faiblement; mais la faute en était au césarisme qui détruit à la longue toutes les forces vives du peuple le plus héroïque. Plusieurs Abyssins le disaient à M. d'Abbadie : « Cet Ahmed-Gragne, ce voleur de grand chemin, n'aurait rien pu contre nous, si nous n'eussions pas été divisés et affaiblis par une série d'empereurs qui nous avaient enlevé les choses de nos pères. » Grande leçon pour toutes les nations que l'absolutisme pourrait séduire !

Un autre châtiment attendait les Césars de l'Éthiopie. Ces grands vassaux, dont ils s'étaient fait des alliés contre tout le reste de leurs sujets, ces gros barons féodaux qu'ils avaient créés et façonnés de leurs propres mains, les Dedjazmatchs allaient bientôt se retourner contre eux. Au despotisme qui énerve allait succéder la féodalité qui éparpille les forces d'une nation. C'est en vain que les Atsés crurent régner plus sûrement en corrompant davantage ; c'est en vain qu'ils favorisèrent le dévergondage et le divorce; c'est en vain qu'ils exagérèrent leur despotisme pour l'affirmer plus hautement. On ne leur laissa qu'une ombre de puissance avec de grands souvenirs lourds à porter, et c'est dans ce déplorable état que M. d'Abbadie put voir à Gondar un des derniers empereurs éthiopiens.

Si l'on veut aujourd'hui se faire une idée nette de la constitution politique de la Haute-Éthiopie, il faut se représenter cet empereur déchu errant dans un palais désert et qui tombe en ruines. Il a encore autour de lui son conseil, ses Likaontes ; il est encore revêtu de je ne sais quelle majesté touchante. Mais le pouvoir réel est aux mains des Dedjazmatchs, qui exercent dans les provinces une autorité sans limites. Il en est un parmi eux qui est le plus redoutable, qui tient en échec le pauvre empereur tremblant, le dépose à son gré, le replace sur son trône, le dépose de nouveau, le rétablit encore : ce maître des Atsés, c'est le grand connétable, le gouverneur de la province du Bégamdir. Il rappelle assez exactement le Dapifer de nos rois de la troisième race.

Quoi qu'il en soit, le régime féodal de la Haute-Éthiopie peut aisément être jugé d'après ce seul exposé. Jugé, dis-je, et surtout condamné. Tous nos lecteurs auront été frappés de l'étonnante ressemblance qu'il présente avec la constitution politique de la France aux xe et xie siècles. Il convient seulement d'observer ici que la vraie grandeur du Moyen Age n'a jamais résidé dans la féodalité proprement dite, mais bien dans l'Église, dans les libertés communales, dans cette indépendance de nos provinces qui n'a pas nui à l'unité de la patrie. Quant au droit féodal, il a été trop souvent entaché d'une vraie barbarie que l'Église a été forcée de combattre. Il a certainement compromis l'idée de propriété au lieu de la consolider : il a fait pis encore, et l'a confondue avec l'idée d'autorité. Ni la féodalité ni l'absolutisme ne sont d'essence chrétienne. On l'a trop souvent oublié.

V

L'Éthiopie n'a réellement qu'un moyen de se sauver : c'est de devenir « complètement » chrétienne, c'est-à-dire catholique. Elle est, par l'hérésie, séparée du foyer de toute chaleur et de toute clarté. Elle est sortie de son orbite et, comme un astre perdu, erre misérablement dans l'espace, n'ayant même pas la force de chercher sa voie. Son clergé s'est déjà reconstitué avec une certaine énergie et ne craint pas de tenir tête à ces Dedjazmatchs rapaces et injustes, semblable à ces clercs et à ces moines du Moyen Age qui luttèrent si vaillamment contre les exactions de nos ducs et de nos marquis. Mais ce courage sera dépensé en pure perte si l'église Éthiopienne ne se rattache pas au grand centre romain. C'est de Rome, et de Rome seule, que lui viendront la lumière, la force et la vie !

LE P. LACORDAIRE

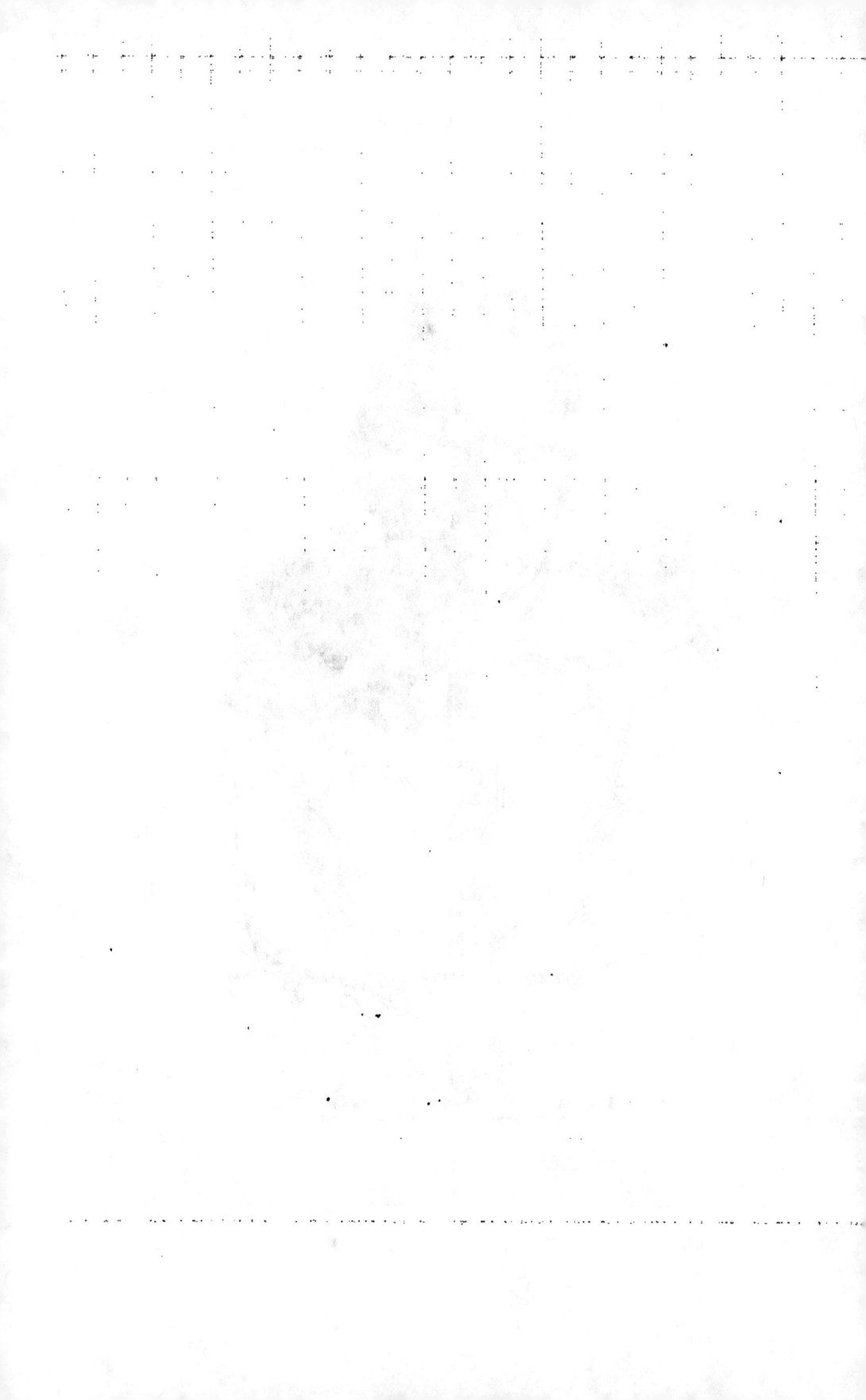

QUELQUES MÉDAILLONS

LE P. LACORDAIRE

On vient d'élever une statue au P. Lacordaire, et voilà qui nous console un peu de celle qu'on a si scandaleusement « décernée » à Étienne Marcel. Les statues se suivent et ne se ressemblent pas.

Cette image en marbre du grand dominicain, on a eu la délicate attention de la dresser au milieu de son cher collège de Sorrèze, et c'était bien là, en effet, la meilleure place que l'on pût choisir. A moins, toutefois, qu'on n'eût voulu lui réserver une chapelle de cette Notre-Dame de Paris où il a fait entendre les éclats de sa grande voix d'apôtre et d'où il a lancé tant d'âmes vers le ciel.

.·.

Le P. Lacordaire demeure une des plus nobles figures de notre siècle; mais on ne saurait bien le juger qu'en se transportant, d'une façon vivante, dans l'époque même où il a exercé son action.

C'est en 1835 qu'il est monté pour la première fois dans la chaire de Notre-Dame.

En 1835 ! Pesez bien cette date.

Les églises n'étaient guère, en ce temps là, fréquentées que par les femmes ; le roi et la nation étaient sceptiques ; tout était voltairien et haineux.

C'est par curiosité et par ton qu'on fit d'abord un succès à ces conférences de Notre-Dame. C'était du dilettantisme et non pas de la foi. On retenait des places à Notre-Dame pour y entendre un beau diseur, et non pas un apôtre. Je crois même me rappeler que certains de ces auditeurs, décidément trop artistes, lisaient sous la chaire la gazette du jour en attendant l'orateur.

Mais bientôt on écouta, on admira, on se dit : « Si c'était vrai? » et l'on arriva enfin à prononcer ces deux mots qui sont peut-être les plus beaux de toute langue humaine : « Je crois. »

On fit mieux encore : on regarda sa vie passée, et on la jugea avec une sévérité qui était déjà chrétienne. Les larmes éclatèrent avec le repentir. Puis ces sceptiques, qui étaient allés à l'église comme ils seraient allés à la Comédie-Française, ces esprits forts, ces voltairiens, ces railleurs, vinrent passer, dans les ombres de la vieille basilique, cette veillée de Pâques, plus belle que l'antique veillée des armes. A l'aurore, ils sortirent du confessionnal et reçurent leur Dieu très humblement en cette belle messe pascale qui restera, durant toutes les éternités, le suprême honneur et, comme il l'a dit lui-même, la plus belle couronne du P. Lacordaire.

*
* *

Il y a dans le génie de l'illustre conférencier une « dominante » qu'il convient de discerner très lumineusement.

Tous les prédicateurs s'étaient attachés jusque-là à prouver avant tout l'existence de Dieu : ils abordaient ensuite la démonstration de la divinité du Christ et en arrivaient par elle à établir la divinité de l'Église. Telle était l'antique méthode ;

BARBEY D'AUREVILLY

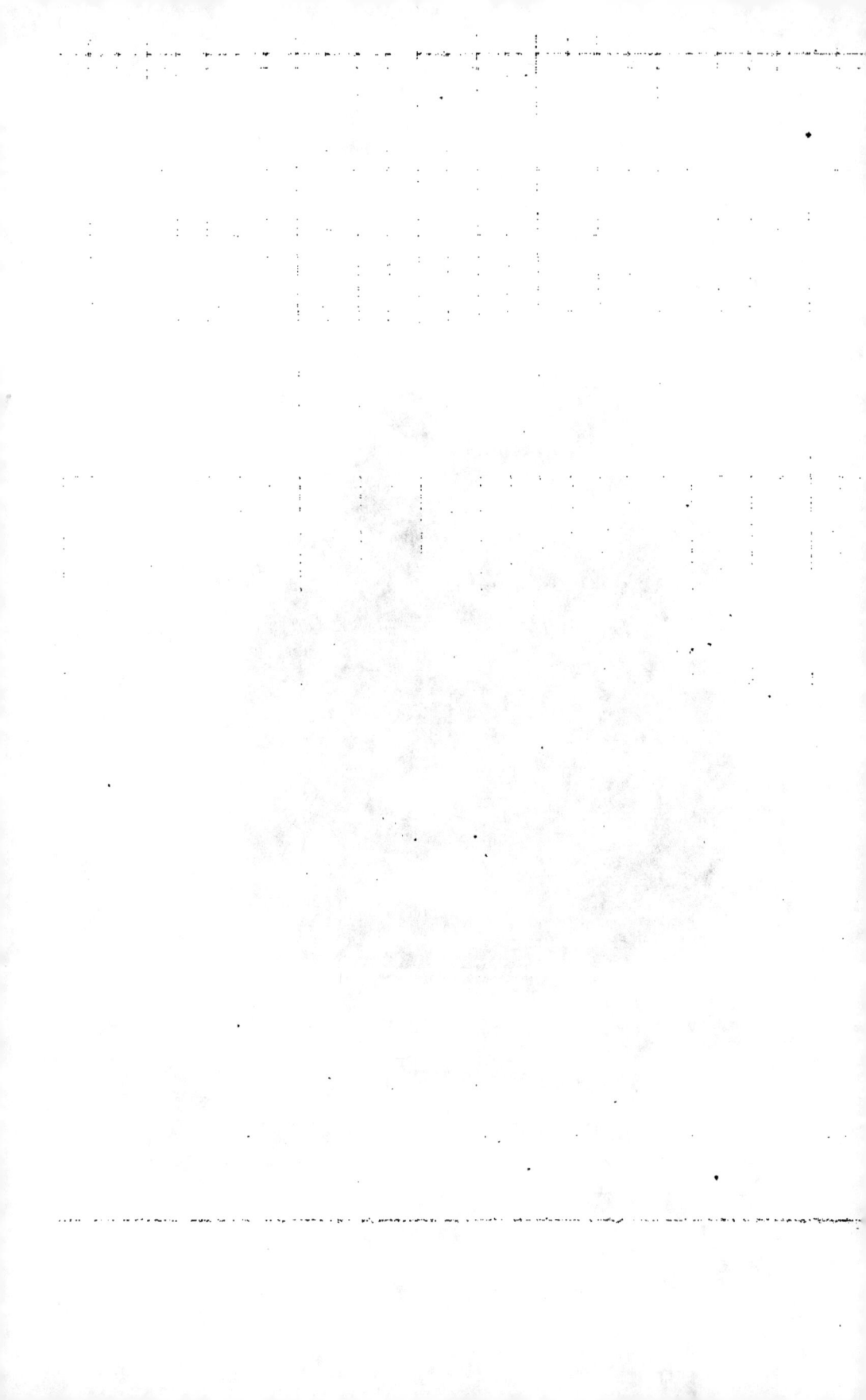

le P. Lacordaire n'en voulut plus et renversa l'ordre des facteurs. »

Il commença par l'Église, lui, et en étala victorieusement, sous les yeux de ses auditeurs, la beauté profonde, immaculée, souveraine.

Puis quand il eut montré, dans toute sa perfection, ce chef-d'œuvre imcomparable aux regards d'un auditoire enthousiaste et vaincu, il lui dit de sa grande voix : « Une telle institution ne peut être l'œuvre que d'un Dieu. L'Église prouve Jésus, comme Jésus prouve Dieu. »

Nous vous remercions, mon Père, d'avoir mis de telles vérités en une aussi belle lumière ;

Et nous allons relire vos Conférences, qu'on relira encore dans mille ans.

BARBEY D'AUREVILLY

Un grand écrivain vient de mourir, et, ajoutons-le, un vrai gentilhomme.

L'auteur de l'*Ensorcelée* est mort pauvre, après avoir écrit quarante volumes, dont plusieurs ont conquis un incontestable succès. On a trouvé dix francs dans ses tiroirs, et il a fallu que l'excellent Coppée, pour ses obsèques, pourvût au plus pressé, et ouvrit largement sa bourse de poète.

J'ai vu souvent Barbey, et ai eu l'occasion de dîner plus d'une fois avec lui. Il y avait là mon vieil ami Henri Lasserre, pétillant de verve et d'esprit ; il y avait l'admirable Brucker, avec ses yeux qui lançaient des flammes ; il y avait ce chevaleresque Dubosc de Pesquidoux et le pauvre Barnabé Chauvelot avec sa

belle rudesse loyale ; il y avait.... Oh! que c'est loin, ces charmants repas de la rue de Seine, en 1862 !

Entre Lasserre et Brucker, Barbey ne brillait point, et
il faut bien ajouter, hélas! que son « dandysme » et ses
costumes abracadabrants nous faisaient parfois sourire en
dedans.

Il y a quelques années encore, je l'ai vu les doigts cons-
tellés de bagues, orné de manchettes étranges, chargé d'un
énorme jabot de dentelles, élégant, cambré, superbe, et tirant,
toutes les deux minutes, un petit miroir de sa poche, devant
lequel il ajustait ce qui lui restait de cheveux. C'était triste, et
je vous jure que nous n'avions plus envie de rire.

Et cependant il y avait, chez ce dandy en cheveux gris, un catholique sincère, ardent, admirable; un croyant, un philosophe,
presque un mystique.

Mais, ô singularités de notre pauvre âme, ô leçon d'humilité, ce catholique intransigeant était doublé d'un fantaisiste
sensuel, et plus que sensuel. Nous connaissons de lui certaines
œuvres où circule une détestable lubricité et que décidément
il faut flétrir.

Conçoit-on, par exemple, qu'un chrétien comme Barbey
ait pu écrire (sans parler ici de tant d'autres pages) cette
épouvantable nouvelle qui a pour titre : *le Bonheur dans le
crime?*

Voilà pourquoi Barbey n'a jamais été populaire parmi
les catholiques ; voilà pourquoi ils ont été trop légitimement amenés à se défier d'une œuvre aussi « diverse » et
où l'on trouve souvent, dans une seule et même page, les
raffinements de la volupté la plus étrange avec la plus vivante
de toutes les apologies de l'Église.

On l'a représenté comme un « excommunié; » on a prétendu
que nous nous écartions de lui, comme d'un maudit. C'est

une erreur absolue et qui ne repose sur aucun fondement. Tous nous aimions, tous nous admirions Barbey. La vérité, c'est qu'il nous faisait peur.

Il ne conviendrait pas, d'ailleurs, de rester sur ce mot, qui est pénible.

Encore un coup, un grand catholique vient de mourir, un brave cœur a cessé de battre, un penseur très profond vient de disparaître, une intelligence très lumineuse vient de s'éteindre;

Et voici que nous déposons au pied de cette tombe notre humble petite couronne de myosotis et de violettes.

HENRIQUEL-DUPONT

Il ne faut pas se le dissimuler : les artistes ont parmi nous une réputation détestable.

On se les représente en général comme des bohèmes échevelés, irréguliers, presque cyniques. Longue barbe, béret insolent, pipe aux lèvres. C'est ainsi, en particulier, que les peintres sont peints. Triste portrait.

Rien n'est cependant moins exact, et cette caricature peut, tout au plus, s'appliquer à quelques rapins sans talent et sans vergogne dont la race, je l'espère, n'est pas loin de disparaître parmi nous.

Un grand nombre de nos peintres vivent dans le silence austère de leur atelier, sérieusement épris de leur art, laborieux, corrects. On prétend même, on va jusqu'à prétendre qu'il y en a de modestes.

Ce qu'il y a de certain, c'est que nous avons connu en

notre siècle des artistes qui ont pu légitimement passer pour le type le plus accompli de l'honneur, de la dignité, du respect d'eux-mêmes et de la vertu par le travail.

Henriquel, qui vient de mourir, était de ceux-là.

Il était né le 14 juin 1797, et il est mort dans sa quatre-vingt-quatorzième année, avec la sérénité et la douceur d'un sage, que dis-je? d'un chrétien.

Au début de ce siècle qui s'achève si laidement dans l'amour du bien-être et de la jouissance, on aimait le travail. Henriquel, à quinze ans, était déjà dans l'atelier de ce Guérin qu'on a un peu trop oublié, mais dont notre musée du Louvre possède des toiles magnifiques.

C'était en 1812. L'Europe était en feu. Guérin et ses élèves travaillaient placidement au milieu de cette fournaise.

Le jeune Henriquel ne tarda pas à se convaincre qu'il n'avait pas de vocation pour la peinture. Certain jour, il vit un graveur à l'œuvre, burin aux doigts, planche de cuivre sous l'œil. Et il se dit : « Moi aussi, je serai graveur. »

Ses premières planches remontent à 1815. Il avait dix-huit ans.

On ne débute pas d'ordinaire par des chefs-d'œuvre, et c'est seulement en 1822 que l'on commença à parler du nouveau graveur. Du premier coup, il conquit une seconde médaille au Salon. Il avait été bien inspiré de choisir, pour l'interpréter, un des plus beaux portraits de Van Dyck. Nous verrons cependant que la peinture contemporaine l'a plus vivement attiré que les maîtres antiques, et, certes, ce n'est pas nous qui lui en ferons un reproche. « Être de son temps », c'est une des conditions, non seulement du succès, mais de l'art véritable, et même du grand art.

Quand on parcourt le vaste catalogue des œuvres d'Henriquel, on est tout d'abord frappé de la visible préférence qu'il

a donnée à une certaine école. Il est manifeste que ce fut un
« Ingriste ». Je me persuade qu'il n'a jamais dû se passionner
un seul instant pour les romantiques et pour Eugène Delacroix
qui en était le chef. Ses favoris, ce sont, avec Ingres, Ary
Scheffer et surtout Paul Delaroche. Celui-ci a eu sur l'esprit
du grand graveur une influence profonde et qui s'explique
facilement : ils avaient tous deux le même idéal et la même
façon de l'exprimer. Aussi ne faut-il pas s'étonner de voir
Henriquel passer de longues années à graver le « Strafford, »
le « Cromwell » et cet incomparable Hémicycle de l'école
des Beaux-Arts qui fut à la fois le chef-d'œuvre du peintre
et celui de son interprète.

Je crois la voir encore, cette planche de premier ordre, je
crois la voir à l'Exposition des Beaux-Arts de 1855, où elle
remporta aisément la grande médaille d'honneur. C'est une
merveille d'exactitude, de finesse, de pureté, de beauté véritablement classique et achevée. Un Grec du temps de Périclès
aurait passé de longues heures à la contempler. L'original
est-il plus beau? Il est permis de se le demander.

Mais j'entends ici plus d'un lecteur (romantique ou réaliste)
qui m'interrompt soudain : « Votre Henriquel n'aimait donc que
la ligne ? Il détestait donc la couleur ? » Henriquel s'est chargé
de répondre à ces étranges questions en gravant un jour le
« Mariage mystique » du Corrège et, un autre jour, les « Pèlerins d'Emmaüs » de Paul Véronèse. On voudra bien reconnaître que ce sont là des coloristes, et qu'en réalité le burin
d'Henriquel était chaud quand il le voulait. Il était fait, s'il
faut tout dire, pour interpréter puissamment toutes les formes
de la beauté.

Jusqu'à ses derniers jours, Henriquel se plut à graver. Ses
vieux doigts de quatre-vingts dix ans savaient encore se servir
du burin ; mais il eut la sagesse de ne pas livrer au public ces

œuvres suprêmes qu'il avait le courage d'ébaucher et n'avait plus la force de parfaire. Quoi qu'il en soit, le travail a ennobli cette « fin d'un beau jour, » et c'est encore un excellent exemple qu'il nous a laissé, à nous, et surtout aux jeunes.

Il ne fut pourtant pas sans connaître les regrets et les soucis qui hantent les âmes des véritables artistes. Quand il avait mis pour la première fois la main au burin, la France possédait encore tout un groupe, toute une pléiade de graveurs. Cette belle école de la gravure française n'a pas tardé, hélas ! à subir de cruels amoindrissements. La gravure sur bois et surtout le « procédé » ont tué ce bel art qui est certainement appelé à ressusciter et sans lequel ne saurait vivre un peuple véritablement artiste. Henriquel, vers la fin de sa vie, avait eu la joie de saluer un grand graveur, un jeune maître à qui l'avenir appartenait. Il eut la douleur de le voir mourir tout jeune encore et dans la première aurore de sa gloire. On comprend que nous voulons ici parler de ce Gaillard auquel on doit les admirables portraits de Pie IX et de Léon XIII, de ce noble chrétien qui voulut mourir humblement enveloppé dans la bure d'un tertiaire de Saint-François.

Quand on s'appelle Henriquel, on ne sait pas ce que c'est que la jalousie, et l'on aime à voir se lever des astres nouveaux. La mort de Gaillard fut, j'en suis assuré, une des dernières tristesses d'Henriquel.

Ils sont tous deux aujourd'hui dans l'Idéal qu'ils ont entrevu, dans le Repos qu'ils ont désiré, dans la Paix qu'ils ont méritée.

PIERRE LOTI

Il est bien rare que nous ayons à parler des choses de l'Académie; mais il s'est fait tant de bruit autour d'une élection réconte que nous sommes mis en demeure d'en dire notre avis. Nous le ferons avec une sincérité sans ambages.

L'heureux élu s'appelle, de son vrai nom, Julien-Pierre Viaud; mais il n'est connu dans les lettres que sous le pseudonyme de Pierre Loti. C'est un marin, et il a appris la nouvelle de son élection à quelques cinq cents lieues du palais Mazarin, sur son navire, au milieu des cordages et dans l'odeur de la machine.

Ce marin est un romancier, et c'est le Roman qui entre avec lui, triomphant, à l'Académie. Peut-être, ami lecteur, avez-vous entendu parler de *Pêcheur d'Islande* et de *Mon frère Yves.* Ce sont les chefs-d'œuvre du nouvel académicien.

Pour ne parler que de *Pêcheur d'Islande,* c'est une pure merveille de description : car, au fond, ce Pierre Loti n'est guères qu'un descriptif. C'est le récit, jour par jour, heure par heure, des impressions de quelques marins bretons qui sont occupés à la pêche, là-bas, tout là-bas, en ces singulières régions où l'œil n'aperçoit que des plaines de glace, et qui font penser à ces quelques lignes du prédécesseur de Loti à l'Académie française : « Je touchai de la main ces froides bornes de notre univers, et, au milieu de ces limbes silencieux dont tous les aspects sont étrangers à la vie terrestre, j'éprouvai les sensations d'un monde différent. J'eus l'illusion d'une planète nouvelle, et vis là, si je ne me trompe, des jours et des nuits

comme on en doit voir dans notre pâle satellite. » Voilà ce qu'a
peint Loti après Octave Feuillet, mais mieux que lui.

Tout est original, tout est nouveau dans *Pêcheur d'Islande*,
et c'est là ce que l'Académie, je l'espère, aura principalement
voulu récompenser. Tout y est vrai : rien n'y est réaliste. Un
amour pur éclaire d'une charmante et douce lueur la nuit où
se meuvent les héros, les humbles héros de cette simple histoire,
j'allais dire de ce beau poème. Puis, il y a le sentiment du
devoir qui anime et soutient ces pauvres gens dans cette
horrible niche qu'ils habitent durant plusieurs mois, sur ce
pont couvert de morues mortes, sous ce ciel implacablement
gris. C'est grand à force d'être simple, et presque primitif à
force d'être étudié. Mais....

Ce *mais* inévitable, vous l'attendiez.

En d'autres termes, vous attendiez que je fisse mon devoir de
critique, et surtout de critique chrétien. Je n'y manquerai pas.

Le chef-d'œuvre de Loti est admirable par tous les côtés,
sauf par un seul, et qui est précisément celui par où je regarde
les œuvres de l'esprit. Ce livre n'est pas chrétien.

Une seule fois, l'auteur y parle sérieusement de la foi au
Christ, et c'est pour nous apprendre que les marins bretons
sont des sceptiques (comme Loti lui-même) et que ces braves
gens sont convaincus que la « mort finit tout ».

Puis donc que Pierre Loti est un observateur, j'ai le droit
de lui demander et lui demande où il a observé ce fait important, ce fait nouveau : le scepticisme du marin breton. Qu'il
réponde.

Toute l'œuvre, d'ailleurs, est lugubre et pleine de désespé-
rance. On sort de cette lecture plein d'admiration et de tristesse ;
ravi, mais accablé.

Dès son premier livre, Pierre Loti nous avait donné sa mesure, lorsqu'à vingt-sept ans il écrivait, tranquillement, « entre

autres jolies choses, » les lignes suivantes, que signale un de ses enthousiastes. Écoutez : « Il n'y a pas de Dieu ; il n'y a pas de morale. Rien n'existe de tout ce qu'on nous a enseigné à respecter. Il y a une vie qui passe, à laquelle il est logique de demander le plus de jouissances possible, en attendant l'épouvante finale qui est la mort. Je vais vous ouvrir mon cœur, vous faire ma profession de foi : j'ai pour règle de conduite de faire toujours ce qui me plaît, en dépit de toute moralité, de toute convention sociale. Je ne crois à rien, ni à personne. Je n'ai ni foi, ni espérance. »

Il est probable que ces blasphèmes ont été placés par Loti sur les lèvres de quelque personnage d'un de ses premiers romans ; mais Jules Lemaître nous donne à entendre que, dans ce personnage, le romancier a voulu nous offrir sa propre image, son portrait ressemblant.

Pour l'honneur de Loti et pour l'honneur surtout de la Compagnie qui l'a élu, il nous est encore permis d'en douter.

Puis, l'auteur de *Pêcheur d'Islande* a vieilli depuis le jour où il écrivit ces insanités, et il voudra sans doute, renier publiquement d'aussi abominables doctrines.

Nous l'en conjurons.

WINDTHORST

Il était né en 1812 et avait près de quatre-vingts ans. Petit et grêle, d'apparence médiocre et sans aucun de ces avantages physiques qui séduisent et entraînent, ce vieillard ratatiné était l'une des grandes puissances de l'Europe, que dis-je, du monde.

Il a, cet homme d'allure si chétive, il a tenu en échec un grand ministre et un grand Empire. Le ministre était une sorte de géant et qui le dominait de très haut... matériellement : Windthorst a été le David de ce Goliath. Quant à l'Empire, il a dû céder, comme le ministre, et s'avouer vaincu. C'est un des faits les plus étonnants de l'histoire de notre siècle.

Windthorst avait été élevé très catholiquement. Il garda toute sa vie l'empreinte de cette première éducation qu'il avait reçue au collège catholique d'Osnabruck. Il crut même un moment que Dieu l'appelait au sacerdoce, et s'y prépara ; mais, ayant étudié de plus près ce qu'il croyait être une vocation, il changea d'avis et fit son droit. Les Universités où il étudia n'étaient pas, certes, des plus catholiques ; mais le jeune étudiant avait déjà une âme fortement trempée et ne craignait rien pour sa foi. Puis il y a là-bas je ne sais quel respect pour toutes les convictions religieuses qui est à peu près inconnu parmi nous et qui préserve les jeunes entendements des horribles catastrophes du doute.

Au sortir des cours de Gœttingue et d'Heidelberg, le futur chef du Centre était aussi catholique qu'en y entrant. Il y était même devenu plus militant, et ne cessa plus de l'être. Avant 1848 (date des plus importantes pour l'Allemagne comme pour la France), il était avocat à Osnabruck et président du consistoire catholique. En 1849, il entra résolument dans la vie politique pour laquelle il était si bien fait et obtint un siège à la Chambre de ce royaume de Hanovre qu'il a tant aimé et auquel il est resté si fidèle à travers tant de désastres. Un tel homme, partout où il se montrait, conquérait sur-le-champ le premier rang. Windthorst fut bientôt ministre de la justice et des cultes, et ne quitta le pouvoir qu'en 1853 pour le reprendre en 1862.

.
* *

Ce qui a surtout caractérisé l'homme admirable dont nous résumons la vie, c'est cette qualité si rare qu'on appelle le « coup d'œil. » Windthorst ne s'est jamais laissé tromper par le dehors des événements : il a toujours été au fond. Dès son entrée aux affaires, il a pris position dans la lutte gigantesque entre l'Autriche et la Prusse. Il n'a pas hésité un seul instant, et ce vrai catholique a compris qu'il fallait énergiquement soutenir l'Autriche. Tandis que la pauvre France se prenait contre l'empire catholique d'Allemagne d'une haine bête et fatale, tandis que nos politiques, hélas! se laissaient emmieller par les belles paroles de M. de Bismarck, lui, Windthorst, se jetant devant ce conseiller du roi Guillaume, lui barrait déjà le chemin. Il prévoyait sans doute Sadowa et la confiscation brutale de son cher Honovre; mais la victoire de la Prusse en 1866 n'était faite ni pour étonner, ni pour troubler une âme aussi forte. Il éleva alors sa fidélité à la hauteur de l'épreuve qui frappait son souverain; il devint « guelfe, » et « guelfe » resta jusqu'à son dernier soupir. Mais surtout (ô catholiques de France, ne l'oublions pas), ce vaincu ne se découragea pas un seul instant et ne douta jamais de la revanche future, de la revanche prochaine. Ce petit homme ne connut ni l'hésitation, ni la peur, mais continua fort tranquillement à marcher et à agir. Et ainsi devrions-nous faire.

Au milieu de l'effarement universel, il se fit successivement nommer membre du Reichstag et membre de la Chambre de Prusse. C'est là qu'il s'occupa de relever les courages abattus, de nouer des alliances, de former un groupe. Les événements de 1870 le trouvèrent dans cette noble et excellente occupation, mais ils élevèrent au pinacle son ennemi intime, son ennemi mortel, M. de Bismarck, et il semblait que le petit Windthorst allait être décidément vaincu. C'est alors qu'il fut le plus grand.

. .

Ce qui l'excita dans la lutte, c'est que le Chancelier, que son triomphe avait affolé et qui se croyait déjà le maître du monde, s'attaqua un jour à l'Église catholique. Ah! pour le coup, Windthorst bondit : on le frappait au cœur. Durant la néfaste période du Kulturkampf, alors que les évêques étaient emprisonnés et les libertés bâillonnées ; alors que le vainqueur insolent déclarait qu'il n'irait jamais à Canossa et qu'il inventait tous les jours, contre les catholiques, la perfidie de quelque loi nouvelle ; alors qu'il avait pour lui l'approbation mal dissimulée de l'Empereur et les encouragements d'un protestantisme haineux, il y eut un homme qui le regarda dans les yeux et se promit d'abattre ce prétendu colosse. Windthorst, au reste, n'employa pas les moyens violents, mais il se servit de tous ceux que la politique mettait entre ses mains. Il avait une éloquence vive, précise, spirituelle, à l'emporte-pièce, qui vint à bout plusieurs fois de l'éloquence dédaigneuse et brutale du Chancelier de fer; mais il avait surtout le sens politique et s'entendait à attirer, à retenir, à grouper les hommes. C'est vraiment lui qui a créé le Centre et qui en a fait une arme de guerre incomparable. Il a réuni cent intelligences et cent cœurs en une seule et même action, et avec ces cent hommes il a bientôt dominé la situation. Ces cent voix-là étaient décisives dans tous les votes et le sont encore aujourd'hui. Le gouvernement prussien fit tout pour détruire ce bataillon sacré : il ne put l'entamer et dut entrer en négociation avec lui. Windthorst traita d'égal avec M. de Bismarck, avec l'Empire tout entier. L'Empire renonça au Kulturkampf et aux fameuses lois de mai; la paix fut faite avec l'Église, et M. de Bismarck alla à Canossa.

*
**

On peut se demander, devant une telle victoire, à quelles qualités géniales M. Windthorst a dû ce triomphe presque inespéré.

Sans doute il était intelligent, et il l'était autant qu'on peut l'être ; sans doute il avait une profonde connaissance des affaires ; mais de tels dons ne sont vraiment pas en proportion avec les résultats acquis, et il faut chercher une autre explication.

M. Windthorst était surtout UNE VOLONTÉ, et c'est ce qu'il faut le plus admirer dans cette nature si richement douée et si puissante.

C'était « une volonté, » et il avait su communiquer à tout son groupe cette force sans laquelle il ne se fait ici-bas rien de bon, rien de grand, rien de durable : l'UNION.

Un parti politique ou religieux est assuré de la victoire quand il a un chef aussi vigoureux que Windthorst, et quand il est véritablement uni.

C'est peut-être ce qui manque aux honnêtes gens de France.

LE P. FÉLIX

Le successeur du P. Lacordaire dans l'illustre chaire de Notre-Dame, le conférencier vaillant et clair qui a jeté tant de milliers d'âmes dans le sein de Dieu, l'auteur du *Progrès par le Christianisme* (ce seul titre suffirait à sa gloire), le P. Félix est mort à Lille, en sa quatre-vingt-unième année.

Il était le huitième enfant d'une brave famille de Neuville-sur-l'Escaut, au département du Nord, qui put lui faire faire ses études au collège de Cambrai. Quand éclata cette révolution très impie de 1830, quand les prêtres furent publiquement outragés et que l'on put enfin craindre une persécution nouvelle, le jeune Félix se sentit monter la vocation au cœur.

C'était en 1832 : cinq ans plus tard, il entrait dans la Compagnie de Jésus, et faisait vaillamment ces longues étapes que les Jésuites imposent si sagement à leurs novices. On le vit successivement à Tronchiennes, à Saint-Acheul, à Brugelette. Il resta trois ans à Louvain, et une année à Laval. Rude préparation, comme on le voit ; mais préparation intelligente, habile, féconde !

On pouvait croire, à ce moment de la vie du P. Félix, qu'il était né pour le professorat, et ses supérieurs en jugèrent ainsi. En 1845, ils l'envoyèrent professer la rhétorique et la philosophie à Brugelette ; mais une laryngite survint, qui força le jeune maître à suspendre ses leçons. On lui ménagea une douce retraite à Notre-Dame d'Ay, dans l'Ardèche. Il y reconquit ses forces. Il y était entré professeur : il en sortit orateur.

Toutefois on ne lui permit pas encore d'aborder les grandes chaires, et il fallut qu'il fît lentement son nouvel apprentissage. C'était en 1848, et il eut l'occasion d'attester, pour la première fois, la puissance de sa parole. Les ouvriers de Rive-de-Gier venaient de se soulever, et le P. Félix fut choisi pour les rappeler à la sagesse et à la concorde : « Il alla, dit un de ses biographes, il alla droit à eux, comme saint Remi à nos pères. Il leur parla, il les toucha, il les dompta. La paix descendit dans les âmes et reparut dans la cité. » Ce jour-là, le P. Félix fut sacré pour la chaire de Notre-Dame.

En 1851, le voilà dans cette admirable cathédrale d'Amiens, où sa voix ne paraît pas trop frêle pour un aussi grand vaisseau.

Puis, enfin, il débute à Paris, où il étonne les juges les plus difficiles par la belle lucidité de sa logique et par la puissance contenue d'une parole maîtresse d'elle-même. Au carême de Saint-Thomas d'Aquin succède celui de Saint-Germain des Prés, et la réputation de l'orateur ne fait que grandir. En 1853, il gravit les degrés de la chaire de Notre-Dame, et, dès les premiers mots, conquiert son auditoire.

Ah! ce n'étaient pas l'originalité, la hardiesse, la poésie, l'éclat du P. Lacordaire; mais c'était un enseignement fortement théologique, une doctrine sûre, une sagesse et un équilibre constants. Je le vois encore dans cette grosse vilaine chaire de la Notre-Dame d'alors; je le vois petit, grêle et obligé de se hausser sur ses pieds pour dominer son auditoire; je vois ses yeux étincelants, et je crois entendre sa voix vibrante qui pénétrait si aisément jusqu'aux extrémités de l'édifice énorme.

Je donnais tout à l'heure à entendre que le titre seul de ces conférences : « Le Progrès par le Christianisme » n'était pas loin d'être un chef-d'œuvre. A tout le moins, durant ces étranges années du second empire où l'on s'était mis à adorer vaguement tous les progrès, rien ne pouvait être plus *actuel*. Le P. Félix l'avait compris, et sa démonstration, qui ne dura pas moins de dix-sept ans, ne sembla trop longue à aucun de ses auditeurs. Puis, il avait donné une grande preuve de dévouement et de modestie, dont il doit être en ce moment récompensé là-haut. Non content de prêcher ces six terribles conférences du Carême qui pourraient suffire à tuer leur homme, il se chargea encore de la Retraite pendant la semaine sainte. Dans les grands discours du dimanche, il succédait au

P. Lacordaire; dans la Retraite pascale, au P. de Ravignan.
Il ne les fit pas oublier; mais il mérita cent fois, lui aussi, de
n'être pas oublié.

Il ne faut pas croire qu'en descendant de la chaire de
Notre-Dame, ce vaillant athlète se soit cru des droits au repos.
Les vingt dernières années de sa vie n'ont pas été moins
actives. On a entendu cette voix aimée dans les basiliques et
les cathédrales, où il se plaisait surtout à plaider pour sa chère
œuvre de Saint-Michel. Il y avait là de quoi occuper plus
d'une vie humaine, et il y eut à peine de quoi remplir la sienne.

Il est mort, modeste et doux, précédé dans l'éternité par
toutes les âmes qu'il y a conduites.

ALPHONSE KARR

Malgré son nom de physionomie étrangère, Alphonse Karr
était un Parisien, non pas seulement de naissance, mais d'esprit.
Sa principale qualité, c'était la verve. Une verve discrète, de bon
goût, délicatement aiguisée, presque toujours aimable et gaie.
Tout cela, c'est le Parisien de Paris.

Ce Parisien, chose curieuse, n'a pas aimé le séjour de Paris,
et il n'est pas de ceux qui méritent le nom peu enviable de
« boulevardier. » Sa vie se divise en deux périodes que l'on
pourrait appeler la normande et la provençale. C'est de Saint-
Adresse, près du Havre, qu'il a pu dater un grand nombre de
ses livres les plus connus; c'est à Saint-Raphaël, près de
Fréjus, qu'il a passé au milieu des fleurs les dernières années
de sa vie.

Ce lettré a toujours eu besoin d'une bonne et saine occupation matérielle. Lorsqu'il était Normand, il s'était fait pêcheur, et il a même publié de bons ouvrages techniques sur la pêche en rivière ou en mer. A Saint-Raphaël, il se fit fleuriste, aima les fleurs par-dessus toutes choses, et « les fleurs lui rendaient son amour en parfums. »

A parler de ses livres je suis plus embarrassé : car ils ne sont pas généralement de ceux qui meublent les bibliothèques chrétiennes. Il en est peu où l'on ne trouve, avec cette verve dont je parlais, une pointe de raillerie et quelque justesse d'observation. Pour tout dire, un bon sens un peu gouailleur, et que l'ardente foi de sa fille Thérèse aurait amendé, complété, transformé.

C'est cet esprit moqueur, tempéré par le bon sens, enrichi par l'observation, que l'on rencontre surtout dans les *Guêpes*. Les *Guêpes* ont plus fait pour la réputation d'Alphonse Karr que ses trente ou quarante romans, que *Fort en thème* et les *Promenades autour de mon jardin*. Tous les écrivains ont dans leur vie une certaine heure où ils ont enfin trouvé leur vraie manière, comme aussi la popularité et presque la gloire. Les *Guêpes* ont été, pour Karr, cette heure-là.

Je me les rappelle encore, ces gentils petits fascicules avec leurs alinéas multiples qu'une petite guêpe, finement gravée, séparait l'un de l'autre. C'étaient, à l'ordinaire, des pensées sans lien et des coups d'aiguillon sans venin. De l'esprit partout, et de ces mots qui circulaient dans toute la France et y circulent encore, comme cette célèbre sortie contre la suppression de la peine de mort : « Que messieurs les assassins commencent ! »

Karr essaya trois ou quatre fois de recommencer ses *Guêpes* de 1839 : les premières seules ont réussi, et il fallait s'y attendre. Toute la fleur de l'esprit est pour la première œuvre : les autres sont défraîchies... avant de naître.

Nous n'avons pas de détails sur les derniers moments d'Alphonse Karr; mais nous persistons à espérer que, dans cette heure auguste, la pensée de sa fille lui sera venue en l'âme et lui aura fait jeter vers le ciel un de ces cris qui sauvent. Et puis....

Et puis, Dieu est si bon !

LE R. P. VICTOR DE BUCH

Les *Acta Sanctorum* ont déjà usé bien des hommes. Depuis Bolland et Papebrock jusqu'au P. de Buch, que de savants et que de saints ont travaillé, de leurs nobles mains, à élever cet incomparable édifice! Leurs seules biographies formeraient aisément un volume énorme. Modestes travailleurs que soutient le désir, le noble désir d'agrandir ici-bas le royaume de Jésus-Christ, mais qui ne sont pas encouragés par l'espérance de terminer leur œuvre. Ils savent qu'ils laisseront le monument inachevé; ils le savent, et poursuivent tranquillement leur rude labeur. D'autres viendront après eux, qui ajouteront quelques assises à l'immense et presque interminable monument. Et cela durera jusqu'au jour où le dernier des Bollandistes donnera le bon à tirer de la dernière feuille du dernier volume. Mais, hélas! où en sera alors la société chrétienne? Où la société française? Dieu le sait, Dieu seul.

En attendant, ces nobles travailleurs disparaissent les uns après les autres, et il faut qu'à tout le moins nous leur donnions le dernier salut. Un bollandiste ne peut descendre au tombeau sans que les catholiques s'émeuvent. Et c'est pour nous un devoir strict que de lui témoigner notre reconnaissance.

Le P. Victor de Buch, qui est mort le 23 mai 1876, était né

en 1817. Il était donc encore dans la force de l'âge, et l'on ne saurait douter que cette existence n'ait été violemment abrégée par le travail. Sa première enfance et sa jeunesse s'écoulèrent au milieu de ces admirables populations catholiques de la Belgique, qui sont encore aujourd'hui un modèle pour les catholiques de France. Il termina chez les Jésuites d'Alost ses études, qu'il avait commencées au collège communal de Soignies. En 1835, il entrait dans la Compagnie de Jésus et, dès 1838, était bollandiste.

Alors commença pour lui cette vie admirable, cette vie dévorante qui est propre à l'érudit chrétien, et plus particulièrement encore au moine érudit. On ne se représente pas assez vivement ces rudes veilles dans le silence d'une cellule. On ne se figure pas d'une façon assez sensible ce travailleur entouré de ses in-folio, allant de l'un à l'autre, corrigeant fiévreusement les erreurs de ses devanciers, faisant cent découvertes, élargissant enfin le domaine de la science, et surtout se consolant à la pensée qu'il conquiert des intelligences à Jésus-Christ. Les *Acta Sanctorum*, d'ailleurs, présentent plus de difficultés que tous les travaux du même genre. La légende, dans la Vie des Saints, nuit singulièrement à l'histoire. Elle est charmante, je le veux bien, mais dangereuse, et il faut que les Bollandistes soient perpétuellement occupés à dégager la statue de leurs héros, qui est ensevelie sous trop de fleurs. Nul n'était plus propre à cette tâche que le R. P. Victor de Buch. « Il dédaignait souverainement la phrase, dit son biographe, et il avait en horreur l'amplification oratoire. Il voulait des choses, des arguments, DES PREUVES CERTAINES. Tel était le principe qui guidait le savant bollandiste dans ses scrupuleuses investigations. » Nous recommandons ces lignes à l'attention intelligente de tous nos lecteurs. Ils sauront en tirer la vraie conclusion; ils sauront surtout imiter un tel maître.

Cette faculté maîtresse, que l'on appelle aujourd'hui « le sens critique, » le P. de Buch l'a particulièrement déployée dans la question du « vase de sang » qui a passionné tant d'esprits. On cite avec admiration ses Actes de saint Hilarion et sa Vie de sainte Ursule, qui ne sont pas la moindre parure des derniers volumes de l'œuvre bollandienne. Du reste, il ne se désintéressait pas des luttes religieuses de son temps. On le vit écrire la vie de quelques illustres catholiques que Dieu avait donnés à la Belgique, de M. de Ram, de M. Ducpétiaux et de plusieurs autres. Pour le Concile de 1870, il composa son Mémoire *De exemptione regularium*, et, quand, hélas! le pouvoir temporel eut sombré, il essaya noblement de défendre les dernières et indispensables libertés de la chère Église romaine. De là son travail sur « le Caractère international du Collège romain, » qui sera l'honneur de son nom. Cet érudit, on le voit, ne s'ensevelissait pas dans la poussière de son cabinet : il savait être « actuel » et combattre *pro aris et focis*.

Tandis qu'il travaillait aux *Acta*, tandis qu'il attachait indissolublement son nom à plusieurs de ces volumes qui ne périront pas, il accomplissait modestement son ministère de prêtre de Jésus-Christ. Pendant plus de trente ans on le vit, ce grand savant, cet austère historien, ce critique sévère, on le vit faire, tous les dimanches, le catéchisme à de pauvres jeunes ouvriers ; il confessait des paysans et des vieillards; il faisait les plus humbles besognes et les plus magnifiques. Mais il s'y épuisait, et on le voyait dépérir tous les jours. Cette lumière s'éteignait peu à peu, et depuis 1872 on avait perdu l'espoir de lui rendre sa première vivacité. Il est mort à l'œuvre, et il y a lieu d'espérer que les Saints, dont il a écrit la vie, lui auront servi de cortège jusqu'au trône de Dieu.

LE GÉNÉRAL DE SONIS

Le général de Sonis était un chevalier : toute sa gloire tient en ce mot.

Il ne nous paraît pas utile d'entrer ici dans le détail de sa très noble vie.

Qu'il soit né en 1825, le 25 août, le jour même où l'Église honore la mémoire de ce grand soldat de Dieu qui s'appelle saint Louis; qu'il ait fait ses études à Juilly, en cette illustre maison chrétienne ; qu'il soit entré à Saint-Cyr, où son extrême douceur l'avait fait surnommer « *Mademoiselle* de Sonis; » que tour à tour on l'ait vu sur tous les champs de bataille du second Empire, en Algérie, en Italie, partout; qu'il ait encore grandi au milieu de nos désastres et ait pris alors la taille d'un géant, et qu'enfin, gravement blessé, infirme, triste, découragé, il ait connu les amertumes de l'heure présente, avant de mourir le 15 août 1887, à l'heure où l'Église célèbre l'Assomption de la Vierge:

C'est ce que savent la plupart de nos lecteurs, c'est ce qu'il n'est pas nécessaire d'apprendre aux autres.

Mais ce qu'il est utile, mais ce qu'il est bon de leur faire connaître, c'est cette âme, cette belle et grande âme de chevalier.

Quand on parle d'un soldat, et d'un soldat de France, il semble qu'il soit superflu de dire : « Il fut courageux. » Mais enfin il y a courage et courage, et celui de Sonis fut absolument héroïque. Nous dirions volontiers « légendaire, » si la légende n'était pas trop souvent au-dessous de l'histoire.

Vous la connaissez, cette bataille de Solférino, que les

Italiens oublient, et ces torrents de sang que nous avons versés pour eux.

Étrange bataille ! cinq lieues de front, et les deux armées sur deux rangs, en face l'une de l'autre ! Les Autrichiens, un moment, furent sur le point de briser nos lignes, et il fallut qu'à leur infanterie trop téméraire, on opposât l'effort de nos cavaliers, hélas ! trop peu nombreux. Or, Sonis était là, avec ses chasseurs d'Afrique. On lui dit de charger : il chargea ; mais il est très certain qu'on l'envoyait à la mort. Il le savait, il y alla.

« Je commandai la charge, dit-il ; puis je partis à fond de train sans la moindre émotion : j'étais plein de foi. » Je ne pense pas que, dans toute l'histoire de Rome antique, on ait noté une aussi simple, une aussi belle parole. Le général de Sonis en a prononcé cent autres qui valent celle-là, et rien ne serait plus beau que le Recueil de ces lettres intimes où il se raconte lui-même.

Cette charge de Solférino, elle est épique dans le plus haut sens de ce mot. Autour de Sonis, ses pauvres chasseurs d'Afrique sont alors fauchés comme l'herbe ; ils tombent, roulent à terre, meurent. Son cheval s'abat ; il va mourir lui-même. Point. Il rejoint à pied les lignes françaises, tranquille au milieu des balles, allant au pas, et pensant sérieusement à ces deux grands amours qui ont dominé toute sa vie : Dieu, la France.

En Algérie, même vaillance qui va jusqu'à la folie, et qui cependant est toujours mêlée à je ne sais quel sang-froid très chrétien. Mais c'est à Patay, c'est sur ce champ de bataille à jamais glorifié par Jeanne d'Arc, que Sonis trouva un jour ce qu'on peut appeler le sommet de sa gloire.

Il avait le matin entendu la messe et communié avec plusieurs de ses officiers et soldats dans la petite église de

Saint-Peravy. La grande bataille est proche, et il y a dans l'air quelque chose de solennel et d'auguste. Devant le petit corps d'armée français, quinze mille Bavarois sont rangés en bon ordre et attendent. Charette et ses zouaves attendent aussi, et ne désespèrent pas. On sait le reste, et comment cette poignée d'hommes honora pour toujours la race catholique et française. Ils tinrent tête à des forces six fois supérieures, et le drapeau du Sacré-Cœur usa ce jour-là plusieurs porte-drapeau; on se le passait de main en main, et les mourants le confiaient à ceux qui allaient mourir, « J'ai communié ce matin, disait Sonis. Quand on a son Dieu avec soi, on ne capitule jamais. »

Il y eut, à Loigny, quelque chose de plus dur que la journée : ce fut la nuit. Sonis avait une jambe broyée et souffrait atrocement. Il resta là, depuis quatre heures du soir jusqu'à onze heures du matin, abandonné, pantelant, mourant. Il y eut par bonheur un de ses vainqueurs qui eut pitié, et qui lui versa entre les dents quelques gouttes d'eau-de-vie pour le ranimer. Dieu, dans son paradis, là-haut, récompensera cet acte de charité, que je ne raconte pas sans quelque émotion, et c'est sans doute à ce cordial que Sonis dut la vie. « Coupez ma jambe, criait-il au chirurgien. coupez-la si c'est nécessaire; mais laissez-m'en juste assez pour que je puisse remonter à cheval et servir encore mon pays. » Si c'était un Spartiate ou un Romain qui eût prononcé ces mots sublimes, on les ferait apprendre à nos collégiens, et l'on donnerait cette scène, comme sujet de concours, aux élèves de l'École des Beaux-Arts. Mais ce n'est qu'un chrétien.

Je parlais de « chevalerie » tout à l'heure; mais ne trouvez-vous pas que Sonis, à Patay, ressemble de très près à ces antiques chevaliers qui se disaient jadis, l'un à l'autre, au matin d'une bataille: « *Combattez vos; Diex vos ira aidier.* »

Et encore : « *Soiés preudome et bon combateor ; — Chascun remembre de son bon ancesor.* » Et n'y a-t-il pas quelque chose de plus profond encore dans ce petit discours de Sonis, en 1870 : « Demandons à Dieu la grâce de savoir mourir en chrétien, les armes à la main, les yeux au ciel, la poitrine en face de l'ennemi, criant Vive la France! » C'est plus beau que le Moyen Age.

La piété du général était à la hauteur de son courage. Cette piété avait toutes les délicatesses, toutes les naïvetés, toutes les tendresses : « Durant la guerre d'Italie, en 1859, en traversant les bourgades ou les villages italiens, nous apercevions tout d'un coup un clocher : « Le Maître est là. « A terre. » Nous descendions de cheval, nous entrions dans l'église, et nous priions le prêtre de nous donner la sainte communion. » Il y a là un beau sujet de tableau et qui serait bien fait pour tenter un artiste digne de ce nom; mais, d'ailleurs, toute la vie du général était ajustée sur cet épisode. Comme les chevaliers du xiie siècle, il entendait la messe tous les jours, et n'y manqua que la veille de sa mort. Ce vieillard, cet amputé, veillait avec amour devant le Saint-Sacrement, et durant ces nuits, aussi belles que l'antique veillée des armes, se montrait plus alerte que ses confrères de vingt ans.

Les jeûnes ne l'effrayaient point, et le chapelet le consolait. Tous les dimanches, on le voyait, d'un pas respectueux et lent, s'acheminer vers la Sainte-Table, et il avait souvent les yeux tournés vers Lourdes.

Rien n'égalait sa confiance en Dieu, et s'il avait su la langue du xiiie siècle, il aurait pu dire à ses compagnons de bataille et de gloire : *Qui en Dieu a fiance, j'a n'aura se bien non.* Mais, après tout, le parler chrétien de notre siècle vaut bien celui des temps de Godefroy de Bouillon ou de saint

Louis, et c'est un langage que Sonis a su parler aussi bien que Roland ou Tancrède.

Ce n'est point sur un champ de bataille que le général est mort, et Dieu a condamné son humilité à une fin plus obscure. Depuis plusieurs années, il suivait d'un œil attentif et anxieux les progrès de l'impiété dans cette pauvre France qu'il avait tant aimée. Il ne se cachait pas, comme tant d'autres, la gravité du mal : « Nous n'avons plus rien de chrétien, » disait-il, et il avait plus peur encore de la mollesse de certains catholiques que de la rage de leurs ennemis. Il est mort avec la vision de Patay dans les yeux : il intercède pour nous auprès de Dieu.

Il prie pour que la France redevienne virilement chrétienne; il prie pour que notre armée conserve ses grandes traditions de discipline, d'abnégation, de sacrifice; il prie pour que Dieu nous accorde un jour, sous la bannière du Christ, la victoire décisive aux champs de bataille de Patay et de Loigny, pour la troisième fois glorieux; il prie enfin pour le plus humble de nos petits soldats de 1895, et il lui crie de là-haut, avec sa bonne voix martiale et aimante : « Relève la tête, affermis ton âme et, si tu veux être vainqueur, sois chrétien. »

A. BONNETTY

C'est encore un des vieux champions de l'Église qui vient de quitter le champ de bataille pour aller trouver ailleurs, plus haut, l'éternel repos dans l'éternelle victoire. Hélas ! ce soldat octogénaire d'une cause immortelle, ce vigoureux athlète est tombé en une heure de deuil. Sur son lit de mort, il a pu suivre, de ses derniers regards, les péripéties récentes de la grande lutte contre l'Église, qui seraient de nature à inspirer le découragement aux plus braves, s'ils n'avaient d'espoir qu'en leur propre courage. Il s'apprêtait sans doute, quand la mort a glacé sa main, à défendre, dans ses *Annales de Philosophie chrétienne*, tout ce qu'une science impie veut détruire aujourd'hui, tout ce qui faisait l'objet de son plus profond amour et du nôtre.

Les *Annales de Philosophie chrétienne* sont l'œuvre qui est la mieux faite pour honorer la mémoire de Bonnetty. C'est son meilleur titre de gloire. A vrai dire, les *Annales* et Bonnetty, c'est tout un. Il s'était, pour ainsi parler, condensé dans sa chère Revue. Nous espérons (mais nous voudrions en être plus certains) qu'elle ne mourra point de sa mort.

Nous avons sous les yeux, en écrivant ces lignes, les quatre-vingts ou cent volumes qui forment aujourd'hui l'imposante collection des *Annales*. Une seule chose nous étonne : c'est qu'un tel Recueil ne soit pas plus populaire parmi les catholiques; c'est qu'il ne soit pas dans la bibliothèque de tous ceux qui se piquent de prendre quelque part à la défense de l'Église.

Pendant trente ou quarante années, Bonnetty ne laissa

point passer la publication d'un seul Mémoire scientifique où la question catholique fût engagée, sans lui accorder aussitôt toute son attention et sans le reproduire au besoin dans le corps de sa Revue. Il n'hésitait pas à citer le témoignage des savants israélites ou protestants, et à le citer *in extenso*. C'est dans les *Annales* que l'on trouvera peut-être la collection la plus complète des premiers Mémoires de M. Oppert. Au reste, Bonnetty procédait ainsi à l'égard de tous les érudits. Sa foi était tellement vive, elle était tellement au-dessus de toute contestation, qu'il pouvait, dans ces citations, se montrer extraordinairement large et généreux. Cet esprit était ample et ne connut jamais les petitesses de son temps.

J'entends d'ici certains esprits chagrins, aussi propres à tout critiquer qu'incapables de rien produire : « Pour une telle besogne, disent-ils, il ne faut que des ciseaux. »

Sans doute, mais il faut au bout des ciseaux la main d'un homme souverainement intelligent. Ce sont ces mains-là qui sont rares. Et je le dis d'avance au continuateur encore inconnu des *Annales de Philosophie chrétienne* : cette tâche est aussi difficile qu'elle est auguste et nécessaire.

Mais Bonnetty ne se bornait pas à ces reproductions que l'on est encore aujourd'hui si heureux de retrouver dans les *Annales* : c'était un érudit, et qui pouvait se passer de l'érudition des autres. Ses seuls articles formeraient plusieurs volumes d'une incontestable valeur et dont la publication serait désirable. Ce polémiste vigoureux était un latiniste consommé, et je viens de relire avec un très vif intérêt ses études sur Virgile et Horace. Il étudiait ces poètes comme il convient d'étudier les anciens : au point de vue des idées religieuses et sociales. Il n'en pesait pas les mots et les syllabes à la façon de nos petits rhéteurs : il allait jusqu'au fond de leurs âmes, et jusqu'au fond de leur société et de leur siècle. Dans la grande lutte que souleva la question des classiques chrétiens, Bonnetty avait pris hardiment position auprès de Mgr Gaume, et garda courageusement ses convictions jusqu'à sa mort. Ce n'était pas un homme à palinodies. Pour venir en aide à ses coreligionnaires « gaumistes, » il entreprit une double campagne : il mit en lumière tout ce que les classiques chrétiens nous offrent de beautés vraies, et fit connaître tous les éléments de décomposition et toutes les laideurs morales que renferment les classiques païens. C'est peut-être ce qu'on a écrit de plus scientifique en faveur de ces théories auxquelles plus d'un bon esprit est demeuré fidèle. Nous engageons nos lecteurs à relire ces pages, qui sont vraiment fortes et profondes.

Il ne nous en coûte pas d'avouer que l'effort le plus constant de l'esprit de Bonnetty eut, pendant longtemps, le traditionalisme pour principal objectif. A Dieu ne plaise que nous rentrions dans ce débat! à Dieu ne plaise que nous réveillions ici des passions depuis longtemps assoupies! Les catholiques ont aujourd'hui besoin d'une unité que rien ne trouble. Quelque jugement, d'ailleurs, que l'on porte sur ces matières si longuement et si chaleureusement controversées, il convient de rendre un hommage éclatant à l'absolue sincérité de Bonnetty et à la netteté de sa polémique. Il tenait pour suspect tout ce qui lui semblait atténuer l'idée de Dieu ou la notion de la tradition. De là ses revendications contre des adversaires qui l'estimaient; de là tant de pages convaincues et ardentes qui étonnent aujourd'hui le lecteur, qui le passionnaient autrefois. Rome, d'ailleurs, a parlé, et il s'est fait soudain un grand apaisement dans tous les esprits : *Facta est tranquillitas magna.*

Le « traditionalisme » de Bonnetty, que nous entendons bien ne pas discuter ici au point de vue philosophique, ce traditionalisme était à son aise dans l'histoire. Ce fut là, certainement, le plus grand service que ce bon esprit a rendu à l'Église. D'un regard avide et infatigable, il s'est entêté à chercher tout ce que les paganismes antiques ou modernes renfermaient d'éléments empruntés à la révélation primitive. Religions classiques de la Grèce et de Rome, polythéismes exubérants de l'Asie, idolâtries grossières des hordes barbares qui ont envahi le monde romain, fétichismes idiots des tribus sauvages de l'Océanie et de l'Afrique, il a tout étudié avec cette préoccupation qui était à la fois religieuse et scientifique. Il n'y a jamais eu un plus grand chercheur, et, disons-le (en forgeant un mot pour mieux rendre notre pensée), un plus heureux *retrouveur* de traditions perdues. Il n'a jamais perdu cette piste. Dès qu'il trouvait un rayon de la vraie Lumière égaré dans ces obscurités étranges ou odieuses, il ne savait pas contenir la joie que lui inspirait cette découverte, et s'empressait de rattacher au véritable soleil ce rayon retrouvé. Il faut espérer qu'un travailleur intelligent et dévoué voudra condenser en un seul *Index* toutes les *Tables* des *Annales de Philosophie chrétienne*. Cette Table unique sera un véritable trésor que nous souhaitons de pouvoir bientôt recommander à nos lecteurs. Tous ceux qui s'occupent de l'histoire de la Vérité ne pourront désormais se passer de ce répertoire.

A cet excellent serviteur de son Église, Dieu n'avait pas refusé la longueur des jours. La vieillesse l'avait mûri sans le blesser, et jusqu'à la fin de sa vie il avait gardé je ne sais quelle vivacité d'allure, avec cette belle jeunesse des âmes vraiment chrétiennes. La dernière fois que je le rencontrai, ce fut au Congrès de la Société bibliographique, au mois de juillet 1878. Je crois le voir encore, allègre et vert, avec un vêtement qui semblait jeter un défi aux variations et aux frivolités de la mode. Au banquet du Congrès, il se leva pour répondre au toast que lui avait porté M. de Beaucourt, comme au doyen des publicistes catholiques, et il porta un toast « au Verbe-Christ. » Ses paroles furent graves et pleines d'une verve que je souhaiterais à nos jeunes gens de vingt ans. Le lendemain, j'eus l'occasion de le saluer une dernière fois et de payer publiquement à ce vétéran de nos grandes batailles le tribut que les catholiques lui doivent. Il échappe en mourant à la tristesse de certains spectacles que nos yeux seront peut-être condamnés à subir. Plus heureux que nous, il jouit là-haut de la contemplation de Celui qui nous a donné la révélation et qui est l'objet suprême de toutes les traditions du monde, comme de toutes les aspirations des âmes.

FRÉDÉRIC DIEZ

Frédéric Diez est mort en 1876, âgé de quatre-vingt-deux ans.

J'espère que, parmi nos lecteurs, il en est peu qui ignorent l'œuvre de Frédéric Diez; mais ils voudront bien me permettre de la leur rappeler brièvement. Les Français, en réalité, devraient s'intéresser plus vivement que tous les autres peuples aux travaux de ce grand savant qui a usé sa vie dans l'étude de la littérature et de la langue française. On peut dire que, sans Frédéric Diez, le grand mouvement philologique de notre siècle ne se serait pas produit dans le domaine des langues néo-latines. Il est un des créateurs de la philologie romane.

Je dis : « Un des créateurs, » et non pas « le créateur; » car jamais je ne me résoudrai à dépouiller de ce même titre un homme tel que notre Raynouard. Il ne faut pas oublier que les premiers travaux de Raynouard remontent à 1816.

Or, les *Vieilles Romances espagnoles* de Frédéric Diez ne datent que de 1821.

Certes, nous tenons à rendre à l'Allemagne savante toute la justice à laquelle elle a droit ; mais il ne faudrait rien exagérer. De 1815 à 1845, la France a eu dans le monde un épanouissement aussi splendide qu'il était inespéré. Elle a possédé alors une littérature et un art véritablement incomparables et, dans l'érudition même, elle peut citer certains noms auxquels les Allemands n'ont rien à opposer. Demandez-leur ce qu'ils pensent d'un Guérard et d'un Guizot.

Quoi qu'il en soit, il est certain que nos savants d'alors ne se donnaient pas à la philologie, mais à l'histoire. En philologie, nous en étions à Roquefort et à son *Glossaire de la langue romane*. Raynouard était une exception glorieuse, mais une exception.

Diez ne fit que traverser la littérature espagnole, et se donna à nos poètes de langue d'oc. La *Poésie des troubadours* parut en 1826 et les *Vies et Œuvres des troubadours* en 1829. En cette même année, Immanuel Bekker faisait paraître à Berlin des fragments de *Fierabras*. C'était la première de nos chansons de geste que l'on remettait ainsi en lumière, et *Berte aux grans piés* ne devait être publiée qu'en 1832. L'Allemagne, comme on le voit, nous devançait ; mais nous devions un jour prendre notre revanche.

Cependant Diez faisait école et formait d'excellents élèves. Il semble, d'ailleurs, que ses premiers travaux n'aient été regardés par lui que comme une préparation à de plus larges œuvres. Les *Vieux monuments de la langue romane*, qu'il édita en 1845, ne furent, pour ainsi parler, qu'une distraction de ce laborieux et fécond esprit. Toute l'activité de ce génie créateur se concentrait sur deux œuvres : une Grammaire et un Dictionnaire de langues romanes. La première édition de la *Grammaire* fut publiée en 1836-1842, et le *Dictionnaire* en 1853. C'est là sa double gloire, et elle est impérissable.

Il avait au plus haut degré le sens philologique, avec une étonnante finesse et sûreté de pénétration. L'accent tonique des Latins lui était de bonne heure apparu comme l'élément capital, comme l'élément persistant, dans la formation de toutes les langues romanes. Ce fut là, quoi qu'on en dise, une véritable découverte et dont l'influence fut tout à fait considérable. Mais, qui le croirait? ce fait si lumineux de la persistance de l'accent tonique, cette vérité si simple fut TRENTE ANS environ (si l'on excepte ici les travaux de Littré) avant de pénétrer en France. Parmi les thèses que soutinrent en 1864 les aspirants au diplôme d'archiviste paléographe, il y en avait une qui était intitulée : *Du rôle de l'accent tonique dans la formation de notre langue.* Le jeune élève de l'École des Chartes qui soutint cette thèse avec une vivacité pleine de bon sens (il s'appelait Gaston Paris, et a fait depuis lors un beau chemin), avait tout l'air d'apporter une vérité nouvelle au monde. J'assistais à cette séance mémorable, et me rappelle encore très vivement l'impression profonde que me fit cette doctrine, dont je sentis tout aussitôt l'incontestable vérité. Or, c'était celle de Diez, et depuis 1836 elle était en Allemagne la base de tout l'enseignement.

La *Grammaire* de Diez a été traduite par MM. Gaston Paris, Auguste Brachet et Morel Fatio ; mais la plupart de ses autres œuvres restent à traduire. Les principes du grand philologue ont pénétré dans tous nos Dictionnaires : ils circulent partout, mais comme une monnaie qui ne porte plus d'empreinte et dont on ne reconnaît plus l'origine. Il est juste de rapporter à Frédéric Diez la gloire de cette régénération des études romanes à laquelle nous avons assisté depuis dix ou vingt ans, à laquelle nous assistons encore. C'est un devoir pieux et un hommage que nous aimons à lui rendre.

Je ne sache pas, du reste, que Frédéric Diez se soit jamais uni à ces misérables clameurs contre la France, dont plusieurs érudits allemands se sont rendus coupables. Il n'en a que plus de droits à notre reconnaissance et à nos regrets.

MONSEIGNEUR PEYRAMALE

« Le curé de Lourdes est mort. » Cette nouvelle nous est parvenue au milieu des solennités d'un autre deuil, qui, pour avoir été plus retentissant, ne semble pas devoir être aussi profond. Le cercueil de Mgr Peyramale ne sera pas suivi, comme celui de M. Thiers, d'un cortège de cinq ou six cent mille hommes: mais il y aura, dans tout l'univers catholique, des âmes qui penseront à cette âme et qui prieront pour elle. Et voilà qui vaut mieux que la plus pompeuse et la plus éclatante de toutes les manifestations funéraires.

Beaucoup de nos lecteurs ont connu le curé de Lourdes : ils se rappellent ce grand vieillard robuste, ce noble visage loyal et joyeux, cette voix virile et douce, ce fier tempérament montagnard, cette belle humeur qui n'avait jamais rien de cherché ni de forcé, cette franchise qui était à la fois rugueuse et aimable, cette verve charmante et inépuisable, et, par-dessus tout, cette âme vaste et élevée, cette belle âme de chrétien et de prêtre. C'était un prêtre, dans toute la beauté et l'énergie de ce mot; ou, pour mieux parler, c'était le Prêtre. Dès qu'il était question devant lui de l'Église ou de Jésus-Christ, dès que l'or prononçait seulement ces deux mots, ses traits prenaient soudain

une autre expression, auguste et solennelle. Il m'a été donné
d'assister à cette transformation et de serrer cette main cor-
diale et bonne. Je me souviens que nous le comparions à un
chêne, à cause de sa haute taille et de l'apparente rudesse de
son écorce. Hélas! le chêne est aujourd'hui brisé; mais il
reverdira ailleurs, et dans un printemps que rien ne saurait
flétrir.

Dieu a mêlé ce grand chrétien à l'un des plus grands événements de ce siècle. Lorsque la Vierge apparut à Bernadette,
c'est au curé de Lourdes tout d'abord que l'enfant alla naturellement demander la direction et le courage. Il était de force
à les lui donner. Durant toutes les péripéties de ce drame de
Lourdes, Mgr Peyramale a été à la hauteur de la mission qu'il
avait reçue et de ce que Dieu attendait de lui. Surtout, il n'a
cessé de se montrer sacerdotal, et ce seul mot dit tout. Je ne crois
pas qu'on ait jamais uni autant de fermeté à plus de prudence.
Subtil et pénétrant durant les premiers interrogatoires qu'il fit
subir à Bernadette, il devint comme un mur de bronze dès que
les pouvoirs séculiers s'attaquèrent à un miracle dont il avait
si sagement conduit l'enquête, dont il avait si scientifiquement
reconnu l'évidence. Rien n'ébranla la solidité de sa conviction,
rien n'entama la beauté de sa résistance, et il ne s'estima satisfait que le jour où la grotte fut librement ouverte aux pèlerins
du monde entier, et où la basilique commença à monter dans
les airs. Ce jour-là seulement ce vainqueur se reposa, et l'on
peut dire qu'il avait bien droit à ce repos.

Le curé de Lourdes est mort le jour de la Nativité de la
Vierge : c'est une coïncidence que tous les fidèles ont remar-
quée, et il y aurait, ce semble, quelque témérité à la considérer comme l'effet du hasard. Cette Nativité de Marie, qui a
apporté la joie à tout l'univers, a déjà, sans doute, apporté la
joie et la paix à l'âme de celui que nous pleurons. Cette belle

âme radieuse n'avait pas été sans connaître ces mille épreuves auxquelles Dieu soumet volontiers ses élus, et les dernières années de cette vie si bien remplie n'avaient pas été les moins douloureuses. La construction de sa nouvelle église a principalement été pour lui l'occasion de fatigues dont il ne devait pas se reposer parmi nous. Mais il est d'autres temples que ceux de la terre, et il faut espérer que, suivant la belle parole d'un poète du Midi, le curé de Lourdes est déjà entré dans la cathédrale du Ciel.

HERVÉ-BAZIN

C'est d'un chrétien que je vais parler.

Ce chrétien (il y en a peu de cette taille) s'appelait Ferdinand-Jacques Hervé-Bazin, et n'a vécu que quarante et un ans.

Il était né, en 1847, dans ce cher pays d'Anjou qui témoigne encore aujourd'hui d'une si belle vigueur chrétienne. Il perdit son père en 1858 et sa mère en 1864. Orphelin à dix-sept ans!

On l'avait placé au lycée d'Angers, où il fut, pendant près de dix ans, persécuté, littéralement persécuté pour la foi. Mis en quarantaine par de petits impies en herbe, raillé et insulté tous les jours, véritable souffre-douleur, il apprit la vie et trempa son âme. A vingt ans, c'était un homme.

A peine sorti du collège, il fut lancé à Paris, seul. Combien y succombent, hélas! et y succombent pour toujours! Mais Hervé-Bazin emportait dans son âme la meilleure des défenses, un amour pur, un amour délicat et exquis pour celle qui allait être bientôt sa femme, et qui n'avait alors que seize ans. Rien n'est frais, rien n'est printanier comme les pages consacrées par lui à cette première joie, à cette joie suprême de sa vie. C'est du lilas blanc.

Ce furent aussi les œuvres qui le sauvèrent : œuvres de parole, et où il donna les premières preuves d'un véritable talent oratoire; œuvres de charité, surtout, qui le purifièrent et l'agrandirent. Mais il vit que, malgré tant de consolations d'un ordre supérieur, Paris n'était pas fait pour lui, et il s'empressa de retourner en son Anjou bien-aimé.

Le 9 août 1869, il épousait M¹¹ᵉ Claire Bazin, dont le nom est resté et restera toujours attaché au sien. Il faut l'entendre parler de cette union si désirée, de cette aurore qui se levait dans son ciel, de l'admirable respect qu'il avait pour sa jeune femme, des vastes projets qu'il formait. Il voulait être un homme politique, un député peut être. Il voulait être quelqu'un et faire quelque chose.

C'est alors qu'on le voit, avec un enthousiasme aussi modeste que généreux, se jeter dans toutes les œuvres catholiques. L'œil perçant de l'évêque d'Angers découvre aisément tout ce qu'il y a de trésors et de fécondité dans cette belle âme toute jeune, et Hervé-Bazin est nommé professeur à l'Institut catholique. Il prend la plume et écrit vaillamment son *Traité élémentaire d'économie politique*, qui lui vaut les éloges de Le Play. Il écrit dans la *Revue d'Anjou* et dans vingt autres journaux ou revues. Il se passionne surtout pour cette OEuvre des cercles catholiques d'ouvriers qu'il a aimée entre toutes, et qui lui a rendu amour pour amour. Et enfin, — comme il a une parole ardente, facile, colorée, vivante, — il la met au service de la vérité religieuse et de ce qu'il croit être la vérité politique. Il va, il court, il se précipite de ville en ville, et parle devant des milliers d'auditeurs qui ne se lassent pas de l'entendre. L'Anjou a son orateur, qui défend Dieu et le Roi, et qui se tue à les défendre. Après le livre, la parole. Après la parole, le journal. Après tout cela, l'épuisement, et la mort avant l'âge. Mais comme cet homme a bien vécu !

L'oasis que Dieu lui avait ménagée, c'était sa famille ; c'était cette femme charmante sur laquelle il s'appuyait dans les combats de la vie ; c'étaient ses enfants, et surtout ces garçons qu'il attendit si longtemps ; c'étaient tous les siens, enfin, qu'il aimait et qu'il « élevait » dans le plus haut sens de ce mot magnifique et si mal compris.

Et il est mort à quarante et un ans !

Que le nom de Dieu soit béni, mais qu'il nous envoie bien vite d'autres Hervé-Bazin : car voici, Seigneur, que nous n'avons plus d'hommes.

───────

J.-F. DUBAN

L'École des Beaux-Arts ouvrait tout récemment ses portes aux amis et aux admirateurs de M. Duban. Une exposition des œuvres du maître a été généreusement organisée dans ces salles où nous avons déjà admiré tant de nobles ouvrages de l'art contemporain. Pour M. Duban, d'ailleurs, le Palais même des Beaux-Arts est une véritable exposition : c'est à lui qu'on en doit les parties les plus remarquables, et notamment ce cloître délicieux qu'il a si bien transformé, cette petite cour avec ses peintures murales, ses feuillages pleins d'oiseaux et sa vasque silencieuse. On s'y croirait à mille lieues de Paris, et la *Galathée* de Raphaël y éclate doucement pour achever le charme, qui est indicible.

M. Duban a été par-dessus tout un esprit délicat, une imagination charmante soutenue par un savoir exquis. Il ne faudrait pas lui demander l'énergie et la fécondité des conceptions, mais la grâce, mais l'élégance, mais le charme uni à la cor-

rection. Et n'est-ce rien que ces qualités attiques, n'est-ce rien
en notre temps ? Voilà un homme heureux qui a vécu toute
sa vie en un petit coin fleuri de la Grèce ou dans une rue de
Pompéi que son imagination embellissait. Il y a vraiment vécu,
en se donnant pour occupation de relever toutes les ruines
antiques et de les reconstruire... en son esprit. M. Duban a
été, passez-moi le mot, un *reconstructeur* plutôt qu'un cons-
tructeur. Il y a beaucoup d'idéal dans son architecture, il y en
a peut-être trop, et les lourdeurs de la réalité n'en déparent
jamais l'essor trop subtil, l'élancement trop aérien.

Ses « envois de Rome » sont les premières œuvres qui
frappent nos yeux. Ce sont deux représentations, ou, pour
mieux parler, deux restitutions de l'Arc de Septime Sévère et
de l'Arc de Constantin. Les détails y sont aussi vivement saisis
que l'ensemble, et c'est le propre du talent de M. Duban. Il
est doué du génie analytique, il sait ne rien négliger, il attache
à la reproduction d'un fleuron une importance légitime, et les
minuties de la décoration sont reproduites par lui avec un soin
véritablement superstitieux. C'est ici le lieu de parler de son
coloris, qui, dans toutes ces aquarelles, est exact et lumineux.
« Exact et lumineux, » ces deux mots le caractérisent. Tous
ces petits tableaux sont scientifiquement dessinés ; ils sont
bien éclairés. Rien n'est plus rare.

Un des honneurs de la vie de M. Duban a été la restitution
du château de Blois. Cette restitution n'est pas restée à l'état
idéal : elle est depuis longtemps un fait accompli, et glorieusement accompli. Quelques dessins en donnent une idée fort
claire. Nous y voyons nettement le château avant et après
sa reconstruction. Les difficultés étaient grandes. L'œuvre
qu'il s'agissait de rendre à sa beauté première appartient en
effet à plusieurs époques fort distinctes. Certaines parties
légères et charmantes sont de Louis XII et de François Iᵉʳ ;

certaines autres, lourdes et disgracieuses, sont l'œuvre du xviie siècle. M. Duban s'est joué de tous les obstacles. Sans rien confondre, sans rien troubler, en respectant le style de chaque époque, il a repris en sous-œuvre chaque aile, chaque pavillon, chaque porte, chaque fenêtre, et a mis au service de leur reconstruction cet amour et cette science des détails dont nous parlions tout à l'heure. Il n'est pas de moulure qui n'ait été pour lui l'objet d'un sérieux travail, et l'œuvre est là pour servir de modèle à tous nos architectes, qui n'ont pas toujours, hélas! le même respect du passé, la même conscience artistique. Il leur sera bon d'étudier les esquisses de Duban et de se rendre compte de toutes les peines qu'a coûté, par exemple, la seule reconstruction de l'escalier de Blois.

Ici commence la série des croquis, et particulièrement des croquis pompéiens ou romains. C'est ici que l'imagination va trôner en reine, en reine presque absolue, mais qui daigne appeler la science à son secours. Que notre lecteur veuille bien se figurer une suite de petites aquarelles, grandes comme les deux mains, où vit toute la cité antique. Quel jour ce fut pour M. Duban que celui où, pour la première fois, il visita Pompéi! On peut dire que, jusqu'à la fin de sa vie, il est resté sous le charme de ce premier voyage. Si l'on avait conservé l'usage des sobriquets, on pourrait l'appeler « Duban le Pompéien. » Sa Pompéi est d'ailleurs bien plus belle que la véritable. Il est impossible que la réalité ait fourni ces entassements merveilleux de portiques superposés, de palais, de colonnades, d'architectures aériennes. Voyez-vous à Pouzzoles ces eaux claires et ces batelets antiques, aussi frais que s'ils sortaient de l'atelier du peintre, et qui réellement sortaient de l'imagination de Duban, leur véritable créateur? Voyez-vous ces « intérieurs » de maison romaine? M. Beulé, qui a jadis consacré de si charmantes leçons à décrire une habitation de Pompéi, a dû se souvenir de l'œuvre de Duban et la faire passer sous les yeux de ses auditeurs. C'est là que notre architecte se plaît, c'est là qu'il aime à vivre. Lorsqu'il veut envoyer un souvenir à ses meilleurs amis, à Duc, à Vaudoyer, il n'imagine rien de mieux que de les représenter en costume romain sur une chaire antique, dans je ne sais quelle petite villa pompéienne. Allons plus loin, laissons-nous conduire. Voici une rue de la ville disparue... et reconstruite; voici une boutique de marchand de fruits; voici un champ avec un temple à Cérès, et le char qu'on a chargé de la moisson est lui-même dans le goût antique, rouge vif et or. L'imagination, toujours l'imagination; mais fine, mais aimable, mais charmante!

M. Duban ne s'est pas enfermé dans l'antiquité romaine. Il s'est livré sur le Moyen Age à un travail de même nature, et a reconstruit les palais et les rues de la Florence du XIIIe et du XIVe siècle. Mais on sent que, dans cette seconde tentative, il n'est plus son maître; on voit qu'il balbutie, qu'il hésite. Il ne se tire vraiment d'affaire qu'en embellissant à l'excès le Moyen Age, qu'il n'avait pas assez étudié. Le même attrait existe, mais c'est un attrait qui n'a rien de scientifique et ne saurait durer longtemps. Par bonheur, M. Duban retrouve toute sa supériorité dans sa petite restitution de la voie Appienne et dans celle du portique d'Octavie. Cette dernière est véritablement un chef-d'œuvre.

Il nous a été agréable de voir se presser, devant ces œuvres délicates, une foule attentive et sérieuse. Au milieu de toutes les ardeurs qui nous dévorent, il est doux, il est *reposant* d'admirer un talent calme et uniquement épris des délicatesses de son art. Telle est la leçon que nous donne M. Duban.

N'est-ce donc rien, après le Siège et la Commune, que de passer une heure dans une villa de Pompéi?

CHARLES D'HÉRICAULT

CHARLES D'HÉRICAULT

J'éprouve en ce moment une sensation que connaissent trop rarement les lecteurs de ce temps-ci : je viens de lire un bon livre. Voilà une vraie joie, et que je souhaite sincèrement à tous mes amis. On ferme silencieusement le livre dont on achève à peine la dernière phrase ; on ferme les yeux ; on a je ne sais quel bon petit frémissement intérieur, et l'on laisse enfin échapper sa joie en s'écriant : « Je le relirai ! »

Les *Mémoires de mon oncle* de M. Ch. d'Héricault m'ont absolument laissé sur cette excellente et délicieuse impression, et je voudrais communiquer à mes lecteurs le plaisir que j'ai ressenti.

M. d'Héricault a compris de bonne heure qu'il avait une maîtresse plume aux doigts, et qu'il y avait en lui l'étoffe d'un écrivain. Donc il se jeta dans la Nouvelle et dans le Roman, mais sans abandonner l'histoire. Je ne veux pas dire, certes, qu'il ait inventé le Roman historique ; mais dans ce genre très vaste, il a créé une espèce nouvelle dont les *Mémoires de mon oncle* resteront le type.

Le romancier historique se borne généralement à étudier les grandes lignes, la couleur d'un siècle, les principales figures d'une époque. Depuis vingt ou trente années, il s'attache en outre à en reproduire minutieusement les costumes et les ameublements. Ce genre de roman tourne facilement au bric à brac.

M. d'Héricau't, lui, ne néglige pas ces différents procédés et leur emprunte tout ce qu'ils ont de légitime ; mais il va plus loin et fait entrer dans le roman l'économie sociale et la statistique elle-même. Il aurait pu fort bien donner aux *Mémoires*

de mon oncle un titre prétentieux et à grand effet : *L'Ancien
Régime et la Révolution dans la France du Nord*. Ou bien encore:
*De l'état des esprits dans la Flandre et dans l'Artois pendant
les années qui précédèrent la Révolution*, etc., etc. Mais
M. d'Héricault est un homme d'esprit qui met de bons vins
dans ses bouteilles et ne veut pas y attacher de pompeuses
étiquettes. Puis, il craint avant tout d'ennuyer, et s'est promis
de donner une forme aimable à ses plus austères enseignements. Il se tient parole.

M. d'Héricault, dans son œuvre loyale, a peint l'ancien régime
sous des couleurs exactes. Il ne le flatte point : il le photographie. Il constate, avec une loyauté vive, tout ce que le clergé
et la noblesse commirent alors de fautes ou d'erreurs. Il nous
peint certains nobles colportant dans l'ombre les livres de
Voltaire et de Rousseau, et donnant le scandale de leurs vices
publics. Il nous montre certains monastères aux mains des
ducs ou des marquis, et la solitude régnant dans les cloîtres.
Mais le spectacle auquel il nous fait le plus vivement assister,
c'est celui de la Révolution, qui arrive à pas de loup dans ces
très honnêtes campagnes, et qui choisit peu à peu ses parti-
sans parmi les cadets de famille, les ambitieux et les mécon-
tents. Ce village de Zotinghem, on y croit vivre en 1787. Le
curé est un saint, mais son vicaire est imbu des idées nouvelles. Il y a là un seigneur qui n'a jamais résidé dans sa
seigneurie, et un nobliau qui se jette dans la Révolution.
Parmi les curés voisins, les uns sont jansénistes et soupirent
vers un ordre de choses nouveau; d'autres ont peur; mais
il en est un plus grand nombre encore qui ont un cœur
vaillant et qui sauront bientôt se montrer dignes de leur
sacerdoce. On sent, en lisant ces pages vivantes, quel
malaise pesait alors sur les âmes. Une dissertation savante
ne nous ferait pas comprendre ces choses aussi facilement que

les *Mémoires de mon oncle*. Telle est la puissance du style, tel est le privilège de l'art.

Je sais gré à M. d'Héricault de n'avoir ici rien exagéré. Il est de ceux qui croient qu'il y avait en 1789 un grand nombre d'abus plus ou moins faciles à déraciner, mais que le fond de la société était encore sain et bon. On ne saurait trop le répéter : la cour, la noblesse des grandes villes et quelques parties de la bourgeoisie et du peuple étaient seulement gangrenées. Mais, ailleurs, que d'honnêteté, que d'austérité, que de vertus cachées! Le luxe n'avait pas atteint, comme un chancre. la chair de cette nation encore solide et bien portante. « Le peuple de France, dit M. d'Héricault, la noblesse de province, la bourgeoisie, le clergé, étaient en très grande majorité remplis de vertus, de probité, de piété et de patience chrétienne. » Sur dix Français, il y en avait bien neuf qui avaient l'esprit de sacrifice et savaient se dévouer aux autres. Ce peuple n'était donc pas entré dans sa période de décadence, puisque les époques de décadence sont, à vraiment parler, celles où l'esprit de sacrifice n'existe plus. En résumé, qu'y avait-il à faire? Il y avait à porter énergiquement la main sur les abus, et à les extirper. La royauté était devenue césarienne : elle avait à se rappeler chrétiennement ses devoirs envers les peuples. La noblesse était devenue sceptique et sensuelle : elle devait cesser de donner ce double scandale aux petits. Un certain nombre de prêtres avaient oublié la majesté de leur caractère ; il leur fallait relire l'Évangile et les Canons, et y conformer leur vie. Bref, tout le monde avait à faire publiquement son *mea culpa*; puis, à se mettre à genoux et à prier Dieu d'une seule voix et d'un seul cœur, afin de créer un monde nouveau avec toutes les bonnes traditions de l'ancien monde. Il y avait, pour tout dire, à faire une évolution et non pas une Révolution.

Il me semble que M. d'Héricault n'est pas loin de notre sentiment, et que les *Mémoires de mon oncle* nous conduisent à cette conclusion.

Mais l'auteur nous y mène par un chemin tout charmant. Ami lecteur, prends ce chemin et quitte-moi.

VIOLLET-LE-DUC

M. Viollet-le-Duc est un de ceux qui ont remis le Moyen Age en lumière, et qui l'ont vengé en le faisant connaître. Il s'était passionné pour ce temps et pour cet art si brutalement calomniés. « Passionné » est le mot, et il n'est pas d'amoureux qui ait jamais connu de telles vivacités et fraîcheurs d'amour. Pour aimer son cher « roman » et son cher « gothique, » il a toujours eu vingt ans.

Mais aussi comme il les comprenait! Et comme il les dessinait! Jamais crayon plus fin ne s'est joué si délicatement avec autant de difficultés presque insurmontables. J'irais volontiers jusqu'à dire qu'il a trop aimé l'art du Moyen Age et que, dans ses milliers de croquis, il l'a décidément un peu embelli. Mais il l'embellissait « dans le vrai sens » et sans aucun mélange d'un autre art. Il lui donnait son embellissement normal et ne faisait, pour ainsi dire, qu'en dégager toute la lumière avec toute la beauté.

Quoi qu'il en soit, le *Dictionnaire d'architecture* demeurera une des œuvres les plus étonnantes de ce temps, et une des plus fécondes. Ces dix volumes sont à la fois un prodige d'érudition et d'enthousiasme. De la science et de la verve! vous savez s'il est aisé de trouver ces deux choses dans un même

entendement et dans une même œuvre. C'est ce mélange qui
est le caractère essentiel de Viollet-le-Duc.

J'ajouterai que ce grand théoricien n'a jamais produit
d'œuvre architecturale qui fût parfaite. Il était incomparable
dans la restauration des églises ou des châteaux; mais il n'a
jamais su faire jaillir du sol des basiliques ou des palais qui
fussent dignes de lui. Il a usé toutes ses facultés à créer une
seconde fois l'art antique, et n'a pas été de force à concevoir
puissamment un art nouveau. C'est une lacune dont nous
sommes, à tout le moins, dédommagés par ses livres. Mais
il en est une autre que je déplore plus vivement, et je m'étonne
très douloureusement qu'après avoir passé tant d'années dans
les cathédrales du Moyen Age, il n'ait pas fini par se jeter
aux genoux du Dieu qui est caché dans leurs tabernacles.

GEORGES SEIGNEUR

Durant les premiers mois de l'année 1859, quelques catholiques s'associèrent pour publier un petit journal qui ne fût
pas politique et servît uniquement l'Église. Ils avaient des
âmes ardentes et qui n'étaient pas sans quelque naïveté. Même
on leur reprochait d'être pleins d'illusions, et peut-être méri-
taient-ils ce reproche. Il faut aussi se rappeler qu'il y a trente
ans, le moment était favorable à l'enthousiasme, et nous
étions encore bien loin de cette effroyable déception qui s'appelle 1870. Puis, ces catholiques dont je parle étaient jeunes,
et le montrèrent bien. Leur journal parut à quelque temps
de là, et je crois le voir s'épanouir pour la première fois sous

les galeries de l'Odéon. Il avait, ma foi, très bonne mine, et
son titre se détachait fièrement en caractères gothiques sur
la blancheur de la première page. C'était le *Croisé*.

Le rédacteur en chef était Georges Seigneur.

Georges Seigneur, pour fonder cette humble et vaillante
petite Revue, avait dû rompre avec d'illustres amitiés et de
hautes protections. Il s'y était très noblement résolu, et l'on
vit, dès ce jour, que l'esprit de sacrifice était en lui. Il avait
jusque-là vécu dans un groupe brillant et où il était déjà fort
remarqué. M. de Montalembert faisait estime de cette plume
vive et de cet esprit ardent, et c'était à ses yeux l'une des
gloires futures du *Correspondant*. Le jeune écrivain avait tout
ce qu'il fallait pour réussir dans un tel milieu, mais j'ai hâte
d'ajouter qu'il était destiné à une école moins passionnée pour
le relatif et plus éprise de l'Absolu. Un jour, il rencontra un
jeune homme de Bretagne qui lui parla de l'éternelle Beauté en
termes profonds. Georges Seigneur se sentit tout à coup
comme soulevé par une main puissante, et vit qu'il montait.
Les horizons politiques qu'il avait jusqu'alors connus et
aimés lui parurent soudain petits et étroits, et il en aperçut
d'autres qui étaient lumineux et immenses. Il comprit alors
qu'on peut être catholique sans appartenir à aucun parti,
et que cette indépendance est meilleure pour l'intelligence
comme pour le cœur. Il lui vint enfin cette idée de se
dévouer obstinément à ce grand esprit qu'il avait trouvé sur
son passage, et de le mettre en lumière. C'est ainsi que Seigneur connut Ernest Hello et l'aima.

Je ne saurais me rappeler, sans quelque émotion, les premiers temps de cette admirable et touchante amitié. Nul de
ceux qui l'ont approché ne me démentira pas quand je rappel-
lerai le rare désintéressement et le dévouement absolu de
celui qui fonda le *Croisé*. C'est dans les premiers fascicules

de cet excellent recueil que parurent les plus belles pages
d'Ernest Hello, et surtout, ces incomparables articles sur le
Style, dont la lecture me pénétra tout d'abord d'un si vif
étonnement, qui dure encore. Chaque numéro débutait par
quelqu'un de ces fiers articles où les droits de l'Art étaient
enfin revendiqués et où la convention littéraire était vigoureusement attaquée. On ne craignait même pas (on était si
jeune!) de s'en prendre quelquefois à ce xvii° siècle dont on a
fait une idole, et d'adresser çà et là quelques reproches
au grand Racine « lui-même. » C'était le comble de l'audace, et
le *Croisé* eut des ennemis. Georges Seigneur y laissait le plus
souvent la première place à Hello, mais il gardait la sienne. Les
articles d'Hello consistaient principalement en expositions
magistrales : Seigneur s'était réservé la polémique. Il y était
passé maître. Il avait la rapidité, la vivacité, l'élévation et
parfois cette ironie trop mordante dont il a plus tard abusé.
On pouvait, d'ailleurs, s'apercevoir qu'il s'occupait déjà à de
plus longs travaux, et son amour pour saint Anselme n'était
plus un secret pour personne. M. de Rémusat commençait à
« l'agacer, » et l'on peut dire en effet que l'esprit de M. de Rémusat
était exactement l'antipode de celui de Seigneur et de ses amis.
Près du jeune rédacteur en chef, nous rencontrons alors des
noms qui étaient alors aussi jeunes. Le petit journal avait un
poète aux ailes puissantes, à l'âme de feu, qui s'appelait
Paul Vrignault et qui écrivit en beaux vers le *Credo* de tout le
groupe. Il y avait là Henri Lasserre, Dubosc de Pesquidoux,
Henri de l'Épinois, et plusieurs autres. Je voudrais pouvoir
dire que j'y étais aussi : mais comment le dire sans quelque
fierté ?

Je n'apprendrai à personne que le petit journal ne « tirait »
pas à cent mille exemplaires, et j'ajouterai candidement que
« la copie » y faisait parfois défaut. Pauvre Georges Seigneur !

Je me rappelle encore qu'il vint, au milieu de certaine nuit, carillonner vivement à ma porte : « Que voulez-vous? — De la copie. » Je lui passai gaiement de la copie sous la porte. On riait de ces petites misères et l'on se remettait à l'œuvre. Grâce à l'activité d'Ernest Hello, le numéro paraissait quand même. Puis l'on restait quelques jours sans se préoccuper de cet autre numéro qui devait paraître le samedi suivant. Il y avait, parmi ces croisés, une verve, une jeunesse, une fierté charmantes, avec un amour pour l'Absolu et pour l'Idéal qui n'avait pas de limites. Il nous en reste quelque chose, et encore aujourd'hui, quelques-uns d'entre nous sont, dit-on, demeurés jeunes.

Cependant Georges Seigneur continuait à réunir des matériaux pour son *Histoire de saint Anselme*. Tous, plus ou moins, nous avons été particulièrement tentés par un sujet historique ou littéraire : saint Anselme était l'aimant qui attirait l'esprit de Seigneur. Notre pauvre ami avait vu avec admiration ce géant de la théologie se tenir debout à l'entrée de ce xiie siècle qui fut, comme le disait Quicherat, le plus grand du moyen âge. Il avait compris que peut-être, sans Anselme, nous n'aurions pas eu l'École de Saint-Victor, et que peut-être, sans l'École de Saint-Victor, nous n'aurions pas eu celle de Saint-Thomas. L'amour de la Vierge immaculée était, d'ailleurs, très vif dans le cœur de celui qui aimait déjà, pour tant d'autres raisons, l'illustre archevêque de Cantorbéry. Personne, de nos jours, n'a défendu plus courageusement cette immaculée conception de la Mère de Dieu dont saint Anselme avait été l'apologiste intrépide et lumineux. Toute la rédaction du *Croisé* n'en parlait qu'avec un véritable frémissement d'enthousiasme et de tendresse.

Le premier volume du *Saint Anselme* parut en 1865. Ou plutôt, il ne parut pas. Georges Seigneur, jugeant son œuvre avec une sévérité qui n'était pas absolument excessive, eut le courage de mettre au pilon toute l'édition d'un livre qu'il voulait refaire depuis la première jusqu'à la dernière ligne. Nous supplions le lecteur chrétien d'admirer avec nous cette nouvelle et noble preuve de son désintéressement. Le sacrifice était des plus rudes. Seigneur n'avait guère écrit jusque-là qu'une brochure consacrée à M. Renan et à Hello. C'était donc sa première œuvre vraiment considérable. Il n'hésita point, et ce même esprit de sacrifice qu'il avait apporté dans l'amitié, il en fit preuve avec tout le public catholique. Il rejeta son livre dans la nuit, et, plus que jamais, se reprit à aimer ce cher *Croisé* qui a tellement rempli son âme et occupé sa vie.

.·.

Georges Seigneur fit-il bien de détruire ainsi cette œuvre de la jeunesse ? Nous le croyons.

Un des rares exemplaires du *Saint Anselme* est resté entre nos mains, et nous venons de le relire. Il y a là des qualités et des défauts de premier ordre. L'unité et la simplicité manquent à ce livre remarquable, qui a le défaut d'avoir été fait à vingt, à trente reprises. A la suite de quelque beau chapitre d'exposition ou de récit, il nous faut subir trente ou quarante pages où M. de Rémusat est pris à partie, réfuté, berné, raillé. Ce M. de Rémusat était, en vérité, le spectre qui s'asseyait durant toutes les nuits sur la poitrine du cher Seigneur : il ne l'a point assez écarté. Ce grand et noble esprit méritait de contempler saint Anselme dans un foyer de lumière pure, et nous regrettons très sincèrement que les événements ne lui aient point permis de reprendre cette œuvre, ni surtout de l'achever.

Seigneur avait, au plus haut degré, l'esprit philosophique. Nul ne s'entendait mieux que lui à débrouiller les écheveaux des systèmes psychologiques. Je l'ai une fois entendu, pendant deux ou trois heures, m'exposer la philosophie d'Hegel, celle de Kant, celle de tous les chefs d'écoles germaniques. Il était merveilleusement lucide et transparent. Moi qui ignorais toutes ces choses, je les saisissais très lucidement dans ce rapide et merveilleux exposé. Ce que je viens de dire étonnera peut-être ceux-mêmes qui ont le plus intimement connu Seigneur. Rien n'est cependant plus vrai, et il eût été à désirer qu'il eût écrit tout un livre sur la philosophie allemande. Hélas! il sou-haitait de l'écrire, et me répétait volontiers qu'il le voulait publier quelque jour. Mais il en fut de ce beau rêve comme de tant d'autres que caressait cet esprit actif et fiévreux. Il a eu ce destin de ne pas nous donner tout ce qu'il était en droit de nous promettre.

Donc il retourna au *Croisé*; mais ce ne fut pas sans de cruelles épreuves et traverses. Le jour vint où le *Croisé* dut se fondre avec la *Revue du Monde catholique* à laquelle Seigneur donna de nombreux articles. Mais il ne se sentait plus chez lui. Il était gêné ou croyait l'être, et regrettait les jours de l'antique indépendance. A force de généreux entêtement, il parvint à faire revivre une seconde fois le *Croisé* de son rêve. Cette fois, il était seul ou presque seul. Le fardeau était lourd, mais lui semblait délicieux à porter. Il se plaignait souvent, mais s'estimait heureux de pouvoir se plaindre de la sorte. Ce fut, à mon sens, le moment où son talent jeta le plus de lumière et de flamme. Le premier *Croisé*, c'est Hello. Le second, c'est Seigneur. On s'aperçut soudain que ce mystique avait des ongles et des dents. Il fut alors vif, agressif, belliqueux, témé-raire. Il soutint vingt polémiques contre les plus illustres adversaires, et les soutint avec un *brio* qu'on ne lui connaissait point. Même il eut, à plus d'une reprise, ce défaut qui est ordinaire chez les polémistes : il lui arriva, dans l'ardeur de sa lutte, de ne pas rendre justice à ses adversaires. Ce défaut, d'ailleurs, n'atteignait que son intelligence : car la bonté était demeurée maîtresse de son cœur. Tous ceux qui ont vécu avec Seigneur (que ce soit durant une heure ou durant un an) savent combien il était bon. Il se trompait parfois, et n'équilibrait pas toujours ses jugements et ses critiques; mais il n'a jamais su, même par ouï-dire, ce que c'était que le fiel.

⁂

Le second *Croisé* vécut moins que le premier. Georges Seigneur alors entra au *Monde*, et plus d'un catholique se rappelle peut-être y avoir vu jadis ce nom trop peu connu. Mais il semble que le grand ressort de cette riche imagination avait été brisé, le jour même où était mort ce *Croisé* qu'il rêva toujours de ressusciter. Il fut, au *Monde*, un publiciste convaincu, intelligent, subtil, perspicace et clair; mais il n'avait pas conservé ces magnifiques ardeurs et ces vives lumières d'autrefois. Le 4 Septembre le réveilla brusquement, et cet homme qui était naturellement calme, cet homme qui avait longtemps fui tous les tumultes de la politique, se transforma soudainement. L'indignation qui le saisit à la vue de cette nouvelle révolution devint dès lors le trait principal et, pour ainsi parler, la substance de son entendement. Il ne s'agissait plus pour lui d'absolu, d'idéal, de philosophie : tout cela était bien loin. La haine du 4 Septembre remplit ses cinq dernières années. Avec une admirable bonhomie de sincérité, il se retira du *Monde*, où ses convictions bonapartistes n'étaient pas à leur place. Il se retira librement et de lui-même, fier et honoré. Nous n'avons pas besoin d'ajouter que, depuis lors, il fut très nettement bonapartiste, et qu'il est mort dans les rangs les plus avancés de ce parti. La chose est assez connue.

Mais il nous sera permis d'ajouter qu'il ne se prit d'amour pour cette cause que le jour où il la vit vaincue. Le *Væ victis* était ce qu'il y avait de plus contraire à cette très noble nature. Il le fit bien voir.

Il avait, d'ailleurs, cette persuasion, dont nous n'avons pas à nous préoccuper ici, que les destinées de l'Église étaient liées, dans une certaine mesure, à celles de la dynastie napoléonienne. L'Église fut toujours son principal amour, et il est mort dans le baiser de Jésus-Christ.

∴

Il y avait certainement en Georges Seigneur l'étoffe d'un penseur et d'un écrivain. Merveilleusement doué, il a dû éparpiller les dons excellents qu'il avait reçus. Il lui a fallu, comme tant d'autres, lutter contre la vie. Ses qualités elles-mêmes ont peut-être été aussi fatales que ses défauts au développement complet de son esprit, et son incomparable désintéressement, pour ne prendre que cet exemple, ne l'a pas toujours assez animé à un travail original et personnel. Sans doute enfin, on était en droit de désirer chez lui plus d'unité dans l'œuvre, plus d'opiniâtreté dans le labeur, plus d'équilibre et de consistance dans la vie de l'intelligence. Mais, somme toute, c'était un bon, c'était un grand chrétien, et voici que nous perdons en lui un des plus solides et des plus vaillants défenseurs de la Vérité. Sainte Église de Dieu, tu es immortelle, et nous le savons. Mais enfin, toutes ces pertes que nous faisons, Dieu voudra-t-il les réparer? Aimons-nous : nos rangs s'éclarcissent.

LE P. DIDON

Quel est donc ce livre nouveau, dont parlent les impies et les croyants, dont s'émeuvent les blasés, et qui, en quelques jours, vient de se vendre à quelques milliers d'exemplaires?

Serait-ce un de ces romans polissons, comme il s'en publie dix ou vingt tous les mois? Serait-ce un ce ces livres tapageurs, pleins de révélations scandaleuses, où l'on n'épargne pas les morts, où l'on déshonore les vivants, où l'on attache au pilori tous nos contemporains effarés et honteux? Serait-ce une brochure sur la guerre prochaine ou sur la cure de la phthisie par les procédés du docteur Kock?

Non, ce n'est rien de tout cela : c'est un livre de théologie. d'exégèse, de critique; un livre austère et qui ne satisfait d'autre passion que celle du Vrai: c'est le *Jésus-Christ* du P. Didon.

. .

Faut-il le dire? Nous n'avions ouvert ces deux volumes qu'avec une certaine appréhension qui était vive. On nous avait fait craindre certaines de ces audaces qui ne sont pas pour nous plaire; nous redoutions les envahissements d'une critique trop « large » ou d'une rhétorique trop contente d'elle-même.

Eh bien! nous nous trompions, et il n'y a rien de tout cela dans le *Jésus-Christ*. C'est une œuvre absolument correcte, d'un style simple, d'un raisonnement serré, où il n'y a ni thèses risquées, ni phrases inutiles, et dont la lecture est faite pour transfigurer les âmes.

Le P. Didon a longuement travaillé cette œuvre qui sera, pour ainsi parler, le sommet de sa vie. Il a parcouru la Terre Sainte en géographe, en ingénieur, en savant, et a reconstitué, pour lui comme pour nous, le théâtre auguste du grand drame évangélique. Il nous fait profiter de ces intelligents et pieux voyages à travers tous les sentiers de la Galilée et de la Judée, et nous conduit avec lui au faîte des monts, sous l'ombre des bois, le long des lacs. Chose bien rare, et dont il convient de le louer : il n'est pas pédant.

L'auteur de *Jésus-Christ* suit de très près le texte de l'Évangile et n'y mêle ses propres commentaires qu'avec une respectueuse et excellente discrétion. Ces commentaires, d'ailleurs, sont à la fois scientifiques et élevés, critiques et profonds. Peu ou point de notes. Le livre est accessible à tous, même à un mondain, même à une mondaine. Que de femmes vont le faire lire à leurs maris et à leurs fils! Que de conversions prochaines! Que de Moniques vont pleurer de joie à la vue de leurs Augustins régénérés!

Nos bons libraires de Paris, qui sont d'aimables sceptiques, ont pris plaisir à étaler dans leurs montres le livre du P. Didon à côté du nouveau volume de l'*Histoire d'Israël*, par M. Renan. Ces aimables plaisantins ont eu raison d'accoler ainsi ces deux œuvres, et rien n'est plus exact qu'un tel contraste.

Jésus-Christ est une réponse à l'*Histoire d'Israël*;

Et l'un de ces deux livres tuera l'autre.

MAURICE MAIGNEN

Durant la nuit du dimanche 7 au lundi 8 décembre 1890, vers onze heures, en une sorte de cellule et sur un pauvre petit lit de fer, mourait un homme qui a eu sur les événements de ce siècle une profonde influence, bien que très humble et presque inconnu.

Il s'appelait Maurice Maignen, et fut le véritable fondateur de cette grande Œuvre des Cercles catholiques d'ouvriers. Albert de Mun, en ce magnifique discours qu'il a prononcé sur la tombe de Maurice Maignen, l'a proclamé en termes décisifs et qui font honneur à sa droiture et à son humilité : « Je ne suis ici que pour offrir A NOTRE VÉNÉRÉ FONDATEUR, au nom de l'œuvre tout entière, l'hommage public de notre affectueux respect et de notre impérissable reconnaissance. »

J'ai beaucoup connu Maurice Maignen, et voudrais essayer de tracer ici son portrait. La tâche est malaisée, mais peut être utile. Il est assez rare, en ce temps, de rencontrer un « homme » sur son chemin. M. Maignen était un homme.

Avant de se passionner pour l'ouvrier, il avait commencé par se dévouer à l'apprenti. Vous le connaissez, le petit apprenti de Paris, le Gavroche qui passe dans nos rues en sifflotant la dernière chanson à la mode, le petit bonhomme à l'œil crâne qui s'arrête à toutes les boutiques, qui rit, qui se bat, qui se moque, qui « blague ; » mais qui est aisément accessible à tous les grands sentiments et qui, sous des dehors gouailleurs, cache un cœur d'or. C'est à ces petits que M. Maignen donna la première partie de sa vie. O très riche présent !

Le Patronage des Apprentis! On ne saurait deviner tout ce que cette œuvre représente de dévouements intelligents, de courage, de persévérance, d'enthousiasme, j'allais dire de génie.

M. Maignen s'y jeta tout entier, avec cette belle impétuosité que les catholiques avaient en ce temps-là. C'était vers 1850. On ne désespérait pas alors de conquérir le monde, et l'on s'occupait, en attendant, à convertir le gamin de Paris, cette race à part, et dont les ethnographes ne se sont pas assez préoccupés. C'est une des cent mille lacunes de la science.

Au Patronage de la rue du Regard, qui était petit, étroit, obscur, succéda, quelques années plus tard, le Patronage, le beau Patronage de Notre-Dame de Nazareth, que j'ai tant aimé, moi aussi, et dont je ne saurais parler sans une très sincère et très vive émotion.

Une jolie chapelle gothique, qui avait été bâtie pour les Capucins, et qu'ils avaient dû abandonner ; une cour immense et faite à plaisir pour les parties de barres et pour la gymnastique ; un bel espace pour construire, et le tout sur le boulevard Montparnasse, s'il vous plaît, en plein quartier populaire : voilà Nazareth. Que de bonnes heures j'y ai passées !

Le Monsieur Maignen de cette époque était un homme jeune encore, assez grand, avec des yeux intelligents et très doux, et une barbe déjà majestueuse. Ce qui dominait, ce qui a toujours dominé dans sa physionomie, c'était l'humilité : une humilité profonde et qui cherchait à se cacher. Il aimait les délaissés, surtout les petits, et son âme était faite de bonté.

On était chauvin alors, et M. Maignen était de la race des bons chauvins. Il avait pour la France une passion dont il conserva l'ardeur jusqu'en ses derniers jours, et, sur son lit de mort, ses yeux s'illuminaient en parlant de Jeanne d'Arc.

Ce cher Patronage de Nazareth était béni de Dieu : il avait

ses musiciens et ses poètes, qui lui consacraient des chants originaux et rapidement populaires. C'est de ces années que datent de véritables petits chefs-d'œuvre, la *Première Armoire*, la *Sagesse de Nicolas*, et tant d'autres. Je les entends chanter parfois dans les rues ouvrières, et je les chante en moi-même.

Ce ne fut là, toutefois, que la première partie de la vocation et de l'œuvre de M. Maignen.

L'apprenti, ce fut pour lui la préface ; mais l'ouvrier, ce fut le livre.

Dans l'histoire des grands monastères, on assiste souvent à ce beau spectacle d'une fondation nouvelle. Un certain nombre de moines quittent un jour la maison mère et vont fonder là-bas, tout là-bas, un autre monastère, une colonie.

Il en fut ainsi de Nazareth, et je me rappelle parfaitement le jour où M. Maignen, des larmes plein les yeux et de la résolution plein le cœur, quitta Nazareth pour aller fonder le premier Cercle d'ouvriers. Ce n'était pas un schisme, croyez-le bien, mais une création. « Ce qui convient à l'apprenti de douze ans ne convient pas à l'ouvrier de vingt : » c'est ce qu'avait compris M. Maignen, quand il avait quitté la chère petite chapelle du boulevard Montparnasse et entraîné avec lui une trentaine d'ouvriers dans l'ancien hôtel de la princesse Belgiososo, à quelques pas de son cher patronage.

Dès lors, sa vie, sa respiration, son âme, son être appartinrent à l'ouvrier.

Ce n'est pas chose facile, croyez-le bien, que d'attirer un ouvrier au Cercle tous les dimanches que Dieu fait. L'attirer, c'est bien ; mais il faut le retenir. Et alors, que d'industries merveilleuses de la charité !

Il y a les jeux, il y a cet inévitable billard, il y a... eh bien ! oui, il y a le théâtre, et l'excellent M. Maignen s'y lança à corps

perdu. Il est l'auteur de quelques petits drames ouvriers, qui
sont de bon aloi, lestement troussés, vivants, populaires, et
très parisiens. On n'a pas fait mieux.

Puis il y a des plaisirs plus austères : les conférences,
hélas ! et les cours. Un jour, M. Maignen vint à moi et me dit:
« Faites-*leur* donc tout un cours d'histoire de France. » Quand
M. Maignen vous demandait quelque chose, il était difficile de
résister à ce maître homme. Je fis le cours, et ne saurais
m'en repentir. L'auditoire était attentif, enthousiaste, charmant,
français.

L'hôtel de la princesse Belgiososo ne tarda pas à devenir trop
petit, et il fallut songer à un autre « palais. » O bonheur ! on
le trouva, presque en face de Nazareth, et sur ce boulevard
Montparnasse qui est un peu notre boulevard des Italiens, à
nous autres, pauvres gens de la rive gauche. C'était une vaste
maison avec un immense jardin, où l'on bâtit bientôt une salle
de spectacle, avec une vraie scène, de vraies coulisses, une
vraie toile et de vrais acteurs. Trop vrais, parfois.

C'est là que M. Maignen a exercé, pendant plus de vingt ans,
la royauté de sa belle intelligence et de son noble cœur ; c'est
là qu'il a formé des centaines d'ouvriers chrétiens ; c'est là
qu'il a créé le véritable type et prototype de tous les Cercles
catholiques d'ouvriers, non seulement dans la France, mais
dans le monde entier.

Et lorsque, après nos grands désastres de 1870, on a songé
enfin à trouver les grands remèdes ; lorsque des âmes généreuses et élevées ont pensé au caractère auguste et à la
misère profonde de l'ouvrier, lorsqu'on s'est apprêté à faire
jaillir du sol l'œuvre des Cercles, c'est au Cercle Montparnasse, c'est dans la cellule de M. Maignen que se sont réunis
les premiers apôtres de l'œuvre nouvelle. Il y avait là Albert et
Robert de Mun; La Tour du Pin Chambly ; Paul Vrignault;

âme de feu et cœur de diamant; le baron de Guiraud et Armand Ravelet. J'en étais.

Chères et belles réunions, aurore charmante, printemps de l'œuvre ! « Il y a dix-neuf ans, jour pour jour, le 10 décembre 1871, celui que nous pleurons aujourd'hui, et qu'alors je connaissais à peine, me conduisait au cercle du boulevard Montparnasse qu'il avait fondé et qu'il dirigeait depuis de longues années. Et là, m'ayant placé en face des ouvriers, membres du Cercle, pour m'inviter à leur adresser la parole, il décida en un moment du reste de ma vie. » Ces paroles sont de M. de Mun.

Des Cercles d'ouvriers furent alors fondés un peu partout, et la terre française « se revêtit, comme l'aurait dit Raoul Glaber, de la robe blanche de ces maisons nouvelles. » Les directeurs de ces œuvres bénies avaient sans cesse leurs yeux braqués sur le boulevard Montparnasse et essayaient d'imiter M. Maignen.

Lui, cependant, plus humble et plus modeste que jamais, avec ses yeux baissés et son humilité de plus en plus profonde, passait à travers toutes ces tentatives, tous ces succès et toutes ces inexpériences; il passait, doux et bon, sans étonnement, sans agitation, sans orgueil.

C'est ainsi qu'il est mort, si c'est là mourir. Le cardinal-archevêque de Paris, cette âme à la François de Sales, est venu le voir deux jours avant sa mort, et rien n'a été plus touchant que cette visite à un pauvre religieux mourant, qui avait tant fait pour la sainte Église de Dieu.

Sa dernière pensée a été pour l'ouvrier et, sur cette humble couche funèbre, il ne cessait de dire à tous ceux qui l'entouraient : « Qu'Albert de Mun aime toujours les ouvriers ! »

Et, dans les paroles pleines de larmes qu'il a prononcées sur la tombe de ce juste, M. de Mun lui a répondu : « Oui, mon bon, mon cher monsieur Maignen, je vous le promets, je le jure au nom de tous, présents et absents, nous aimerons les ouvriers de tout notre cœur, et nous nous dévouerons à eux de toutes nos forces. »

Ces nobles paroles, ce noble serment, nous le faisons après M. de Mun. Et, pensant à ce bon sourire de M. Maignen dont nous avons goûté la douceur, nous ne pouvons que nous écrier : « Un juste est mort. Qu'il prie pour nous ! »

CHARLES GOUNOD

Il s'est passé l'autre jour, à Paris, un de ces événements dont les grandes feuilles politiques ne daignent pas avoir cure, et qui nous paraissent cependant d'une importance capitale. J'ajouterai même que la plupart de nos discussions sont loin d'offrir un intérêt si vivant et si profond. Honni soit qui mal y pense !

Devant plus de trois mille auditeurs, on a exécuté, au Cirque d'été, le *Gallia* de Gounod. Cet admirable cri de pénitence et d'amour se faisait entendre après le *Messie*, avant le *Judas Machabée* d'Hændel, et l'on pouvait craindre que ce cadre incomparable ne nuisît au tableau.

Il n'en a rien été. Le *Gallia* a été écouté avec le même recueillement et le même silence qu'un office religieux. Mais déjà, vers la fin de ce drame sublime, et au moment où le chœur reprend, avec une vigoureuse tendresse, les paroles du coryphée : *Jérusalem, Jérusalem, reviens au Seigneur*; déjà l'on sentait, à je ne sais quels frémissements, que l'enthousiasme allait éclater, vainqueur. Et, en effet, la dernière mesure à peine achevée, sept salves d'applaudissements saluèrent le Chef-d'œuvre.

CHARLES GOUNOD

Cependant il y avait dans la salle je ne sais quelle anxiété généreuse. On attendait quelqu'un, et tous les yeux cherchaient Gounod. Il se cachait, mais on ne peut échapper longtemps au feu de trois mille regards enthousiastes. On découvrit enfin l'illustre compositeur, et alors, par un mouvement spontané que je n'oublierai jamais, toute la salle se leva. Les chapeaux et les mouchoirs s'agitaient; les voix s'enrouaient à crier *bravo*; ce fut une scène indescriptible, et je suis heureux de la raconter à mes lecteurs.

J'ai voulu chercher la cause de ces applaudissements et de ce succès qui occupera une grande place dans la vie de Gounod. Et voici, suivant moi, ce qu'ont signifié ces bruits de mains et ces battements de cœur.

Donc, on a voulu dire à Gounod que la France était fière de lui et qu'elle s'enorgueillissait d'opposer enfin un Français à tant d'Allemands célèbres.

On a voulu dire à Gounod que Paris avait été ingrat envers lui, en ce jour de la première représentation de l'Opéra, où son nom n'avait point paru sur l'affiche, et où nous avions ainsi dédaigné notre plus belle gloire artistique.

On a voulu dire à Gounod que les infamies de l'opérette ont fait leur temps, et que l'heure est venue d'imposer le silence à cette musique de mauvais lieux pour revenir aux traditions de la grande, de la vraie musique.

Mais surtout on a voulu s'unir à la pensée religieuse et nationale qui a inspiré l'auteur du *Gallia*. Il y avait un accent chrétien, un accent français dans ces bravos d'hier. Il y avait du repentir, et il y avait de l'espérance. Et à travers ce tumulte, je pensais voir la France tomber, comme Jérusalem, aux bras et sur le cœur de son Dieu.

ZOLA

Le nom de M. Zola n'est pas de ceux qu'on est accoutumé à mêler aux questions d'histoire; mais nos lecteurs se persuaderont aisément que nous avons aujourd'hui quelque raison de l'y introduire.

Le fondateur de la nouvelle école (c'est une justice à lui rendre) ne sait pas cacher ses desseins secrets, ni son véritable but. Il ne manque aucune occasion de nous révéler tout le plan de sa réforme jusqu'en ses dernières profondeurs. Il n'est pas tartuffe, ni bégueule. Oh non! pas bégueule.

Eh bien! le grand réformateur a pris soin de nous instruire qu'il n'admet pas que l'histoire puisse jamais devenir un élément littéraire. L'observation brutale des faits rigoureusement contemporains: tout est là. Je fais un roman sur l'*Assommoir* parce que je le hante, parce que j'y puis aller tous les soirs, parce que j'y puis observer le pochard et la pocharde, parce que j'y puis siroter l'absinthe verte et humer le vin bleu. C'est visible, c'est respirable, c'est palpable. Mais, en revanche, il ne m'est pas permis, à moi romancier, de faire une œuvre d'imagination dont le théâtre soit placé dans la France du xiiie siècle, ou même dans le Paris du premier Empire. Il ne m'est point permis de parler des cabarets où je ne puis « consommer. » En d'autres termes, et pour être absolument clair, le roman historique est une œuvre fausse, dangereuse, stupide. « Une balançoire », dirait Mes Bottes.

Voilà où nous en sommes. Et nous descendrons plus bas, oui, plus bas encore.

Mais enfin, M. Zola n'a pas encore émis la prétention de

ZOLA

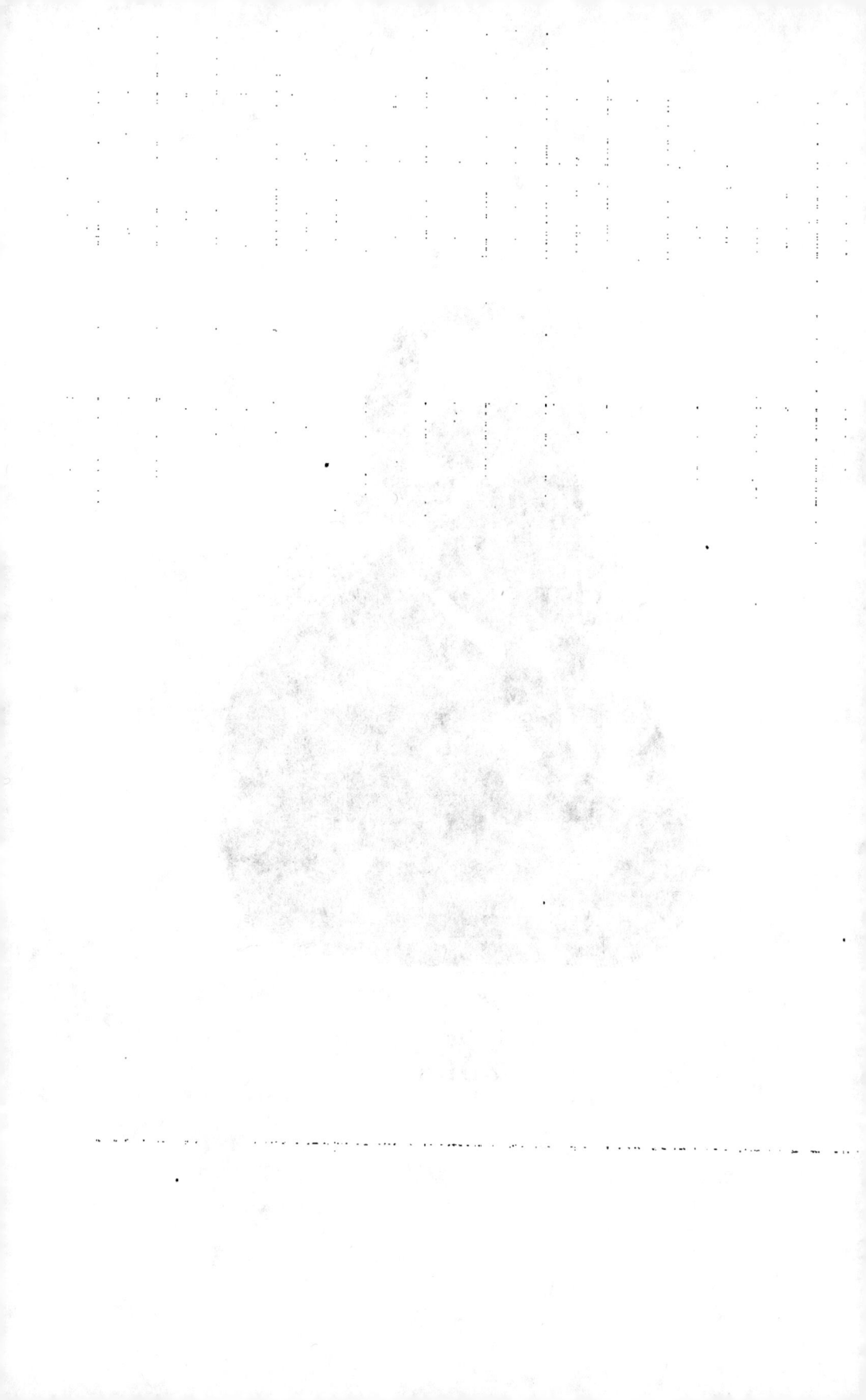

remplacer ici-bas l'antique oracle de Delphes, et ce libre-penseur farouche se révolterait contre ceux qui lui attribueraient témérairement le privilège de l'infaillibilité. C'est pourquoi nous nous permettrons de nous inscrire en faux contre des théories qui nous semblent plus que téméraires.

Pourquoi le roman historique nous serait-il interdit? Pourquoi serait-il interdit aux réalistes?

Je me mets exactement au point de vue de M. Zola, au point de vue de l'observation positive, réelle, mathématique. L'auteur de *Nana* consentira peut-être à admettre que l'âme humaine renferme à tout le moins certains éléments qui ne sont pas sujets au changement. Il y a en nous certaines passions (les plus profondes, les plus terribles) qui sont aujourd'hui ce qu'elles étaient au temps de César, au temps de saint Louis ou de Napoléon Iᵉʳ. Leur intensité n'est pas moindre, leur tactique est la même. La luxure qui nous brûle les veines, la colère qui nous fait monter le sang à la face, l'envie qui fait trembler tous nos membres, l'avarice qui nous contracte les mains et le cœur, la paresse qui nous rend gourds et immobiles, la *gula* qui nous fait tout sacrifier à une lamproie ou à une truffe, l'orgueil qui nous rend cruels et fous, tous ces vices n'ont guères changé d'allure depuis l'origine du monde, et il suffit, pour s'en convaincre, de lire les moralistes de tous les siècles, de tous les peuples.

Donc, puisqu'il existe dans l'âme humaine un élément qui est quasi immuable, il suit de là, fort rigoureusement, qu'un bon observateur de notre temps pourra légitimement appliquer les résultats de ses observations aux personnages de tous les temps, et, en d'autres termes, que le roman historique est un genre parfaitement légitime. C'est ainsi que l'ont compris les grands esprits de tous les âges.

Rien ne ressemble à un assommoir du XIXᵉ siècle comme un

mauvais lieu du xvᵉ. Et il y a eu des « Mes Bottes » dans toutes les civilisations. Ce n'est pas flatteur pour elles ; mais c'est ainsi.

Le christianisme a-t-il été, est-il et sera-t-il assez puissant pour triompher de toutes ces révoltes et de tous ces révoltés ? voilà à quoi se réduit toute la question.

Ah ! pardon : il y a encore la question de la physionomie extérieure, du costume, de l'habitation, de la couleur, du style qui sont propres à chaque époque. Mais avec les progrès immenses que l'archéologie fait tous les jours sous nos yeux étonnés et ravis, cette difficulté n'en est plus une. Qui ne ferait un bon roman grec ou romain avec le *Dictionnaire des antiquités* de Saglio ou le Glossaire de Rich ? Qui ne viendrait à bout d'une fiction sur les premiers siècles chrétiens avec la *Roma sotterranea* de De Rossi ou le *Dictionnaire* de l'abbé Martigny ? Et ainsi des autres.

Somme toute, la vie humaine reste toujours la même en essence, et les véritables philosophes sont et seront toujours « actuels. » Quant au reste, la science est assez avancée pour nous fournir aujourd'hui tous les éléments d'un récit authentique et sûr.

Pour conclure en deux mots, le Roman historique n'est pas mort : vive le Roman historique.

Le Cardinal LAVIGERIE

LE CARDINAL LAVIGERIE

Le Cardinal était né en 1825 : il était grand et ferme; sa haute taille, sa longue barbe, sa démarche imposante, ses yeux intelligents et vifs, toutes ces qualités physiques lui donnaient du prestige aux yeux de ces populations orientales qui estiment tant les « dehors » de l'homme.

Il avait, ce qui vaut mieux encore, l'esprit haut, la conception rapide et sûre, la parole claire et chaude. On s'en aperçut de bonne heure, lorsqu'on appela soudain ce jeune docteur à professer le cours d'Histoire ecclésiastique à la Sorbonne. Plusieurs de ses auditeurs m'ont rappelé ces leçons de l'abbé Lavigerie avec un enthousiasme que le temps n'a pas éteint. Il y en avait parmi eux qui n'admettaient pas les doctrines du maître; il y en avait même qui l'interrompaient et lui exposaient, en plein cours, leurs objections ou leurs doutes. Il répondait à tous avec une merveilleuse aisance et des arguments décisifs. Peu de professeurs, croyons-nous, seraient capables d'en faire autant.

On l'envoya à Rome faire en quelque manière son « stage » épiscopal. Il y resta quelques années comme auditeur de Rote et s'imprégna des idées romaines. Mais il était de ceux dont on dit : « Comment n'est-il pas encore évêque »? et il le fut, en effet, dès 1863. Pendant quatre ans, il honora le siège de Nancy ; mais il avait manifestement une autre vocation, ou, pour parler plus correctement, Dieu l'avait destiné à un autre poste de combat. Il fut nommé, en 1867, archevêque d'Alger. Sa voie était trouvée.

Mgr Lavigerie jeta sur la belle colonie française un regard profond, et comprit rapidement tout ce qui restait à faire. Ce qui restait à faire, c'était tout. Il y avait à convertir les Arabes d'abord et les colons ensuite. La charité étant à ses yeux le meilleur mode de conversion, il se jeta à corps perdu dans la charité et pratiqua les sept œuvres de miséricorde. Écoles, orphelinats, hôpitaux, asiles pour toutes les misères, refuges pour toutes les douleurs, il créa successivement tous ces éléments de la future Afrique chrétienne.

« L'Afrique chrétienne : » ces deux mots résumaient tout le Cardinal. Il avait sans cesse, devant le regard de son esprit, l'Afrique des troisième et quatrième siècles, couverte de docteurs et de saints, féconde en conciles, belle, lumineuse, admirable. Il se la rappelait, et travaillait à la refaire. Les images de saint Cyprien et de saint Augustin hantaient ce noble entendement : il les contemplait, il leur tendait les bras, il les priait. Si j'étais peintre, et que j'eusse à reproduire les traits de l'archevêque d'Alger, je représenterais au-dessus de lui ces deux figures dans la gloire et le bénissant d'en haut.

L'Algérie n'avait pas suffi à ce conquérant, et il s'était annexé la Tunisie. Toujours alerte, toujours bâtisseur d'églises, toujours créateur d'œuvres saintes, et faisant jaillir du sol la beauté des hôpitaux et des écoles.

A un jeune Français qui le visitait à Tunis, il disait un jour avec sa verve habituelle : « Avez-vous eu la fièvre typhoïde ? — Non, Éminence. — Eh bien ! vous l'aurez. » Et il ajoutait : « Vous verrez comme notre hôpital est bien tenu. » C'était à donner l'envie d'être malade. Hélas ! la maladie s'est abattue sur ce vaillant et l'a couché, bientôt après, dans le cercueil.

Et voici que l'Afrique, la longue et vaste Afrique, est peut-être sur le point de devenir anglaise et protestante.

Le grand Cardinal la voulait catholique et française !

PIE IX

PIE IX [1]

C'est l'heure de fixer son regard sur Rome, comme sur le point de la terre où se concentrent en ce moment les plus nobles éléments de l'humanité et qui fait le plus d'honneur à notre race. C'est à Rome, en effet, qu'il y a des *hommes* dans toute la force de ce très noble terme; c'est à Rome surtout qu'il y a l'*Homme* par excellence. Oui, Celui qui renferme et conserve dans son intelligence toutes les traditions vraies et toutes les idées justes, toutes les vérités naturelles et toutes les vérités révélées, le vrai, le bien et le beau; oui, Celui qui résume dans son cœur l'amour de tous les siècles pour la vérité et pour la justice; oui, Celui qui gouverne toutes les volontés comme tous les entendements et tous les cœurs, qui édicte ou qui confirme toute loi morale, comme toute croyance religieuse, il est à Rome, il y est encore, et nous avons le devoir de l'y contempler en l'admirant. Ce que menace en cet instant solennel la rage aveugle des ennemis de l'Église, ce n'est pas l'Église seulement, c'est l'humanité, c'est le type et la dignité de l'homme....

Il nous est venu cette idée d'esquisser à grands traits l'image de ce suppléant de Jésus-Christ dans le monde; de ce défenseur de toute lumière, de toute autorité, de tout

---

[1] Ces pages ont été publiées pour la première fois en 1867. C'est à dessein que nous leur conservons leur physionomie primitive.

ordre; de ce pape qu'on peut légitimement comparer aux plus illustres de ses prédécesseurs. Et, pour faire ce portrait, nous avons résolu de ne point avoir recours aux grands documents officiels de cet admirable pontificat, aux Encycliques, aux Brefs que toute la chrétienté connaît et admire. Tout le monde sait à quels caractères se distinguera, dans l'histoire de l'Église, le règne spirituel de Pie IX. C'est et ce sera par excellence le pontificat de l'Unité, comme l'attestent cet acte fameux qui a reconstitué l'épiscopat catholique en Angleterre, ces nobles efforts pour éteindre le schisme grec, ces conquêtes de la liturgie romaine. C'est et ce sera le pontificat de l'Affirmation, comme l'attestent l'Encyclique et le *Syllabus*. C'est et ce sera le pontificat de l'Immaculée Conception. Nous n'avons pas le dessein de nous arrêter de nouveau à ces caractères trop connus, et voulons emprunter à des documents plus familiers, plus intimes, les éléments du portrait que nous allons dessiner.

Un prêtre italien a eu l'excellente idée de rassembler en un corps d'ouvrage toutes les paroles de Pie IX qui ne se trouvent pas consignées dans son incomparable Bullaire. Le successeur de Grégoire XVI a été mêlé à de nombreux et terribles événements : il a dû parler souvent, et ne s'est jamais dérobé à ce grand devoir de la parole. Par malheur, le vent emporte ces discours qui font uniquement la joie de quelques oreilles privilégiées et de quelques esprits trop rares. Mais il s'est toujours trouvé près de Pie IX quelques-uns de ces auditeurs charitables qui ne veulent point garder pour eux seuls les délices d'une belle parole, et qui la recueillent pieusement pour la joie et l'enseignement de leurs frères. Les journaux ont publié ces allocutions, ces homélies, ces conversations du Souverain Pontife dont M. l'abbé Marcone a fait un bouquet charmant, en trouvant seulement « le fil pour le lier. » Un prêtre français (1) vient de traduire ce précieux recueil; il a rompu devant nous ce pain substantiel et délicieux, et nous avons dans la *Parole de Pie IX* un livre qui complète le Bullaire. Ajoutons que dans une Encyclique, la personnalité d'un Pape n'a, en quelque manière, ni l'occasion, ni le droit de se montrer, tandis que l'âme tout entière de Pie IX s'épanouit librement dans la simplicité de ces exhortations, de ces causeries, de ces paroles intimes. C'est là, c'est là qu'est l'originalité de cette physionomie; c'est là que le peintre doit l'étudier et la saisir.

I

La Confiance, la Grandeur, la Mansuétude, tels sont les trois principaux caractères de la figure de Pie IX.

Rien n'égale le calme, la sérénité de cette foi qui est d'autant plus victorieuse qu'elle paraît plus complètement vaincue : « La foi, disait un jour cette bouche virilement surnaturelle, la foi n'accepte pas de compromis. Elle n'est point vague ni incertaine, mais claire et définie. La foi, de sa nature, est *exclusive;* mais la charité est *expansive*, et elle s'étend à tous (2). » A la vue de tant de ruines, Pie IX les constate, mais ne désespère pas de les relever : « Tout s'obscurcit autour de nous; mais Dieu ne permettra pas que tout soit détruit en même temps, la Vérité, l'Église, la Justice, le Droit (3). » Les catholiques n'ignorent pas, d'ailleurs, que Pie IX a toujours prédit le triomphe, et le

---

(1) *La Parole de Pie IX*, Recueil des paroles, discours, homélies, allocutions, exhortations de N. S. Père le Pape Pie IX, par l'abbé Marcone, traduit par l'abbé Ricard.

(2) *La Parole de Pie IX*, p. 214, 215. *Allocution aux pèlerins de Rome, le 23 février 1865.*

(3) *Bénédiction du drapeau des zouaves.*

triomphe *prochain* de l'Église. Il ne nous coûte pas de rappeler cette prophétie au milieu des événements qui semblent lui donner aujourd'hui le plus éclatant démenti. Nous écrivons ces lignes au moment même où nous venons d'apprendre la défaite de Monte-Rotondo et les détestables progrès de la révolution. Mais nous n'en répétons pas avec moins de confiance et de joie ces grandes paroles du souverain de nos âmes : « Le sommeil du Christ sera passager, et le jour viendra où Jésus, se levant, commandera aux vents et à la mer, et il se fera un grand calme, *tranquillitas magna*. J'ignore ce qui m'est réservé : mais j'espère que plusieurs de ceux qui m'entourent seront témoins un jour du triomphe qui ne fait jamais défaut à la cause de Dieu (1). » Pensez bien à ces paroles qui restent formidablement suspendues sur vos têtes, illustres vainqueurs de Monte-Rotondo.

Vous connaissez les Psaumes de David : on y sent passer le souffle d'un espoir que rien ne peut décourager. Mais certains discours du roi Pie IX ressemblent singulièrement aux chants du roi David. Et pourquoi ne le dirais-je pas ? la beauté des uns ne me paraît point éclipser celle des autres. Écoutez plutôt :

« Je puis mourir, mais la Papauté ne mourra jamais. Je puis souffrir le martyre, mais un jour viendra où mes successeurs reconquerront leurs droits. Saint Pierre fut crucifié, mais le Pape vit toujours. La preuve, c'est que je suis ici (2).

» J'ai vu dans le saint Évangile, qu'à peine né dans l'étable de Bethléem, l'Enfant-Jésus, tout faible qu'il était encore, jetait cependant le trouble autour de lui et faisait trembler le roi Hérode sur son trône. Il était écrit que personne ne lui pourrait résister.

» Et voilà que moi aussi, pauvre et faible vieillard, dépouillé de tout, seul et sans appui, je fais peur à mes ennemis et suis pour eux un grand obstacle.

» Je suis dans la joie, et ma joie trouble la leur, parce que, au

(1) *Réponse aux félicitations du Sacré-Collège, le 25 décembre 1865.*
(2) *Paroles de Pie IX à un évêque français en 1861.*

milieu de mes douleurs, je sens au dedans de moi une forte confiance qui ne défaillira jamais.

» Je sens que je serai secouru. Quand et comment? je n'en sais rien, et peu importe. Mais ce secours me viendra, j'en suis certain.

» Je dois donc vous dire, et je désire qu'on sache que je resterai constant jusqu'à la fin (1) ! »

Même au sein des âmes les plus chrétiennes, il y a différentes natures d'espoir et de confiance. Certaines espérances ont quelque chose d'agité ou de saccadé qui les éloigne de la perfection; certaines autres sont ardentes, fébriles, remuantes. Pie IX ne connaît point cette inquiétude ni cette hâte qui sont bien faites pour enlever à la foi la moitié de son mérite et de sa beauté. Il a l'âme et le front calmes. Il semble que parmi tant de périls son cœur n'ait pas un seul instant battu plus vite : « Je souffre pour la Justice, je suis dans les douleurs pour l'Église, ma conscience ne me reproche rien. Voilà le secret de ma force et la raison de ma tranquillité (2). » Un tel calme devait aisément communiquer à une telle âme le cachet de la grandeur : il est bien rare, au contraire, qu'on puisse être grand quand on est agité. Tous les élus seront grands dans le ciel, parce qu'ils seront tous dans le repos.

II

Quand les adversaires de l'Église lisent les discours de nos Évêques et ceux de notre Pontife souverain, ils doivent être surpris de la fierté qui éclate dans chacune de ces paroles épiscopales. Quelques-uns se connaissent assez peu en vraie grandeur pour confondre cette fierté avec de l'orgueil. Ils nous regardent tous comme des superbes, comme

(1) *Réponse au Sacré-Collège, le 24 décembre 1860.*
(2) Paroles de Pie IX en 1863.

des dédaigneux. Ils vont jusqu'à nous supposer du mépris à l'égard des autres hommes, comme si nous n'avions pas la plus profonde horreur pour ce sentiment qui est le moins chrétien et le plus détestable de tous ceux que l'enfer peut nous suggérer. Ils oublient que chez un évêque, par exemple, il y a deux éléments distincts : le chrétien qui doit être modeste, et le représentant vivant du droit de l'Église, qui doit être ferme. Qu'on le sache bien : une institution divine, quand elle ouvre la bouche et parle, n'est pas tenue à cette modestie qui est le premier de nos devoirs. Pie IX est modeste, mais le Pape est fier.

Cette fierté est contagieuse et rend fiers tous ceux qui assistent à ses manifestations. Elle est pour tous les catholiques d'un grand exemple. Une certaine fierté, très modeste, est une de nos obligations les plus strictes. Un catholique doit la faire énergiquement vibrer dans toutes ses actions et dans toutes ses paroles. Il doit faire monter à lui toutes les âmes, et ne jamais connaître ce que c'est que de s'abaisser, si ce n'est par charité.

Un jour, en 1864, le Pape eut à bénir cinq évêques qui allaient partir dans toutes les directions du monde et se disperser sous tous les vents du ciel. Il y avait là le nouvel archevêque de Saragosse, l'évêque d'Édimbourg, un évêque de Prusse, un archevêque du Mexique : il y avait surtout ce grand évêque d'Hébron, Mgr Mermillod, qui recueillit dans sa mémoire les grandes paroles du Pontife. Prenant soudain les allures d'un triomphateur, Pie IX se dressa de toute sa hauteur et, avec une majesté qu'aucun roi n'a jamais égalée, donna aux cinq évêques ses instructions suprêmes :

« Le monde me dispute ce grain de sable sur lequel je suis assis ; mais ses efforts seront vains. La terre est à moi : Jésus-Christ me l'a donnée. A lui seul je la rendrai, et jamais le monde ne pourra me l'arracher.

» Vous, Archevêque de Saragosse, allez porter à l'Espagne en
révolution des paroles de paix et de vérité. Je vous l'ordonne ; allez,
le monde est à moi.

» Vous, allez au Mexique, pacifiez ce pays et soutenez des droits
méconnus. Je vous le commande au nom de Jésus-Christ.

» Évêque d'Édimbourg, allez achever de conquérir l'Angleterre à
Jésus-Christ.

» Vous, allez étonner la Prusse par l'exemple de toutes les vertus.

» Pour vous, mon frère et mon fils, — puisque je vous ai consacré,
— allez me gagner cette Genève qui ne craint pas de s'appeler la
Rome protestante. Bénissez ces peuples qui peuvent être ingrats,
mais qui sont mes enfants. Consolez la grande famille catholique,
et convertissez ceux que l'hérésie retient encore loin du bercail du
Seigneur (1) ! »

Certes, Alexandre partageant son empire n'eut pas un
accent aussi vainqueur, une grandeur aussi profonde. Et cette
élévation, notez-le bien, est habituelle à Pie IX. Le 1er janvier 1863, à l'heure où déjà le noir dominait tout notre
horizon et assombrissait toutes les âmes, Pie IX ne donna
pas avec une fierté moins sublime sa bénédiction à l'armée
française : « Que ceux qui me combattent, leur dit-il avec
sa grande voix, songent à l'histoire du patriarche Jacob,
qui, après avoir lutté pendant toute une nuit contre un
adversaire inconnu, vit, au lever du soleil, que cet adversaire était un ange, et se prosterna à ses genoux. Les révolutionnaires, eux aussi, ne voient pas qu'ils combattent contre
l'ange : puissent-ils ouvrir les yeux à la Vérité (2) ! » Dans
les circonstances en apparence les plus vulgaires, le Pape ne
se dépouille point de cette majesté plus que royale. On se
rappelle peut-être un des traits les plus touchants de sa vie. Il
rencontra un jour deux jeunes protestantes qui avaient soif de
revenir à la véritable Église et que leur mère empêchait de se
tourner vers cette source de la vie. Tout frémissant d'inspiration, Pie IX se dirigea vers cette mère : « Madame, au nom

---

(1) *La Parole de Pie IX*, p. 207. — (2) *Ibid.*, pp. 155, 156.

du Christ dont je suis le vicaire, je vous demande ces deux enfants qui sont à lui avant d'être à vous (1). » C'est ainsi que savent parler les pères.

Les fiertés mondaines, les fiertés blâmables ne se soutiennent, en général, que dans la prospérité. Tout au contraire, la fierté catholique est agrandie par le malheur. Plus Pie IX s'est senti persécuté, plus il s'est redressé devant les hommes en s'humiliant devant Dieu : « Jamais, disait-il en 1864, jamais je ne consentirai à aucune transaction honteuse (2). » On comprend aisément que cette fermeté se soit changée en un véritable courage, dès que les événements ont pris une physionomie plus redoutable. La parole du Pape n'a jamais tremblé, n'a jamais expiré sur ses lèvres ; il a toujours dit tout ce qu'il devait dire, quelque prochain, quelque grand que fût le danger : « Il m'est impossible de dissimuler ma douleur, et je ne veux pas avoir à m'adresser ce reproche : *Væ mihi quia tacui* (3)! » Un autre jour, il lançait l'anathème sur les Caïphes et les Judas de la presse contemporaine : « De nos jours, ajoutait-il, les bourreaux qui fendent les crânes à coups de hache ou qui jettent les saints dans les fleuves, sont rares. Mais il y a ceux qui les remplacent. C'est à ceux-là que je dirai : « Vous crucifiez vos prophètes. » Oh! qu'ils sont nombreux les crucifiés d'une presse perverse et impie! Je me tourne donc vers les quatre points cardinaux et je crie au monde entier : « Considérez ceux qui sont les protecteurs de cette presse et de ces écrivains; c'est en eux que vous reconnaîtrez les successeurs des bourreaux (4). » Il y a deux ans que l'auguste vieillard parlait ainsi, et il tiendrait aujourd'hui le même langage.

Ce langage n'est pas pour plaire à certaines âmes, et nous

(1) *La Parole de Pie IX,* p. 241. — (2) *Réponse à l'Adresse des catholiques,* Ibid. p. 159. — (3) *Ibid.,* p. 201. — (4) *Ibid.,* p. 221.

connaissons plus d'un catholique « équilibré » qui souhaiterait tout bas que le Souverain Pontife se défendît avec plus de diplomatie, avec moins de piété. Erreur étrange! Le souverain qui doit le plus volontiers se passer de diplomatie et de diplomates, c'est le Pape. La Diplomatie, c'est la ligne courbe; la Sainteté, c'est la ligne droite. « Si les cabinets ont leur politique, disait un jour Pie IX, moi aussi, j'ai la mienne. » Et, comme on lui demandait de vouloir bien la préciser : « Volontiers, » dit-il. Alors, il leva vers le ciel son grand et beau regard, et s'écria : « Notre Père qui êtes aux cieux, que votre nom soit sanctifié, que votre règne arrive, que votre volonté se fasse sur la terre comme au ciel. » Et il ajouta : Vous connaissez maintenant ma politique; soyez sûr qu'elle triomphera (1). » Il n'a jamais été prononcé sur terre de plus grande parole, et elle suffirait à nous consoler de toutes les épreuves de l'heure présente. La papauté temporelle ne périra point, puisqu'elle parle ainsi. Elle ne mourra point, puisqu'elle condamne ainsi toutes les subtilités, toutes les roueries d'une politique à expédients, d'une politique dont le nom est devenu synonyme de mensonge. « Ne dire que ce qui est pleinement vrai, sans atténuation hypocrite, sans restriction mentale, sans habileté d'aucune sorte, » voilà le secret d'une bonne diplomatie et d'une saine politique. Contre la ligne droite, rien ne vaut.

III

Une douceur charmante s'allie, chez Pie IX, à cette fermeté princière. Il a une majesté aimable.

La rigueur lui déplaît, et il voudrait n'exercer que la misé-

(1) *La Parole de Pie IX*, pp. 205, 206.

ricorde. « A mon grand regret et à ma profonde douleur, je suis parfois contraint de *tolérer* que dans mon état on frappe un criminel (1). » Ainsi parlait-il à cet Odo Russell qui a trop fait parler de lui. On sait qu'il a le don des larmes. Lorsqu'il condamne, il pleure; lorsqu'il excommunie, il sanglote. Dans le recueil de ses discours, on trouve à tout instant la constatation de cette sincère et admirable émotion (2). A ce charme des pleurs se mêle intimement le charme du sourire, avec la grâce d'un esprit délicat et fin. On a cité de lui cent mots, cent traits qui ont la vivacité italienne et le goût français. « Vous êtes comme les cloches qui appellent les fidèles à l'église, disait-il aux Puséistes; vous sonnez, mais vous restez dehors (3). » Cet esprit se concilie on ne peut plus aisément avec l'invincible fermeté que nous avions la joie de louer tout à l'heure : « Je ne veux pas qu'il soit dit que dans l'Église de Dieu il y a six sacrements et un piège, » répondit-il à un écrivain illustre qui, dans la biographie d'un de ses amis, avait écrit ces mots malencontreux : *Il est un piège qu'il ne sut pas éviter; il se maria.* Ici, l'indignation est spirituelle, et nous n'y perdons rien. Ailleurs, les plus douces, les plus suaves couleurs se présentent d'elles-mêmes sur la palette de ce peintre. Pie IX, n'en déplaise aux ennemis de la poésie, Pie IX est un poète : « Les adversités, dit-il quelque part, sont les épines de cette fleur éternelle qui s'ouvre pour nous dans le jardin du ciel. » Ne croirait-on pas entendre la parole imagée du curé d'Ars? « Oui, dit-il encore, notre triomphe est certain, mais il nous faudra passer encore par beaucoup de tribulations. Il nous arrivera ce qui arrive au serpent qui veut passer au milieu des cailloux. Il passe, et même il y laisse sa peau; mais il en sort rajeuni (4). » Presque toujours l'expression, le

(1) *La Parole de Pie IX*, p. 239. — (2) Voir notamment p. 278. — (3) *Ibid.*, p. 129. — (4) *Ibid.*, p. 182.

verbe de Pie IX est accentué et vivant. Il sait se faire comprendre des plus simples esprits : ce qui, pour le dire en passant, est le propre de tous les saints. « Rentrez dans vos cel-
lules, dit-il à je ne sais plus quelles petites filles, et pensez
qu'en ce moment deux armées sont en face l'une de l'autre ;
l'une d'elles est commandée par les Démons, l'autre par les
Anges du paradis. Priez (1). » Et ailleurs encore : « Je suis
comme la baguette de Moïse ; d'elle-même, elle ne pouvait
rien et n'était qu'un pauvre morceau de bois. Quand ce morceau de bois était à terre, il était inerte ; mais, quand il
était aux mains de Moïse, par la vertu de Dieu, il pouvait
opérer des prodiges. De moi-même aussi je ne puis rien,
mais comme vicaire de Jésus-Christ je puis tout, *même
faire des miracles* (2). » Dans ces dernières lignes, il semble
qu'on trouve tout Pie IX. On y rencontre une majesté incomparable revêtue d'une poésie lumineuse et simple. Mais il faut
renoncer à peindre ce mélange de qualités si diverses et si bien
fondues dans l'unité de cette belle âme. L'infaillibilité y trône
comme une reine, avec la sainteté pour compagne. La dignité et
la grâce, la fierté et l'esprit, la philosophie et la poésie, la grandeur et l'humilité s'y pénètrent et s'y confondent délicieusement. Vous venez d'entendre la foudre de cette grande voix ;
tout à coup vous voyez luire un charmant rayon de soleil sur
un sol couvert de fleurs....

IV

Tel est celui dont le monde ne veut plus.

Cependant, il faut que le monde sache bien à quoi il s'attaque
quand il menace ainsi le Vatican, et ce qu'il renversera en ren-

(1) *La Parole de Pie IX*, p. 126. — (2) *Réponse aux catholiques belges*,
p. 267.

versant ce trône. Vingt fois, cent fois déjà, Pie IX lui a donné
là-dessus les plus nobles, les plus précieux enseignements, que
nous retrouvons dans le Recueil de ses discours....

Ce pouvoir temporel dont le fantôme vous importune a
toujours été et est encore, vous ne l'ignorez point, la garantie
de l'indépendance et de la souveraineté spirituelles : « Je ne
me soucie pas de la royauté pour la royauté, a dit Pie IX,
et j'abhorre le faste de la domination. Mais dans l'ordre
actuel de la Providence, *la liberté de l'Église est indissolublement liée à la monarchie du pontificat*. Mon ambition est
d'être un digne successeur des apôtres, de maintenir parmi
les peuples l'esprit de foi et d'amour, de leur enseigner
l'obéissance et le respect, et de rappeler aux princes la Justice et le Droit. Voilà pourquoi le Pape a besoin de son
royaume (1). » Rien n'est plus vrai. Quand, à force de ruses
et de violences, vous aurez déraciné ce grand arbre du pouvoir
temporel, à l'ombre duquel s'abritent toutes les grandes choses
d'ici-bas, l'équité, la paix et l'amour; quand vous aurez chassé le
Pape de ce Vatican où vous n'oserez pas installer votre usur-
pation, qu'arrivera-t-il ? Il arrivera, suivant les probabilités
humaines, que le Souverain Pontife sera forcé de demander asile
à quelque prince qui lui fera payer sa protection et contrôlera
les bulles de ce pontife qui ne sera plus roi. Beaucoup de prisons
riches et dorées s'ouvriront au successeur de Pierre. Pour parler
haut devant les rois et aux rois, il faut que le Pape soit un roi
lui-même et ne tombe jamais dans la situation où est, à Saint-
Pétersbourg, le Sacré Synode. Voilà pourquoi Pie IX élève si
haut la voix, et s'écrie : « Quant à mon royaume, personne
n'a le droit d'y toucher. Ce cri de la Justice et de la Vérité,
je le ferai entendre jusqu'au bout (2). » L'entendra-t-on ?

(1) *Réponse à l'Adresse des catholiques* en 1864, p. 189. — (2) *La Parole de
Pie IX*, p. 190.

Ce trône que vous prétendez abattre, il ne peut tomber sans faire trembler tous les autres, dont il est le type et l'exemplaire : « Les rois, disait Pie IX dans ses adieux à Maximilien, les rois reçoivent leurs couronnes de Dieu, et sont étroitement liés envers lui par les premiers et les plus saints devoirs. Or ces devoirs se réduisent à accomplir la volonté divine en gouvernant avec justice et sagesse, en protégeant la religion qui seule soutient les trônes et fait le bonheur des peuples. Un jour, vous devrez, comme moi, déposer votre couronne devant Dieu. Je souhaite que vous la portiez de manière à mériter que le Seigneur la place de nouveau sur votre tête glorifiée pour l'éternité (1) ! » Quand il n'y aura plus ici-bas un seul roi à parler de la sorte ; quand il n'y aura plus sous nos yeux un seul roi à avoir cette idée de la royauté, à affirmer et surtout à pratiquer ces vertus royales, il n'y aura plus de rois sur la terre. Il n'y aura plus que des Césars.

Vous le savez d'ailleurs, et quelques-uns d'entre vous ont la bonne foi d'en convenir, en traversant de votre fer le pouvoir temporel, c'est l'*autre* pouvoir que vous voulez atteindre. Vous voulez percer le roi pour tuer le Pape (2). C'est bien ; faites votre besogne. Mais en diminuant, mais en annihilant ici-bas la puissance de l'Église, sachez bien que vous allez diminuer aujourd'hui et anéantir demain toute vérité parmi les hommes. Votre victoire, c'est celle du doute sur la foi, c'est celle de l'athéisme sur le déisme, c'est celle de la chair sur l'esprit. Ne me demandez pas la démonstration mathématique de ce que je viens d'affirmer : les révolutions se sont déjà chargées de nous démontrer ces effrayants théorèmes, et nous les démontrerons encore, si Dieu n'a pas pitié de nous.

(1) *La Parole de Pie IX*, p. 197.

(2) « Ce qu'ils veulent, c'est détruire l'autorité du Pape et, après avoir anéanti son pouvoir temporel, attaquer même son autorité spirituelle. »

Espérons plutôt, avec Pie IX, que nous serons préservés par cette digue que forment les légions des martyrs, des vierges et de tous les saints (1). » Espérons que ces invisibles légions viendront au secours de cette brave petite armée pontificale dont le Pape a pu dire : « De toutes les armées, la mienne est la seule qui porte l'épée UNIQUEMENT pour la cause de la Vérité et de la Justice (2). » Espérons aussi dans la grande épée de la France et dans ceux que Pie IX a salués un jour en leur disant : « L'armée française est belle et glorieuse (3). » Mais en tout cas, sachons ne point désespérer. Dieu saura bien trouver quelque moyen de garantir ici-bas l'indépendance de son Église. Il faut lui laisser quelque chose à faire, et se contenter de souhaiter aujourd'hui que le sang chrétien ne coule plus, en répétant cette belle prière que Pie IX lui-même a voulu composer en prévision de l'heure présente (4) : « Dieu de paix, vous permettez la guerre afin que nous soupirions davantage vers cette paix véritable et éternelle qui se trouve dans le ciel. Dieu de paix, donnez la paix à toute la terre, mais principalement à l'Italie! »

Il nous est doux de terminer nos *Portraits* sur cette idée de paix, d'amour et de concorde catholique.

« Paix et charité, » tel est l'esprit de toute notre œuvre.

---

(1) *La Parole de Pie IX*, p. 217. — (2) *Ibid.*, p. 210. — (3) *Ibid.*, p. 154. *Discours du 31 janvier 1863.* — (4) *Ibid.*, p. 280. — Toutes les espérances que nous exprimions en 1867 ont été successivement déçues, et néanmoins nous espérons encore. (29 juin 1893.)

TABLE DES MATIÈRES

———

— Lille. Typ. A. Taffin-Lefort. 5. —

www.ingramcontent.com/pod-product-compliance
Lightning Source LLC
Chambersburg PA
CBHW071635270326
41928CB00010B/1928